Anonymus

Annalen der Braunschweig-Lüneburgischen Kurlande

Anonymus

Annalen der Braunschweig-Lüneburgischen Kurlande

ISBN/EAN: 9783742895790

Hergestellt in Europa, USA, Kanada, Australien, Japan

Cover: Foto ©Thomas Meinert / pixelio.de

Manufactured and distributed by brebook publishing software
(www.brebook.com)

Anonymus

Annalen der Braunschweig-Lüneburgischen Kurlande

Annalen

der

Braunschweig - Lüneburgischen

Churlande,

herausgegeben

von

Jacobi und Kraut.

Zweyter Jahrgang.
Drittes Stück.

Hannover,
gedruckt bey W. Pockwitz, jun.
1788.

I.

Gedanken über den erſten Aufſatz in dem vierten Stücke des erſten Jahrgangs der Annalen der Braunſchweig-Lüneburgiſchen Churlande, über die Aufhebung des Meyerrechts *).

In dem vierten Stücke der Annalen der Braunſchweig-Lüneburgiſchen Churlande hat in der erſten Nummer ein ungenannter Verfaſſer die wichtigen Fragen aufgeworfen:

1) Iſt

---

*) Ohne die Abſicht zu haben, den Annalen die Beſtimmung eines Kampfplatzes für ſtreitige Meinungen zu geben, halten wir es dennoch ihrem Zwecke angemeſſen, unſern Leſern hier eine Abhandlung vorzulegen, welche den Nutzen des Meyerrechts aus Gründen vertheidiget, die derer nicht unwürdig ſind, womit deſſen Schädlichkeit vor kurzem in dieſen Blättern behauptet worden. Auf beiden Seiten zeigt ſich in der Beurtheilung der Sache praktiſche Kenntniß ihrer Lage und ſcharfſinnige

1) Iſt die meyerrechtliche Verfaſſung der Bauerhöfe für den Wohlſtand des Landmannes, für den Ackerbau und

Prüfungsgabe, verbunden mit den redlichſten Abſichten eines wohlgeſtimmten Patriotismus; und je mehr Gleichheit dieſes Verhältniß der Streitenden hat, deſto zuverläßiger bahnt Widerſpruch der Wahrheit den Weg. Großen Gewinn erhält ſolche ſchon dadurch, daß beide Theile des weiten Abſtandes ihrer Meinungen ohnerachtet, nichts deſto weniger die Nothwendigkeit einer Reform der jetzigen Verfaſſung unſers Meyerrechts, einſtimmig anerkennen, wenn es auch (wie wir jedoch nicht dafür halten) unentſchieden bleiben ſollte, ob deſſen gänzliche Aufhebung vortheilhafter wäre oder nicht. Liegen dieſer vorjetzt Bedenklichkeiten und Hinderniſſe im Wege, die erſt durch Länge der Zeit verwittern müſſen; ſo führt doch noch wohl die Ueberzeugung von den unläugbaren der allgemeinen Wohlfahrt höchſt nachtheiligen Mängeln des gegenwärtigen Meyerrechts dazu, durch mehr beſtimmte, dem Beſten der Unterthanen, der Gutsherrſchaft und des Staats genauer angemeſſene Geſetze, ſchon dem jetzigen Zeitalter einen Theil der wichtigen Vortheile zu verſchaffen, deren völliger Genuß vielleicht erſt einer ſpäten Nachkommenſchaft mit Einführung der allgemeinen Freyheit des Bauernſtandes vorbehalten iſt. Die edlere Subſtanz ſenkt ſich von ſelbſt gereiniget zu Boden, wenn man nach und nach die mit ihr vermiſchten heterogenen Theile auflöſet.

Wohin unſer Urtheil über die Sache ſich lenkt, das wird aus den hinzugefügten Anmerkungen hinlänglich ſichtbar werden. Wir geben jedoch ſolches nicht für untrüglich aus, ſondern halten es bloß für zwey einzelne Stimmen unter tauſenden des Publikums. A. d. H.

und mithin für den Staat die zuträglichste, zweckmäßigste und beste? oder

2) ist diese Verfassung einer Verbesserung fähig, oder bedürftig, und welcher Zustand des Landmannes ist der vorzüglichste?

Der Verfasser hält bey Beantwortung der ersten Frage dafür, daß der Zustand unsers Meyermannes höchst traurig sey, daß er dem Ackerbau nachtheilig, mit einer außerordentlichen Härte verbunden und daher für den Staat in keinem Betrachte zuträglich sey; und glaubt, daß dieser Zustand, durch eine Aufhebung des Meyerrechts und eine, dem Landmanne zu ertheilende, völlige Freyheit und vollkommnes Eigenthum verbessert werden könne.

Diese vorgeschlagene Verbesserung betrifft die Wohlfahrt von dem größten Theile der Einwohner des Landes, sie ist daher von der äußersten Wichtigkeit; sie vernichtet zugleich eine Einrichtung, so seit mehrern Jahrhunderten von unsern Vorfahren, als dem Lande höchst nützlich, durch Landesrecesse bestätiget worden; sie erfordert daher die genaueste Erörterung.

Gehet man auf die ältesten Zeiten zurück, so leidet es keinen Zweifel, daß der Grund und Boden, den jetzt der Meyermann bebauet, ehedem seinem Gutsherrn gehöret habe. Dieser war der Herr und Eigenthümer. Die Unmöglichkeit, alle seine Ländereyen selber zu cultiviren und die Nothwendigkeit der fremden Hülfe veranlaßten, daß unter gewissen Bedingungen der Acker einem

A 3   Frem-

Fremden überlaſſen wurde. Ein jeder ſchloß den Con⸗ tract nach ſeiner Convenienz, es war daher natürlich, daß die Contracte der Gutsleute unter ſich verſchieden waren. Die mehreſten waren auf gewiſſe Jahre beſtimmt, nach gerade aber wurden ſie erblich. So lange der Guts⸗ mann nur ſeinem Gutsherrn pflichtig war, bekümmerte man ſich nicht um die errichteten Contracte. Allein, ſo bald der Gutsmann auch dem Staate pflichtig wurde, und gemeine Laſten tragen ſollte, änderte ſich deſſen Lage. Nun war dem Landesherrn daran gelegen, daß der Lands⸗ mann die Landesabgiften bezahlen konnte; dadurch wurde die Erblichkeit des Gutsmannes beſtätiget und die Einziehung der Höfe verboten. Der Gutsherr aber ſuchte nur ſeine Gefälle zu ſichern, und in dieſer Rück⸗ ſicht wurde durch Landesgeſetze beſtimmt, daß ohne ſeine Einwilligung kein Stück des Hofes veräußert werden durfte, und daß, im Fall der Gutsmann den Hof ruinire, oder ſeine Abgiften nicht bezahle, er des Hofes verluſtig ſeyn ſollte.

Durch dieſe Einrichtung gewann der Gutsmann am mehrſten: aus einem Zeitpächter wurde er nun ein Erbpächter. Er erhielt den Hof für ſich und ſeine Fa⸗ milie, und ſo lange er ſeine Abgaben gehörig entrichtete, konnte ihn niemand verdrängen, und alles, was er auf dem Hofe erwarb, wurde ſein völliges Eigenthum. Der ungenannte Verfaſſer der Schrift in den Annalen erken⸗ net es (Pag. 16.) daß dieſe Einrichtung den Vortheil gewähre, daß ſie den Hof erhalte und die gutsherrlichen Gefälle ſichere; er glaubt aber, daß dieſer Nutzen durch

den

den Nachtheil, den die Einrichtung mit sich führe, theuer erkaufet würde.

Was soll denn diese Einrichtung für Nachtheil haben? Der Verfasser sagt:

1) Freyheit und Eigenthum fehlen dem Bauer, es fehlen ihm daher zwey große Bewegungsgründe zum regen Fleiße, zur Munterkeit und Thätigkeit; Fortschritte in der Landhaushaltung und dem Ackerbau dürfe man daher nicht erwarten.

Dieser Satz des Verfassers, wenn er gegründet wäre, bewiese mehr, als die Absicht des Verfassers gewesen seyn kann; denn es würde daraus folgen, daß ein jeder Pächter, da er kein Eigenthum seines gepachteten Grundstückes hat, es nicht verbessern werde (a).

England, welches der Herr Verfasser (P. 5.) so sehr erhebt, zeiget ihm das Gegentheil. Nach seiner eignen Behauptung soll dieses Land dasjenige seyn, wo der Ackerbau am mehrsten blühet; und wer bebauet es? sind es nicht größtentheils Farmers, oder Pächter, die auf gewisse Stellungszeiten ganze Höfe, oder auch einzelne Länderexen gepachtet haben?

Wie viel glücklicher sind nicht in dem Betracht unsere Meyerleute; sie haben nicht auf Stellungszeit gepachtet, sondern, sie haben eine Erbpacht; ihr Zins kann ihnen, sie mögen ihr Land noch so sehr verbessern, nie gesteigert werden; dagegen dieses bey einer Zeitpacht zu besorgen ist. (b)

Wie viele Gegenden im Lande beweisen nicht hierunter die Glückseligkeit unsrer Meyerleute. Mit welchem

A 4

chem emsigen Fleiße suchen sie nicht ihre Pertinenzien zu
verbessern und ihr und ihrer Kinder Vermögen dadurch
zu verstärken! Der nachläßige Wirth aber wird seinen
Ackerbau vernachläßigen, er mag ein völliges Eigenthum,
oder ein eingeschränktes besitzen.

2) Die Meyerrechte erfordern ein eigenes Studium.

3) Die Gesetze der Meyerrechte wären unvollständig,
könnten auch nie vollständig werden.

Daß besonders im Lüneburgischen die Gesetze des
Meyerrechts sehr unvollständig sind, leidet keinen Zweifel, allein eben dieses giebt die Veranlassung, daß man
seit mehrern Jahren die Absicht gehabt hat, eine Meyerordnung zu verfertigen. Werden in dieser die Grund-
Principia gehörig und deutlich festgesetzet, so wird das
Studium ja wohl nicht mehr so schwer bleiben.

4) Die meyerrechtliche Verfassung veranlasse Mißhel-
ligkeiten, Collisionen und Mistrauen zwischen Gutsherren und Obrigkeiten.

Dieses soll sich insonderheit dadurch beweisen, daß
der Gutsmann sich bald an seinen Gutsherrn, bald an
seinen Gerichtsherrn wendet; es soll eine Vorliebe des
Gerichtsherrn für seine Gutsleute bewürken; und bey
Aufhebungen von Gemeinheiten und andern Landesver-
besserungen viele Hindernisse in den Weg legen.

Es wird niemand leugnen, daß nicht oft Collisio-
nes zwischen dem Guts- und Gerichtsherrn entstehen;
allein werden denn diese ganz gehoben werden, wenn der
Bauer ein mehreres Eigenthum erhält?

Es

So lange der Bauer seinem Gutsherrn einen Zins bezahlen und seinem Dienstherrn Dienste leisten muß, wird nie die Collision ganz gehoben werden können, der Bauer mag ein eingeschränktes, oder uneingeschränktes Eigenthum haben; indem man dem Guts- und Dienstherrn doch nicht wird streitig machen können, die für die Sicherheit der Prästationen der Unterthanen nöthigen Maaßregeln zu ergreifen. Die Aufhebung der Gemeinheiten kann durch den Gutsherrn erschweret werden, allein sehr oft wird sie auch durch ihn befördert, wenn er den Wohlstand seiner Censiten liebet; dahingegen manche Gemeinheitstheilung auch an Orten, wo kein Gutsherr concurriret, durch den Widerwillen freyer Bauren verhindert wird.

5) Das Meyerrecht enthalte eine große Härte a) für den Wirth; b) für dessen Kinder, und c) für seine Creditores.

Der Meyermann, der seinem Hofe 20 bis 30 Jahre lang gut vorgestanden habe, könne nun im Alter nicht über seinen Hof disponiren, sondern müsse sich gefallen lassen, daß, wenn er keine Kinder habe, ihm sein Gutsherr einen Nachfolger gebe, mit dem er vielleicht auf seinem Altentheil in Feindschaft lebe; besser sey es daher, wenn der Meyer die völlige Disposition habe.

Allein ein billigdenkender Gutsherr wird die Wünsche seines Coloni, wenn keine Bedenklichkeiten dabey eintreten, gern erfüllen. Gesezt aber, er thue es nicht, so hänget es ja nicht von dem Gutsherrn ab, welchen Nachfolger er dem Hofe geben will, sondern er ist nach

den

den Gesetzen verpflichtet, den nächsten Verwandten zu nehmen; also eine solche Person, von der vermuthet wird, daß sie dem Wirth nicht unangenehm sey. Ueberhaupt aber lässet sich aus einem speciellen Falle nicht auf das Ganze schliessen, sonst könnte im umgekehrten Falle dasselbige eintreten. Zum Exempel, ein Colonus, der die völlige Disposition über seinen Hof hätte, ertheilte denselben einem dritten, der durch die Regel: „längst Leib, längst Gut," oder sonst, ihn auf einen vierten brächte; nun wollte der Altvater klagen, dieser vierte sey ihm unangenehm; würde dann nicht hier eben der Fall eintreten, als wenn ihm der Gutsherr einen solchen Nachfolger gegeben hätte? (c)

Das Meyerrecht soll hart seyn für die Kinder wegen der Abfindung, da der Meyermann das Meyergut voraus bekömmt. Allein die Consistenz des Meyerguts erfordert es. Dieses ist mit so vielen Abgaben beschweret, daß es sich gar nicht erhalten könnte, wenn die Kinder zu gleichen Theilen gehen wollten. Es ist daher nothwendig, daß derjenige, der als künftiger Wirth angesehen werden soll, auch Vorzüge besitze.

Hart soll das Meyerrecht für die Creditores seyn, da sie keine gewisse Hypotheken erhalten können. Dieser Satz ist gewissermaßen begründet, allein, wer ist der Haupt-Creditor des Bauren? Ist es nicht der Staat in Ansehung der öffentlichen Abgiften, und der Gutsherr in Ansehung seiner Gefälle? Und diese haben ihre Hypothek in dem Meyergute selber. Könnte der Bauer seine Grundstücke nach Gutbefinden, versetzen, verpfänden und

und verkaufen: wo wollte dann Contribution, Viehs
schatz, Dienstgeld und dergleichen erfolgen? (d).

6) Das Meyerrecht, sonderlich das Dominium di-
rectum des Gutsherrn erzeuge den so nachtheiligen Mangel des Credits für den Bauer.

Der Gutsmann braucht Credit, wenn ihn Unglücksfälle treffen, oder, wenn er Hauptverbesserungen
machen kann, in übrigen Fällen wird ihm derselbe nachtheilig seyn. Leidet der Bauer solche Unglücksfälle, die
er mit seinem eigenen Vermögen nicht bestreiten kann,
so muß ihm nicht nur der Gutsherr, sondern auch selbst
die Landschaft mit Remißion zu Hülfe kommen. Beides
verordnen unsere Landesgesetze. Hat der Bauer aber zu
einer wahren Verbesserung Geld nöthig, so wird ihm ein
billiger Gutsherr einen Consens zum Anleih auf gewisse
Jahre nicht abschlagen.

Man nehme nun aber den Fall, daß der Bauer
einen unbestimmten Credit habe, was wird dieser für
Folgen nach sich ziehen? Er würde Schulden auf Schulden häufen und sein Gehöfe im kurzen verlassen müssen (e). Doch diese Untersuchung gehöret zur Beantwortung der zweyten Frage.

7) Die meyerrechtliche Verfassung mache dem Gutsherrn viele Unannehmlichkeiten, Last, Mühe und Arbeit,
deren er bey einer andern Einrichtung entübriget seyn
könne.

Sichert die meyerrechtliche Verfassung dem Gutsherrn seine Einnahme; giebt sie ihm die Gelegenheit, die

Wohl-

Wohlfahrt ganzer Familien zu befördern: wer sollte sich denn wol ungern einer Arbeit unterziehen, die einem selber nützlich und für andere wohlthätig ist!

Dieses sind die Gründe, die gegen die Meyerverfassung angegeben werden, die in der That nicht so wichtig sind, als man sie darstellen will. Ist nun aber der Bauer glücklicher? gewinnet der Staat dabey, wenn der Meyer ein völliges Eigenthum erhält?

Der Vorschlag des Verfassers in den Annalen gehet dahin: „Der Bauer soll einen ganz freyen und uneingeschränkten Willen haben, seinen Hof zu verkaufen, „zu verhypotheciren, zu vermachen, Geld darauf zu lei-„hen, seine Kinder abzuloben, sich Altentheil zu bedin-„gen, seinen Haushalt ohne alle gutsherrliche Aufsicht zu „führen, wie er will und er gut findet; zu arbeiten, oder „nicht zu arbeiten, seinen Acker zu bestellen, oder zu ver-„säumen, sein Haus zu bauen, oder umfallen zu lassen; „alles wie er es seiner Neigung am angemessensten hält."

Indessen wird dieser Vorschlag nachher dahin eingeschränket, daß die Consistenz eines jeden Hofes bestimmet werde, was darüber zur freyen Disposition bliebe, der Hof selber aber nur in seinem gahzen Umfange mit Acker, Wiesen und Holz veräußert werden dürfe. Der Werth eines jeden Hofes soll in ein Hypothekenbuch eingetragen werden, damit jeder Schuldner daraus abnehmen könne, ob, und wie viel Credit er dem Landmanne geben könne.

Dies

Dieser Vorschlag, so patriotisch er auch gemeint seyn mag, würde von den bedenklichsten Folgen seyn; 1) für den Staat, 2) für den Gutsherrn, und 3) für den Bauer selbst.

Wie vor mehrern Jahrhunderten der Meyercontract zwischen dem Gutsherrn und seinem Meyer gemacht wurde, so war das Pachtgeld dem Ertrage des Hofes angemessen. Jezt aber hat sich die Lage geändert; sonderlich in den Provinzen, wo die Contribution Statt findet, liegen fast alle Landesabgaben auf den Bauern. So wie die landschaftlichen Ausgaben zunahmen, so wurde auch seine Last größer, ein Simplum der Contribution wurde nach dem andern vermehret oder erhöhet. Außer diesem drückt den Landmann die Einquartirung der Cavallerie, die Bezahlung des Ausschusses und die Zahl der-Ausgaben, so unter dem allgemeinen Namen der Nebenanlagen aufgeführet wird. Dieses hat die Folge gehabt, daß wenn man jezt bey den mehresten Bauerhöfen einen Anschlag machen wollte, von der Einnahme des Landmannes gegen seine Ausgabe, die leztere die erstere überwiegen würde. Ich habe viele Rechnungen von Höfen gesehen, die mit der größten Ordnung administriret wurden, und die dennoch, wenn Contribution, die Militairabgaben und die Nebenanlagen bezahlet, nicht so viel aufbrachten, um die gutsherrlichen Gefälle zu entrichten, vielweniger nur die geringsten Schulden abzuführen. In einem Processe wurde ein unrechtmäßiger Besitzer condemniret, die fructus perceptos und per-

percipiendos zu bezahlen; wie die Liquidation angeord=
net wurde, so fand es sich, daß der unrechtmäßige Besi=
ßer, statt Geld zu bezahlen, noch Geld heraus bekam,
weil die Ausgabe des Hofes in keinem Vergleich mit sei=
ner Einnahme stand. Eben so wenig, wie man den für
glücklich halten würde, der ein Gut besäße, wo die Ein=
künfte mit den zu bezahlenden Zinsen der darauf gelegten
Schulden gleich kommen, eben so wenig würde es in der
That der Landmann seyn, der das freye Eigenthum eines
so beladenen Bauergutes besäße. (f).

Die Aufsicht der Obrigkeit und des Gutsherrn
zwingen den Bauer zur Sparsamkeit und Ordnung.
Fiele diese Aufsicht weg, so würde sein Verfall noch weit
stärker seyn. Den stärksten Beweis finden wir hier in
der Lebensart des Bauern. Hat er eine schlechte Erndte,
dann schränkt sich derselbe mit seinem Gesinde auf das
äußerste ein; sobald aber eine gute Erndte eintrift, so
denken die wenigsten Landleute auf das Sparen; sondern
nun will Herr und Gesinde besser leben. (g).

Siehet man nur aus diesem Gesichtspunkte unsere
Meyerverfassung an, so wird man, statt dieselbe zu ta=
deln, sie wohlthätig finden. Dem fleißigen und ordentli=
chen Wirth schenket sie ein Erbrecht; den Faulen ermun=
tert sie, und den Hof suchet sie vor dem Untergang zu
bewahren. Der Gutsherr siehet seinen Gutsmann als
einen solchen an, dessen Wohl mit dem seinigen aufs ge=
naueste verbunden ist; gehet dieser zu Grunde, so ver=
lieret er seine Einkünfte; er denkt daher auf Mittel und
Wege,

Wege, wie er ihm forthelfen kann. Der Gutsmann auf
seiner Seite siehet den Gutsherrn als seinen Beschützer
und Versorger an; er nimmt zu ihm seine Zuflucht und
erwartet von ihm Rath und Beystand. Man hebe aber
dieses gemeinschaftliche Band auf, was werden dann
für bedenkliche Folgen für den Staat, für den Gutsherrn, und für den Bauer selber eintreten?

Hört das Meyerrecht auf, erhält der Bauer das
völlige Eigenthum, so muß er auch nach den Gesetzen des
Eigenthums beurtheilt werden. (h)

Jetzt ist das Meyergut frey von aller Abfindung,
frey von allen Schulden; dann aber wird das Bauergut
einem Allodio gleich, und nun hat jeder Erbe daran ein
gleiches Recht. Der Hof, der sich nur izt durch die
strengste Oekonomie und durch die Aufsicht der Obrigkeit
und Gutsherren erhalten kann, wie wird der in der Folge
bestehen können? Der neue Wirth soll seine Geschwister
abfinden, die nur mit ihm gleiche Rechte haben und an
keine Termine gebunden sind; alte Schulden bezahlen,
die nun ceinen Consens der Gutsherrn mehr nöthig haben. Was bleibt ihm übrig, als entweder die besten
Pertinenzien des Hofes, z. Er. eine Holzung zu ruiniren (i); oder so viel neue Schulden zu machen, die ihn
im Kurzen nöthigen werden, Haus und Haabe zu verlassen? Man antwortet hierauf, dieses thue nichts, weil
sich bald ein neuer Käufer finden würde.

Allein bei einem so beschwerten und nun deteriorirten Hofe, werden sich dann so leicht Käufer finden, die
in

in kurzer Zeit einem gleichen Schicksale wieder unterworfen sind? (k) Und wo soll die Familie bleiben, die den Hof verlassen hat? Die natürlichen Folgen werden daher diese seyn: Die Zahl der wüsten Höfe wird sich vermehren, die Armuth zunehmen; und die Gemeinden mit Unterhaltung so vieler von ihren Höfen verdrängten Personen beladen werden.

Wer verlieret aber hierbey am mehresten? Der Staat. Statt wohlhabender Unterthanen erhält er arme; die Beytreibung der herrschaftlichen Gefälle wird schwerer, die Remißionen werden vermehret, und der wohlhabende erhält neue Abgaben.

Der Gedanke, daß durch den Verkauf viel Geld in Umlauf kommen werde, ist in der That ein bloßer theoretischer. Anjetzo wird, wenn ein Hof in Verfall geräth, von dem Gutsherren freyes Bauholz, remißiones und alle Unterstützung versprochen; und dennoch sind die neuen Wirthe rar. Wie viel seltener werden sie dann seyn, wenn ohne diese Beyhülfe dieser Hof angenommen werden soll. Der Rückfall der Höfe lieget in der That nicht in dem Meyerrechte, sondern in den hohen Abgaben.

Noch bedenklicher ist aber das freye Eigenthum für den Gutsherrn.

Dieser ist eigentlich der wahre Dominus von den Bauerhöfen, womit er größtentheils belohnet wird, und wofür er seine Lehnspflicht leistet. In der gewissen

Hoff-

Hofnung einer jährlichen Einnahme hat er in alten Zeiten seine eigene Länderey in Erbpacht verwandelt. Und nun ist dieses sein Gut schon durch viele öffentliche Abgaben belastet, daß es seinem vorigen Werthe nicht mehr gleich kömmt. Erhält der Bauer gar ein Eigenthum, so werden ihm die Rechte noch gekränket, die er als Gutsherr besitzet. Bezahlte ihm sein Colonus nicht, so konnte er ihn auspfänden, oder abmeyern und an dessen Stelle einen tüchtigen Wirth wieder auf den Hof setzen. Wird der Bauer aber Eigenthümer, so wird der Gutsherr in Ansehung seiner Gefälle ein bloßer Gläubiger. Er muß gerichtlich dieselbige einklagen. Ist der Bauer nicht im Stande zu bezahlen, so muß er sich im Concurs classificiren lassen, und erwarten, ob sich ein Käufer zum Hofe findet, und wie derselbe beschaffen sey. (l)

Ferner der Gutsherr hat dafür Sorge getragen, daß der Meyer seinen Hof und dessen Pertinenzien, oder Holzung, Wiesen, Gärten, Felder rc. in gehörigem Stande erhielt. Dieses sicherte ihm seine gutsherrlichen Gefälle. Hat nun aber der Bauer ein völliges Eigenthum, ruiniret er seine Holzung, lässet er Land und Wiesen verwildern, wo bleibt dann diese Sicherheit? Wird nicht ein künftiger Besitzer eines so deteriorirten Hofes sich weigern, alle gutsherrlichen Gefälle wegen Unvermögens zu bezahlen?

Endlich pflegt der Meyerzins, sonderlich der an Korn, auf sämtliche Länderey vertheilet zu seyn. Erhält nun der Bauer das Recht, einen Theil seiner Länderey zu verkaufen, so wird entweder der Meyerzins auf dem

(Annal. 2r Jahrg. 3s St.)   B   Käu

Käufer übergehen, oder auf die übrige Länderey des Ver=
käufers gelegt werden. Im erstern Falle leidet der Guts=
herr dadurch, daß er seinen Zins bey so vielen einzelnen
Leuten wahrnehmen soll, welches sehr beschwerlich, und
wenn die Censiten, wie an vielen Orten gebräuchlich ist,
bey der Ablieferung gespeiset werden müssen, kostbar ist;
im andern Falle aber wird die Sicherheit der einkommen=
den Gefälle sehr vermindert, da der Hof geschwächet ist,
ohngeachtet die Abgaben dieselbigen geblieben sind. (m)

Das freye Eigenthum ist aber auch schädlich dem
Bauer, seinen Kindern, ja selbst seinen Creditoren.
Könnte man dem Bauer ein Eigenthum geben, frey von
allen Abgaben; dann, ja dann würde man ihn vielleicht
glücklich nennen können. Allein der Nahme des Eigen=
thümers, machet ihn der glücklich? oder bleibt er nicht
eben so, und vielmehr noch ein stärkrer Sclav? Im
Schweiß seines Angesichts kann er kaum so viel erwerben,
um ein Jahr gegen das andere seine Abgiften bezahlen
zu können. Ist er ein Meyermann, so hat er einen ge=
setzmäßigen Anspruch auf den Beystand seines Gutsherrn,
als Eigenthümer aber hat er niemand, von dem er mit
Recht Hülfe und Beystand erwarten kann. Sobald der
Meyercontract aufhöret, ist der Canon kein Meyerzins
mehr, sondern ein Erbenzins. Bey erstrem findet eine
Erlassung statt, bey dem andern nicht. Würde nicht
der ehemalige Gutsherr sagen: Der Bauer leihe das Geld
auf, so er zur Bezahlung der Abgaben, oder zur Erhal=
tung seiner Stelle nöthig hat: und findet er keinen Kre=
dit, so verkaufe man seine Stelle; da er nicht mehr mein

Guts=

Gutsmann ist, so brauche ich nicht mehr mich seiner anz
zunehmen (n)

Leidet der Meyer durch Ueberschwemmung, ja entz
stehet ein Durchbruch, so muß der Gutsherr dem Meyerz
mann zu Hülfe kommen, hört aber der Meyercontract
auf, so wird der Gutsherr sich auch dieser Verpflichtung
entziehen. In welche Gefahr würde man daher durch
eine solche veränderte Einrichtung des Zustandes der Bauz
ern alle an den Flüssen wohnenden Gutsleute versetzen?

Auſſer diesem wesentlichen Vortheil der Remißion
verlieret der Bauer noch durch Aufhebung des Meyerz
contracts 1) den Rath und die Vorsorge seines Gutsherrn,
und 2) wird sein Vermögen selber geschwächet.

Glaubt der Unterthan, daß ihn seine Obrigkeit, der
Subalternbediente, oder auch andere drücken, so nimmt
er seine Zuflucht zu seinem Gutsherrn. Dieser hält sich,
wo nicht aus innern edlen Triebe, doch wegen seines Inz
teresse verpflichtet, die Sache seines Gutemannes zu unz
tersuchen, und sich, wenn er findet, daß ihm zu nahe
geschiehet, seiner anzunehmen. Wie viele gerechte Bez
schwerden der Meyerleute sind nicht hierdurch den Landess
Collegiis bekannt geworden und abgestellet!

3) Hat der Meyermann den großen Vortheil, daß
bey Annahme des Meyergutes er in Ansehung der Meyerz
pertinenzien seinen Geschwistern nichts herauszugeben
schuldig ist. Ist der Meyernexus aufgehoben, so fällt
dieser Vortheil weg.

Ein Gegenstand verdient bey dieser Gelegenheit noch
erwähnt zu werden. Die Meyer der Königl. Cammer,

B 2   welz

welche gewiß im ganzen Lande über die Hälfte in allem ausmachen, haben den Vorzug, daß über das Meyerwesen kein Proceß statt findet, sondern daß die Königl. Cammer der einzige Richter über diesen Gegenstand ist. Sobald der Meyernexus aufhöret, und die Coloni werden freye Leute, so sind sie in Rücksicht der Erbfolge, des Verlusts des Hofes und sonst, allen den traurigen Processen ausgesetzt, wodurch so viele andere Bauerfamilien um ihr ganzes Vermögen gekommen sind. o)

Die Kinder der Meyerleute würden aber auch verlieren, wenn der Meyernexus aufgehoben würde. Die Aufsicht des Gutsherrn zwinget den Bauer zur Ordnung und zur Erhaltung der Consistenz von seinem Hofe. Wem kömmt dieses zu statten? Nächst dem Wirthe am mehresten seinen Kindern. Dahingegen, wenn der Bauer als Eigenthümer seinen Hof verprasset, die Kinder an den Bettelstab gebracht werden. (p).

Aber auch die Creditores werden bey dem Eigenthume des Bauren leiden.

Die Absicht nemlich gehet dahin, den Hof des Bauren zu taxiren, und den Werth in das Hypotheken-Buch einzutragen. Allein, bleibt denn der Werth des Hofes derselbige? Wenn der Bauer nur sein Holz umhauet, seine Wiesen verschlammen läßt, seine Gebäude nicht reparatiret; wo bleibt denn der Werth des Hofes? Ein Hof, der heute ein paar tausend Rthlr. werth ist, kann in wenig Jahren gar keinen Käufer finden. Was hilft denn dem Creditori seine Hypothek, zudem, da ihm die

viel-

vielleicht aufgehäuften öffentlichen und gutsherrlichen
Gefälle allemal in der Bezahlung vorgehen? Wie viel
sichrer ist hingegen der Creditor, wenn er bey dem Meyer=
nexu den Consens des Gutsherrn erhält. Ein Consens,
den ein billiger Gutsherr alsdann gewiß nicht verweigern
wird, wenn durch ein Anleih die wahre Wohlfahrt des
Hofes ohne Gefahr befördert werden kann. (q).

Wir haben Gegenden im Lande, wo der Bauer
fast von allen Abgaben befreyet, den Nahmen des
Freyen führt, und völlig Eigenthümer seiner Stelle ist.
Kann dieser als ein Exempel angeführet werden? Blü=
het dann da vorzüglich der Ackerbau? Es wäre zu wün=
schen, man könnte die Frage bejahen; allein leider zei=
get die Erfahrung das Gegentheil.

Im Hoyaischen kauften viele Bauern ihre Guts=
herren ab, und wurden dadurch völlig frey. Allein,
was war die Folge? Diese Höfe kamen ganz herunter;
die Grundstücke wurden verpfändet, verkaufet, und
giengen aus einer Hand in die andere. Königliche Lan=
desregierung wurde daher mit Einverständniß der Hoyai=
schen Landschaft bewogen, durch die Verordnung vom
8ten April 1766, die Freyheit dieser Höfe wieder ein=
zuschränken, und das Meyerrecht wieder herzustellen.
Zum Grunde wird ausdrücklich in der Verordnung ange=
führt: weil durch den Verfall dieser Höfe die übrigen
Landesunterthanen gar sehr litten, da sie, weil die an=
dern Höfe weder mit dem erforderlichen Viehe, noch mit
hinlänglichem Spannwerk versehen, bey Kriegerreisen

dern

und Landfolgen, imgleichen bey Entrichtung der Contribution am Viehe, wie auch bey dem Viehschaße und andern Unpflichten für jene die Laßen und Abgiften mit übertragen müßten, welches ihren Untergang mit beförderte (r).

Wenn nun aber der Staat, der Gutsherr und der Bauer bey der Abschaffung des Meyerrechts verlieren, gewinnet denn niemand dabey? Ja, die Obrigkeit.

Ist das Meyerrecht aufgehoben, und hat der Bauer ein völliges Eigenthum, so wird

1) Der Hof taxiret und im Hypothekenbuch eingeführet.

2) Der ehemalige Gutsherr muß die rückständigen Gefälle gerichtlich einklagen.

3) Die überflüßigen Pertinenzien des Hofes werden gekauft und wieder verkauft.

4) Die Bauerhöfe selbst gehen aus einer Hand in die andere;

5) Viele Concursprocesse werden eröffnet und

6) müssen die Cammermeyer auch über ihre Höfe Procesfe führen. — — — *)

Ich bin gewiß versichert, der ungenannte Verfasser in den Annalen hat seine Vorschläge nie aus dem wahren Gesichtspuncte überleget; er würde sonst gewiß nie die Feder angesetzt haben, wenn er aus seinem Saße diese natürlichen Folgen hätte herleiten können. Entfernet sey es daher von mir, ihm irgend einen Vorwarf zu

*) Die hier fehlende Periode ist bey der Censur weggestrichen worden. A. d. H.

zu machen; allein für Pflicht hab ich es gehalten, einen so wichtigen Gegenstand in seinem wahren Lichte zu schildern. Das Publicum ist zu geneigt, Neuerungen nicht nur gern anzuhören, sondern auch zu wünschen. Pflicht ist es daher, es zu warnen, wenn es irre geführet wird.

Nicht nur die processualischen Verhandlungen würden vermehrt werden, sondern auch manche Obrigkeit würde willführlicher handeln können. Schon ist das Landsgericht manchem unangenehm, weil der Bauer daselbst seine Beschwerden anbringen kann; (f) indessen der Meyermann eines fremden Gutsherrn ist noch gefährlicher. Sind gar mehrere an einem Orte, so machen sie gemeinschaftliche Sache, und ihre verschiedenen Gutsherren nehmen sich der Unterdrückten an. Es kann freylich durch die Verbindung mit den Gutsherren manches gute Project nicht zur Ausführung kommen, aber es wird auch gewiß manches nachtheilige vereitelt werden. Hat der Beamte das Zutrauen der Gutsherren; — und warum sollte es denn nicht ein rechtschaffener Beamte haben, da er dessen so würdig ist? — So werden seine guten Absichten auch keine Hindernisse finden.

Wenn das Meyerwesen aber beybehalten wird; sind denn keine Verbesserungen anzubringen? Allerdings:

1) man mache eine gründliche Meyerordnung, worin sowohl das Interesse des Gutsherrn, als des Meyermanns mit einander verbunden; und wo möglich, alle das Meyerwesen betreffende Fragen genau bestimmt werden, und

2)

2) suche man den Zustand des Meyers selber zu verbessern.

Glücklicher sind unstreitig diejenigen Provinzen des Churfürstenthums, wo man nicht fast alle Lasten auf den gemeinen Mann wälzet; wo auch der vornehmere sich derselben nicht entziehet; vielmehr den größten Theil derselben übernimmt.

- Der Herr Professor Spittler hat daher gewiß recht, wenn er im 2ten Theil seiner Geschichte des Fürstenthums Calenberg (S. 331) den Licent so sehr erhebet, welcher im Fürstenthum Calenberg die wüsten Höfe in die fruchtbarsten verwandelt hat. Der Calenberger Bauer, der die schönsten Felder hat, bezahlet um ⅓ weniger an Licent, als der Lüneburger Bauer an Contribution und Viehschatz, der die traurigen Hayd- und Sandfelder bestellet. Worin lieget dieses? Ist der Theil, den das Fürstenthum Calenberg an Steuern bezahlet, etwa geringer? Nein, er ist viel ansehnlicher, und, rechnet man die Zinsen der Krieges-Schulden hinzu, in keinem Vergleich. Allein im Calenbergischen schließt sich niemand aus, wenn im Zellischen jeder herrschaftliche Bediente, ja fast jeder Honoratior eine Exemtion zu behaupten suchet: Aber hierunter nur eine Aenderung zu wünschen, gehöret gewiß zu den Wünschen, die nie eine Erfüllung finden werden. (t). Da man also eine Veränderung bey der Contribution, oder eine Erleichterung bey der die Industrie so niederschlagenden Uebertragung der Remißion wohl nicht hoffen darf, so empfehle ich vorzüglich den Obrigkeiten:

2)

1) ſich zu bemühen, den innern Zuſtand der Höfe zu verbeſſern. Der Bauer im Lüneburgiſchen hat zum Theil zu viel Geſinde, und zum Theil iſt es ihm zu koſtbar. Viele große Höfe in den Dörfern halten lauter eigene Hirten. An mehrern Orten iſt die Gewohnheit, daß die Knechte ſtatt Lohnes beſtellte Länderey erhalten. Hierdurch geſchiehet es, daß ſehr oft das Land der Knechte am beſten beſtellet wird, und der Wirth, wenn er ſein Brodtkorn verzehret hat, von dem Vorrathe ſeines Knechtes lebet, welches er theuer bezahlet. Ein Misbrauch, der ohnerachtet er ſo oft gemisbilliget worden, dennoch fortwähret.

2) Die Verbeſſerung des Ackerbaues und der Viehzucht durch Rath und Exempel zu veranlaſſen.

3 Mehrere Nebengewerbe einzuführen, ſonderlich durch Spinnen und Weben und

4) wo es thunlich, die Gemeinheiten aufzuheben und beſſer zu nutzen.

Dieſe Vorſchläge weiter auszuführen, würde die Gränzen dieſer Blätter überſchreiten; ich wage es daher nur, ſie im Ganzen genommen zu empfehlen, da eine jede patriotiſche Obrigkeit ohnedem ſchon bemühet ſeyn wird, die Wohlfahrt der ihr anvertraueten Unterthanen zu befördern.

Anmerkungen der Herausgeber.

a) Pächter haben bey Verbeſſerung der Wirthſchaft der Höfe, ſehr große Vortheile vor den Meyerleuten voraus. Jenen bleibt die Sicherheit der Erſtattung der Auslage, wenn die neue Einrichtung dem Grundſtücke fortdau-

renden

renden Nutzen gewährt; diese müssen aber immer den Er,
satz der ersten Kosten als verlohren ansehn, in so ferne sie
solchen nicht aus dem Genuffe der Früchte wieder erhalten.
Wie leicht wird daher nicht der unbeerbte Meyer Bedenken
tragen, auf Anlagen von künstlichen Wiesen, Abwässerungs,
graben, Umzäunungen Holzpflanzungen u. d. gl. etwas
erhebliches zu verwenden. Wie viele auch selbst beerbte
werden nicht lieber das vorräthige Capital zur Erleichterung
ihres Unterhalts im Alter, zur beffern Versorgung ihrer
fünftigen Wittwe, oder zur Vertheilung unter diejenigen
Kinder auffparen wollen, die nur eine geringe Abfindung
aus dem Hofe zu gewärtigen haben. Mancher legt das
Geld in solcher Absicht ungenutzt bey sich nieder, und wird
durch Diebe darum gebracht. Andere verleihen es unvor,
sichtig an betrügliche Verschwender, ohne Rückzahlung. Der
Zweck bleibt unerreicht, aber desto bedaurenswürdiger ist der
Verlust, den das allgemeine Beste erleidet, wenn unser
Meyerrecht es verschuldet, daß dergleichen Capitalien der
Verbefferung des Landhaushalts entzogen werden.

Was soll den Interimswirth (deren es so viele im Lande
giebt) bewegen, Ausgaben für ähnliche Meliorationen zu
übernehmen, wenn er mit Gewißheit vorher sieht, daß fei,
ne Anlage sich erst nach vollendeter Administrationszeit ver,
interessiren kann, oder wenn er besorgt, den Gewinn davon
nicht zu erleben? Höchst wahrscheinlich überwiegt in allen
solchen Fällen, die Liebe gegen Weiber, und nicht succef,
sionsfähige Kinder, die Vorsorge für das Beste der frem,
den Hoferben.

Im Lüneburgischen muß der abgehende oder unbeerbt sterbende Meyer sogar die Kosten der leztern Arbeit und Bestellung der Aecker allein tragen, ohnerachtet der neue Wirth die Hälfte der von der Aussaat zu hoffenden Korn, und Flachs-Erndte genießet. (S. die V. vom 1. Jul. 1699. Cap. II. §. 3. in den L. L. C. Cap. V. Sect. VI. Nr. LIII. b.)

Nach der Calenbergischen Meyerordnung Cap. VII. §. 2. soll zwar bey Bestimmung der Leibzucht darauf Rück, sicht genommen werden, ob der abgehende Wirth zum Be, sten des Hofes etwas verwendet habe. Allein wie mannig, faltigen Willkühr ist nicht überhaupt die Festsetzung des Al, tentheils unterworfen, wie ungewiß die Dauer des Genus, ses? Höchstens kann die Verbesserung nur durch sie verzin, set, nie aber die Auslage erstattet werden, welche der Hof gewinnet. Und wie abschreckend ist es nicht für einen guten Haushälter, durch Verbesserung der Umstände des Hofes für sein eigenthümliches Vermögen zu sorgen, da dem obigen Gesetze zufolge, die Ergiebigkeit dieses Vermögens ein Recht giebt, den sonst gewöhnlichen Ertrag der Leibzucht zu ver, mindern.

(b) Von dem Zeitpächter hängt die Bestimmung der Dauer des Contracts mit ab, er kann nach deren Ablauf sein ganzes Vermögen, was er während der Pacht erwor, ben, an das Inventarium oder auf wesentliche Verbesserun, gen des Grundstücks gewendet hat, wieder herausziehen, und ein für ihn anständiger, zuträglicher Geschäfte nach Ge, fallen unternehmen: Alles dieses steht nicht in der Gewalt der Meyerleute. Gewohnheitsrechte und ausdrückliche Ge,

setze

ſetze binden ihn an einem unauflöslichen Contract. Die
Calenbergiſche Meyerordnung Cap. VIII. §. 4. ertheilt die
Vorſchrift:

> daß der Meyer nicht befugt ſeyn ſolle, den Contract ſei-
> ner Seits aufzurufen, es wäre dann, daß er dem Guts-
> herrn einen anderen annehmlichen und ihm anſtändigen
> Meyer verſchaffe.

Der Meyer mag alſo nun noch ſo vortheilhafte Gelegenheit finden, ſein Vermögen und Fähigkeiten auf andere
Art einträglich zu machen, ſo ſteht es doch nie allein in ſeiner Gewalt, den Hof zu verlaſſen, wenn er auch gleich bey
deſſen Uebernahme äußerſt verlezt wäre, und er durch deſſen
ferneren Beſitz ganz zu Grunde gehen ſollte.

Wie ſehr verringern nicht dieſe ſchwere Feſſeln der Be-
triebſamkeit den Gewinn, den der Meyer dadurch erlangt
hat, daß ſeine Zins nicht erhöhet werden kann, das Eigen-
thumsrecht nähme jene ihm ab, und ſtärkte zugleich den angeführten Vortheil.

(c) Sollte es für den Gutsmann nicht eine ganz andere Lage ſeyn, wenn er im Alter jemand von ſeinen Verwandten einheyrathen läßt, ſich aber das Eigenthum, ſo
lange er lebt, ganz vorbehält? Erfüllt nun der Vetter
nicht ſeine Erwartungen, ſo weiſt er ihn aus dem Hofe und
ändert ſein Teſtament. Bey der Meyerverfaſſung darf
aber der alte Wirth nicht auf gleiche Art handeln. Er tritt
auf gewiſſe Weiſe in die Knechtſchaft ſeines Nachfolgers,
und wird von dieſem äußerſt dependent, ohne irgend eine
Gewalt über ihn zu erlangen, und oft muß er ſelbſt die ge-
ringſten

ringsten Pflichten der Menschenliebe erst durch richterlichen Beystand von ihm erzwingen.

(d) Nichts könnte leicht weniger dem Eigenthums, rechte zum Vorwurfe gereichen, als Unsicherheit der Gesälle. Man lege ihnen ein unbedingtes Vorzugsrecht vor allen übrigen Schulden bey: Sind alsdann andere Execu, tionsmittel zu ihrer Einhebung vergeblich, so werden die Cassen durch den Verkauf der Höfe ganz vollkommen gesichert.

(e) Ist es dann ganz nothwendig, mit dem Eigen, thum einen völlig unbestimmten Credit zu verknüpfen? Man könnte ja solchen auf zwey Drittel oder die Hälfte des Werths des Hofes beschränken.

(f) Fast bey den mehrsten Höfen wird ein veränder, tes Verhältniß des Ertrages zu den Lasten, durch verbes, serte Cultur möglich zu machen seyn. Wenn ein völliges Eigenthum solche befördern hilft, so dürfte man auch von dessen Einführung viel vortheilhaftere Resultate hoffen, als jetzt herauskommen, wenn man die Einkünfte der Höfe mit ihren Real-Abgaben vergleicht.

(g) Die sehr richtige Bemerkung, daß der Landmann mit einer ergiebigen Erndte verhältnißmäßig nicht so gut als mit einer geringen auskömmt, stimmt mit einer ähnli, chen Erfahrung überein, die einem wichtigen Grunde allen Werth benimmt, der in obiger Abhandlung zur Vertheidi, gung des Meyerrechts gebraucht worden. Je mehr nem, lich der Bauer sich auf die Unterstützung seines Gutsherrn verlassen kann, desto sorgloser wird er für sein künftiges

Schick,

Schicksal. Er zehrt ruhig auf, was ihm der Himmel beschert, ohne in guten Jahren das nöthige zu den Gefällen
und anderen Bedürfnissen für Zeiten des Mißwachses und
sonstiger Calamitäten zurückzulegen. Ganz anders handelt
er aber, wenn nur rechtliche Wirthschaft und Fleiß, ihn
gegen Mangel sichern kann.

Uns ist ein Gut im Mecklenburgischen bekannt, dessen Besitzer nach dortiger Landesart verpflichtet war, den
Leibeignen daselbst alles zu ersetzen, was ihnen der Himmel zu ihrem Unterhalte in unfruchtbaren Jahren versagte.
So lange dieses Verhältniß dauerte, blieb nichts zum Er-
satze mißrathener Erndten übrig, und der Gutsherr mußte
alsdann nicht nur die ausbleibenden Gefälle einbüßen, sondern auch noch seinen Leibeigenen lästige Unterhaltungs-
Zuschüsse leisten.

Mit Umwandlung der Leibeigenschaft in Eigenthum,
änderte sich aber gleich ihre Lebensart. Eyer, Butter,
Federvieh, Kälber, und andere überflüßig verschwelgte Producte wurden zu Gelde gemacht. Der festgesetzte Erbenzins
ward pünktlich bezahlt, der Gutsherr verbesserte hiedurch
ansehnlich seine Einkünfte, und die Unterthanen hoben sich
aus üppiger Armuth, zu einem industriösen Wohlstande
empor.

(n) Warum sollte es dann nothwendig seyn, alle
Gesetze des Eigenthums ohne Limitation bey den Bauer-
gütern eintreten zu lassen? Nie dürfte ja das Einkommen
des Hofes, welches die demselben auferlegte Lasten absorbi-
ren, ein Gegenstand von Erbtheilungen, selbst nach gemeinen

nen Rechten werden. Bey Schätzung eines jeden Grund=
ſtücks, muß und wird ja immer alles aus dem Anſchlage
weggelaſſen, was dem Werthe an Abgaben und Schulden
abgeht.

(i) Gegen Holzverwüſtungen können Policey = Ge=
ſetze gegeben werden, womit unſere Vorfahren ſchon im
15ten Jahrhundert bekannt waren.

(k) Eben die Urſachen, welche in der Note 2 als
Hinderniſſe der Verbeſſerung des Meyerguts angeführt
ſind, halten auch von deſſen Erwerbung ab. Für das,
was auf Herſtellung verfallener Gebäude bey Annahme
eines wüſten Hofes verwendet werden muß, iſt keine Si=
cherheit vorhanden, die alten Familienlaſten bleiben, und
die Bezahlung der rückſtändigen Abgaben geht gegen den
Genuß des Altentheils verlohren. Bereuet = der neue
Wirth den getroffenen Handel, ſo ſteht ihm kein Rück=
weg durch den Verkauf, wie bey dem freyen Eigenthum
offen.

Dennoch aber fehlt es nicht an Beyſpielen, daß ſich
zu vacanten Meyerhöfen Liebhaber finden; ſo viel anzie=
hendes hat ſchon anjetzt der Beſitz liegender Gründe für
die arbeitende Claſſe der Unterthanen. Wie ſehr würde
nicht die Bewerbung hierum zunehmen, wenn die Vortheile
freyer Eigenthumsrechte damit verbunden würden?

(l) Dem Eigenthumsrechte würde es ganz unſchädlich
ſeyn, wenn die Gutsherrn die Befugniß behielten, ſich we=
gen liquider Gefälle ſo wie gegenwärtig der Auspfandung
zu bedienen. Wegen ſolcher Rückſtände aber, die hier=
durch nicht beygetrieben werden können, muß ſich der Guts=

herr

herr auch in der jetzigen Lage gefallen laſſen, daß er bey
entſtehenden Concurſe claſſificirt werde. Selten iſt ihm
jedoch auch die vortheilhafteſte Claſification von Nutzen,
weil der neue Wirth ſich ungern zur Tilgung ſolcher Nach-
ſtände verſteht, und der Gutéherr ſchon in den mehrſten
Fällen damit zufrieden zu ſeyn Urſache hat, wenn er nur
der künftigen Gefälle Gewißheit erhält. Zu dem Erwerb
des Eigenthums werden hingegen viel leichter Käufer an-
zutreffen ſeyn, die ſo viel baar bezahlen, daß diejenigen
ihre Befriedigung bekommen, die an den Platz gehören,
der den gutsherrlichen Gefällen gebührt.

(m) Die Conſiſtenz der Hülfe mußte nothwendig ſo
beſtimmt werden, daß der Zins dem Ertrage der unzer-
theilbaren Pertinenzen angemeſſen würde. Nie dürfte der
Eigenthümer etwas von dem vereinzeln, was zur Sicherheit der öffentlichen Abgaben und gutsherrlichen Gefälle
einmal vereiniget wäre.

(n) Remiſſionen gewähren nie dem Meyer eine unmit-
telbare Unterſtützung und Beyhülfe, ſondern erleichtern
höchſtens ſeine Bedrängniſſe, öftere Wiederholungen derſelben aber machen nicht ſelten nachläſſig und träge, und ent-
wöhnen von der ſo nöthigen Vorſorge auf künftige Zeiten.

Sehr viel wohlthätiger würde auch in dem Betracht
die Verleihung des Eigenthums werden können, wenn bey
Feſtſetzung des Erbenzinſes auf die bisherigen Remiſſionen
nach einem Durchſchni t von mehreren Jahren Rückſicht genommen, und die Gefälle um ſo viel verringert würden,
als das Reſultat der jährlichen Remißion betrüge. Weit
beſſer

beffer wäre es für den Gutsherrn und Gutsmann, mit Zu-
verläßigkeit zu wissen, was der eine jährlich zu erheben,
der andere hingegen zu entrichten hätte.

(o) Wenn mit dem Eigenthumsrechte der Bauren,
sogleich eine genaue bestimmte Erbfolge in die Höfe angeordnet würde; so hörten die Processe hierüber von selbst
auf. Allenfalls mögte noch dann und wann der Legitima-
tions-Punct einen Streit erregen können, und läßt sich
gar kein Nachtheil davon denken, daß solcher vor Gerichte
summarisch untersucht und entschieden werden müßte.
Die Partheyen hätten alsdann nicht nöthig, sich in
weiter Entfernung vom Hause an die Residenz zu wenden, und Königl. Cammer, auf welcher ohnedem so
mannigfaltige gehäufte Geschäfte ruhen, würde dieser
Gattung unter denselben ganz überhoben.

(p) Kinder von gutgesinnten Wirthen, werden
durch das Eigenthum ihrer Väter gewinnen, die von
übeldenkenden Eltern aber nichts verlieren.

Wie ohnmöglich es sey, alle schlechte Wirthschaft
durch gutsherrliche Aufsicht zu verhüten, dies ist leider
aus der Erfahrung nur zu sehr bekannt: Was nützt es
aber den Kindern, wenn ihnen der Vater einen verfallenen Meyerhof hinterläßt. Obdach und kümmerliche
Nahrung würde ihnen ohnedem auch unter Menschen
nicht versagt seyn. Jährlich fallen ja noch Abmeyerungen vor, und wenn es bis zu dieser kömmt, pflegt dem
Wirthe nichts als elende Kleidungsstücke, und der Bettelstab übrig zu bleiben. So weit wird weniger leicht das
Vermögen aufgezehrt werden, wenn man bey Einführung

des Eigenthumsrechts nur die Verschuldung der Hälfte oder ⅓ des Werths der Höfe gestattet.

Für gutdenkende Eltern gereicht hingegen der Erwerb des Eigenthums ohnmöglich zu einer Versuchung, ihre Gesinnungen gegen die Kinder zu ändern, vielmehr wird ihnen solches erst zur Ermunterung dienen, auf Verbesserung der Güter emsiger als anjetzt Bedacht zu nehmen. Sie sind überzeugt, daß aller Gewinn des Fleißes und der Sparsamkeit ungekürzt auf ihre Kinder kömmt, nichts davon an das Meyergut fällt, nichts den Gefahren der gewissenlosen Verwaltung eines schlechten Interimswirths überlassen werde.

In den mehrsten Fällen dürfte es auch immer, wenigstens für kleine Kinder, ein Glück seyn, wenn aus dem Verkaufe des Hofes ein Stück Geld gelöset wird, und sie damit zu allerley Gewerbe erzogen werden können. Bey dem Meyerrechte hingegen entsteht die unseelige Interims-Wirthschaft daraus, wodurch der Hof gewöhnlich ruinirt, die Erziehung der Kinder unter fremder Aufsicht vernachläßiget, und dieser Fremde selbst oft schon im 40sten Jahre zu einem lästigen Altvater wird.

Wer hilft denn in den Städten den Kindern fort, deren elterliches Erbe sogleich theilbar ist. In vielen Städten hat man das alte Näherrecht mit Grunde und Nutzen abgeschaffet; dies war gerade eine solche Wohlthat für die Kinder, wie das Meyerrecht.

(q) Fast alle Erinnerungen, welche gegen die Sicherheit der Creditoren gemacht sind, könnten auf jede Allodial-Besitzung, und so in den Städten auf die Häuser

fer angewendet werden. Und wie sehr verschwindet nicht
bey diesem Vergleiche ihre ganze Stärke. Der hypothe=
karische Gläubiger ist ja dort wegen Verschlimmerung
seiner Hypothek noch weniger gesichert, da es leichter ist,
die superficiem als einen fundum zu ruiniren. Allein
merkt der Gläubiger den Ruin der Hypothek, so kündiget
er sein Capital, und das Haus bekömmt bald durch den
gewöhnlichen Gang des Processes einen neuen Eigenthü=
mer, der es gemeiniglich noch verbessert. Dies ist gerade
der Vortheil des freyen Eigenthums.

Nichts beynahe macht Capitalisten so bedenklich, Geld
herzuleihen, als Mangel der Veräußerlichkeit der Hypo=
thek, weil mit selbiger das geschwindeste, leichteste und
zuverläßigste Mittel, sich bezahlt zu machen, selbst bey
solchen Hypotheken wegfällt, deren Werth die Schulden
nicht immer übersteigt.

Der hinzukommende Consens des Gutsherrn bey
Anlehnen auf Meyergüter, giebt eine sehr unbedeutende
Sicherheit, wenn er nicht bis zur Erlaubniß des Ver=
kaufs einzelner verhypothecirten Pertinenzen ausgedehnt
wird. In jedem anderen Falle gewährt er nur die Zu=
lassung der Klage, und ein Claßifications=Recht in Con=
cursen.

Ganz deutlich besagt das Ausschreiben vom 9ten
Aug. 1690. S. L. L. C. Cap. V. Sect. 6. XLVII. §. 2.
daß die mit Consens der Gutsherrn gemachte Privat=
Schulden bey Abmeyerungen aus demjenigen bezahlt
werden sollen, was von dem festgesetzten Allodial=Vermö=
gen nach Abzug der restirenden Amts=Contribution und
Schatzgefälle übrig bleibt.

C 2

Eine

Eine ähnliche Verfügung enthält die neue Calen:
bergische Meyer:Ordnung Cap. IX. §. 9. davon. Wenn
gleich daselbst den mit Consens versehenen Gläubigern
die Befugniß ertheilt wird, falls sie aus dem Allobio ihre
Befriedigung nicht erhalten können, darauf zu bringen,
daß entweder der Gutsherr sie bezahle, oder den Ver:
kauf des Hofes geschehen lasse; so sollen doch, wenn der
Käufer dasjenige nicht mit bezahlen will, was bey An:
nahme der Höfe unter Kindern, als freye Zubehörde be:
trachtet wird, und von dem überschießenden Werthe ihre
Befriedigung nicht erfolgen kann, solche Gläubiger aus:
fallen, und die Höfe demohnerachtet wieder besetzt werden.

Wird nun wohl je ein Gutsherr geneigt seyn, den
Käufer zu bereden, zum Besten der Gläubiger mehr für
den Hof zu bezahlen, als die Gesetze von ihm fordern, und
sollten wohl viele Käufer sich finden, die diesen Preis zu
übersteigen Lust hätten?

Welch einen geringen Werth hat aber alsdann der
Gutsherrliche Consens, und nach was vor einem Maaßstabe
soll man ihn schätzen, um das Verhältniß der Hypothek zur
Schuld zu vergleichen?

(r) Das angeführte Beyspiel aus der Grafschaft Hoya
beweiset keinesweges eine absolute Schädlichkeit der Frey:
heit der Bauerhöfe, sondern zeigt nur, daß solche Miß:
bräuchen unterworfen sey, wenn man diesen nicht vorbauet.
Man hatte dorten, wie die allegirte Verordnung ganz deut:
lich erglebt, den ersten dabey zu beobachtenden Grundsatz
vernachläßiget, und keine Consistenz der Höfe festgesetzt.
Wenigstens muß man dieses daher schließen, weil jeder Ei:
gen:

genthümer nach Belieben einzelne Pertinenzen verſetzte und verkaufte. Hieraus entſtehen ganz unvermeidlich die ſchädlichen Folgen, deren gedachtes Geſetz eingedenk iſt. Doch begründen dieſe weiter keinen Schluß, als daß die Sache nicht Privat-Contracten überlaſſen werden darf, ſondern einer öffentlichen Verordnung benöthiget iſt.

(f) Allerdings könnten die Landgerichte eine ſehr wohlthätige Schutzwehr gegen Unterdrückungen abgeben, wenn nur nicht faſt alle Unterthanen, ſo wie jener Bauer philoſophirten, der von dem Landgerichts-Commiſſair aufgefordert wurde, wenn er Beſchwerden gegen den Amtmann hätte, ſolche vorzubringen. Wie lange bleibt der Herr bey uns? fragte der Bauer, ohne ſich weiter einzulaſſen. Bis morgen, war die Antwort. Ich habe nichts zu klagen, verſetzte der Bauer; der **Herr Amtmann bleibt das ganze Jahr bey uns!** —

(c) Das Verhältniß der Abgaben einzelner Contribuenten gegen einander mit mathematiſcher Gewißheit feſtzuſetzen, dazu iſt eine genaue Kenntniß vieler ſpeciellen Umſtände erforderlich, die ohne ſorgfältige Local-Unterſuchung nicht erlangt werden kann. Wir enthalten uns daher aller Beurtheilung darüber, ob es bey individuellen Vergleichen immer zutreffend ſeyn würde, daß der Calenberger Bauer ⅓ weniger an Licent, als der Lüneburger an Contribution und Viehſchatz bezahle.

Im Ganzen aber muß lezterer aus natürlichen Urſachen verhältnißmäßig mehr als erſterer an öffentlichen Abgaben aufbringen, weil im Lüneburgiſchen eine weit größere Volksmenge zum Bauernſtande als im Calenbergiſchen gehört.

C 3

Die

Die Total-Summe aller Einwohner des Fürstenthums Lüneburg ist wahrscheinlich, oder wie Kenner versichern, wol gewiß noch etwas größer, als des Fürstnthums Calenberg und Göttingen, in diesen aber enthalten die drey Städte, Hannover, Hameln und Göttingen, wo nicht mehr, doch gewiß so viel Einwohner, als alle Lüneburgische Städte.

Schon in solcher Rücksicht tritt also eine nothwendige Verschiedenheit des Verhältnisses zwischen dem ein, was in erwehnten Provinzen die Städte und der Bauerenstand aufbringen. Hiezu kömmt aber nun noch, daß zwey der vorgenannten Städte einen ganz vorzüglich starken Geldes-Umlauf nicht blos aus allen Gegenden des ganzen Fürstenthums, sondern auch aus der Fremde an sich ziehen.

Nie kann daher der Licent im Calenbergischen und Lüneburgischen gleichen Effect bewürken, wenn auch hier, wie dorten, die Exemtionen einerley Beschränkungen hätten.

Welch ein Heer von Einnehmern, Visitatoren, Landsreutern und ähnlichen Bedienten würde nicht erforderlich seyn, um aus den vielen so weit von einander liegenden, oft nur kleinen Dörfern, das durch den Licent in die Casse zu schaffen, was die Contribution einbringt? Wie bald würde man nicht schon zum Unterhalt jener Bediente die Abgaben erhöhen müssen, und wie vielmehr würde nicht noch nöthig seyn, um den Abgang an Defrauden zu ersetzen, die bey einem so großen Umfange ganz offener fremden Gränzen gar nicht verhütet werden können?

Wahrlich hat der Lüneburger Bauer den Calenberger Bauer um nichts weniger, als des Licents wegen, zu be-

beneiden Urfache. Es würde zu weit von dem jetzigen
Zwecke abweichen, diefes hier umftändlich auszuführen.
Wir befchließen daher mit der einzigen Bemerkung, daß
der Licent bey dem Bauren die Laften nach einem falfchen
und unrichtigen Maaßftabe vertheilt. Da wo nemlich
der Ackerbau das einzige oder vornehmfte Erwerbungs-
mittel des Baurenftandes ift, follten doch wohl eigentlich
die liegenden Gründe und deren Ertrag das richtigfte und
zuverläßigfte Schätzungsmittel der öffentlichen Abgaben
feyn. An Licent aber entrichtet nicht felten der geringfte
Bauer beynahe und zuweilen völlig eben fo viel als ein
anderer, der zwey- und dreyfach mehreres Einkommen
von feinen Ländereyen genießet.

Eine folche Ungleichheit in Vertheilung der öffentlichen Bürden getrauen wir uns nicht für empfehlungswür-
dig anzufehen, fo lange keine befondere Local-Umftände
den Gebrauch davon nothwendig machen.

II.

Vom Klofter Medingen.

Vom Hrn. Oberamtmann von Voigt zu Schna-
kenburg.

Geliebtes! — edles! — vortrefliches Medingen! —
Du — die Quelle meines Glücks! *) — ich foll
dein

*) Die Gemahlinn des Hrn. Verfaffers diefer con amore
geschriebenen Geschichte, eine geborne von Witzendorf,
war vorhin Conventualin des Klofters Medingen.
A. d. H.

C 4

dein Geschichtschreiber werden! Ob ich mich diesem Ge=
schäfte mit Liebe unterziehe, daran zweifelst du wol nicht,
aber — ob ich Unpartheilichkeit genug zu diesem Geschäfte
haben werde, dies bezweifle ich selbst. — Doch —
wäre es auch nicht — ich würde mich damit beruhigen:
daß — alles Gute, was man von dir sagen kann, unter
allen, die dich kennen, so bekannt ist — daß dein Ge=
schichtschreiber selbst durch den Ton des Enthusiasmus
nicht verdächtig werden würde. Und nun zur Sache.

Der, von Meisterhand verfertigte Kupferstich vor
diesem Bande, stellet das, im Herzogthum Lüneburg,
drey Meilen von der Stadt Lüneburg in einer angenehmen
Gegend an der Ilmenau belegene Kloster Medingen
vor, wie es nach erlittener Feuersbrunst, in den Jahren
1782 bis 1788. durch den Königl. Landbaumeister Ziegler
neu erbauet worden.

Wenn etwa Fremden dabey die Frage auffallen mögte:
warum man in hiesigen Landen neue Klöster erbaue, zu
einer Zeit, da man in katholischen Ländern Klöster ein=
zieht, und die Gebäude zu Kasernen und Zeughäusern
bestimmt? — so muß ich, um dieser Frage zu begegnen —
vorläufig bemerken: daß der Name: eines Klosters —
zwar aus alten Zeiten noch beybehalten, eigenthümlich
aber — nach itziger Verfassung, ein Fräuleinstift darun=
ter zu verstehen sey.

Die Geschichte dieses Klosters ist bereits von Johann
Ludolph Lyßmann, gewesenen Prediger zu Medingen,
nachherigen Superintendenten zu Sallersleben, in seiner
historischen Nachricht von dem Ursprunge, Anwachs und
Schick=

Schickſalen des Kloſters Medingen, deſſen Pröbſten, Priorinnen und Abbatiſſinnen, Halle, 1771. 4to, aus Urkunden
ausführlich beſchrieben, und bis zum Jahre 1769. fortge-
ſetzt worden, aus welcher gründlichen Beſchreibung der
nachfolgende Auszug den Leſern dieſer Annalen hoffentlich
nicht unwillkommen ſeyn wird.

Die Geſchichte hebt ſich mit dem Jahre 1228. an, und
theilet ſich in zwey Haupt-Abſchnitte:

I. Von Stiftung des Kloſters bis zum Anfang der Reformation 1228 bis 1529. unter Pröbſten und Priorinnen.

II. Von dem Anfang der Reformation bis auf itzige Zeiten
unter Abtiſſinnen und Priorinnen.

Erſter Hauptabſchnitt.

Die Geſchichte beginnet, wie leicht zu erachten iſt —
mit einer Mönchs-Legende. Dieſe iſt folgende:

In irgend einem, nicht benannten — Ziſterzienſer
Mönchskloſter, vermuthlich in der Alten Mark Brandenburg, oder im Erz-Stifte Magdeburg, erhielt ein gewiſſer
Laybruder, *) Namens Johannes, wahrſcheinlich ein
Gärtner, bey hellem Tage, da er ſeinen Geſchäften nach-
gieng — einen wundervollen Beruf: der Stifter eines Kloſters zu werden!

Er

---

*) Was Laybrüder und Layſchweſtern geweſen, davon
cf. Lyſmann pag. 261. ſeqq. Spitters Kirchenge-
ſchichte pag. 380, und Pütters hiſtoriſche Entwickelung
der heutigen Staatsverfaſſung des teutſchen Reichs
I. Theil pag. 161 und Nota K. — Sie waren, da
Reichthum und Luxus der Klöſter ſtieg: — dienende
Brüder und Schweſtern.

Er hörte nemlich bey seiner Arbeit eine Stimme, die ihm befahl, zwey große Säcke voll Bohnen und Erbsen zu kaufen, mit dem Zusatze: daß — so viel Bohnen und Erbsen in den Säcken — so viel geistliche Personen auch in dem neuen Kloster seyn sollten, welches er stiften würde.

Johannes war jedoch bescheiden genug, um den Antrag von sich abzulehnen, oder wenigstens grimace zu machen. „Wie sollte das möglich seyn" — sagte er, „da ich „arm bin, und ein Ungelehrter?"

Aber die Stimme antwortete: „es soll also geschehen „— wie es Gott haben will! — "

Einredens ohnerachtet also muste Johannes dem Rufe folgen. Er fühlte von Stund an in sich den Drang — ein Kloster zu stiften — verkaufte seine Haabseligkeit, und brachte für das gelöste Geld ein Paar Säcke mit Erbsen und Bohnen zusammen.

Nun eröfnete er seinem Abte die göttliche Vocation, und bat um seine Entlassung.

Der Abt überlegte die Sache mit dem Convent, da gab es Widerspruch, doch drang Johannes durch, und erhielt nicht allein die gebetene Entlassung — sondern auch sogar Wagen und Pferde, um seine Säcke fortzubringen.

Ob er, als Laye sich zu schwach gefühlt, ein Mönchskloster zu errichten, oder, ob eine innere Bestimmung seines Berufs, seine Wahl für ein Nonnenkloster entschieden, oder, ob Bohnen und Erbsen ihm einen näheren Bezug auf Nonnen — als auf Mönche zu haben schienen — das entdeckt die Geschichte nicht — aber sein Entschluß war: — ein Nonnenkloster zu stiften. Voll dieses großen Vorhabens

bens zog er mit seiner Ladung über Feld. Ein heroisches Unternehmen, wozu ihm nur ein dreister Seherblick in die Zukunft Muth geben konnte.

Wie mag er in Ahndung froher Zukunft schon seine Erbsen keimen gesehn, wie süß mag er im Geist geruhet haben unter den Wohlgerüchen seiner Bohnenblüte!

Er zog nach dem Zisterzienser-Nonnenkloster Wolmerstädt *) bey Magdeburg, entdeckte der dasigen geistlichen Versammlung seinen Beruf und sein Vorhaben, und bat: daß man ihm vier Layschwestern überlassen möchte, um daraus die prima plana seines zu stiftenden Klosters zu errichten, ohngefehr so, wie ein anfangender Gärtner einen Blumisten bitten würde, um einige Ableger schöner Nelken.

Clementa, Floria, Antonia und Zacharia — so hießen die Laychwestern, die ihm ihr Schicksal anvertraueten.

Sie setzten sich auf seinen Wagen, und er selbst gieng, wie ein altes Gemälde zeiget, demüthig zu Fuß beyher.

Nun wohin? — das war die Frage! — Sonderbar scheint es, sich erst um die Saat, und dann — um den Garten zu bemühen, aber das war nun einmal der Genius jenes wunderglaubigen Zeitalters, wo Peter der Bettler Schwärme von Menschen wie Mücken nach dem gelobten Lande

*) Ich habe dahin geschrieben, und eine sehr gütige Antwort erhalten, wodurch sich jene Vermuthung bestätiget, indem sie enthält, daß im Jahre 1500. das ganze Kloster mit dem Archive abgebrannt sey, und man von dessen Ursprung und Schicksalen keine Nachricht habe.

Lande predigte, wo Armella Niclas die Köchin mit einem gespickten Kapaunen gen Himmel flog, und wo selbst der heil. Benediktus, der Stifter des Ordens, zu dem sich dieses Häuflein bekannte, im Mutterleibe Psalmen sang.

Ob dem Laybruder nicht warm ums Herz geworden seyn mag, wenn er zurückblickte auf seine kostbare Labung —. ob er ganz frey geblieben vom Schicksal des heil Antonius? — darüber wagt Lyßmann nicht einst eine Vermuthung — ich will es also auch nicht thun, und jedem meiner Leser überlassen, sich in Gedanken in die Gesellschaft dieser vier ascetischen Jungfern zu versetzen, und zu prüfen, womit er, in den einsamen Haiden, die sie zu durchwandern hatten, sich und ihnen die Zeit vertrieben haben würde.

Nun weiter zur Geschichte: Johannes erwählte zu seinem neuen Aufenthalt und Erbauung seines Klosters einen Ort in der Mark Brandenburg, Namens Redekenstorf, aber Armuth vertrieb ihn von da nach einigen Jahren mit seinen geistlichen Schwestern, und er zog mit ihnen nach Plate, einem Dorfe in der Altenmark, ohnfern Calbe belegen.

Daselbst fand er eine alte adeliche Wittwe aus dem Geschlechte der von Plate, welche ihn mit seinen vier Jungfrauen christmildthätig aufnahm, und sie mit Nahrung, Wohnung und Kleidung versorgte.

Aber ach! auf diese kurze Ruhe folgte bald ein fürchterlicher Sturm: 1236 starb — Johannes! bald nach ihm 1237 starb — die Wittwe von Plate! —

Man stelle sich in die Lage der armen vier Laynschwestern! — Schlag auf Schlag waren sie aller ihrer Stützen
— ihres

— ihres Führers und ihrer Wohlthäterin beraubt — allein, arm, — und verlaffen einer Welt blos gestellt, die, wie wir Urfach haben zu vermuthen, auch schon damals im Argen lag.

Ob sie jung und schön waren — diesen Hauptumstand verschweigt leider, die Geschichte, ich versuchte es, diese Frage aus Muthmaßungen zu beantworten. Bald dachte ich: — das ehrwürdige Kapitel zu **Wolmerstädt** werde nicht gerade die beften ihrer Layschweftern, sondern vielleicht den Ausschuß weggegeben haben, und die Erzählung unter dem 3ten Gemälde beftätigte diese Vermuthung, indem sie sagt:

„Alse nu de Leybroder Johannes veer simpel und ent» voldighe Junkvrouwen uth dem Closter Wolmerstede habde treghen — “

Bald dachte ich wieder: — man könne aus andern politi» schen Urfachen sich gerade der vier schönften und jüngsten ent» laden haben — und so schuf sich meine Einbildungskraft vier Ideale weiblicher Schönheit — doch — jeder träume sich, was er will — wer wird eine Entscheidung wagen in einer so dunkeln Sache?

Dem sey aber, wie ihm wolle, was solte aus ihnen werden! in beiden Fällen zeigen sich gleiche Schwierigkeiten, und wer wird nicht unter solchen Umftänden die Hofnung aufgeben: durch diese vier Waisen jemals ein blühendes Klofter gestiftet zu sehen?

Noch hatten sie nicht, wohin sie ihr Haupt hätten le» gen, noch keinen Platz, wo sie ein eigenes Gericht Kohl hätten bauen können, und im aufgeklärten 18ten Seculo hätte ich es ihnen nicht rathen wollen — allein — ohne
Füh.

Führer in die Welt zu ziehen, denn — wer weiß nicht, wie exact jetzt allenthalben die Polizey ist?

Doch was geschahe? — die genaue Verbindung unter allen, wenn gleich weit entfernten Ordensgeistlichen von ein und derselben Regel machte — daß ein anderes Zisterziensser Ordens-Kapitel zu Rastede in der Grafschaft Oldenburg von ihrer Lage Nachricht bekam, und schon in eben dem für sie so unglücklichen Jahre 1237. ihnen einen Platz zu Bodendorf im Lüneburgischen schenkte, um allda ein Oratorium (Bethaus, Kapelle) nebst den übrigen Gebäuden, die sie bedurften, zu erbauen.

Nun also wieder ein Schimmer der Morgenröthe nach so dunkler Nacht! Nun nicht mehr irrende Jungfrauen unter der Führung eines irrenden Laybruders — nun schon Eigenthum — und bald darauf auch: Ein Probst! Helmericus hieß dieser Mann; woher er gekommen sey, ist nicht ausgemacht.

Unter den alten, die Geschichte des Klosters vorstellenden Gemälden, die auch Lyßmann ganz sauber und richtig in Kupfer stechen lassen, stehet:

„Und do koren se enen Provest, ghenömet Her Helmete"

und es kann seyn, daß sie dazu irgend einen frommen Mann, den sie kannten, oder irgend einen wandernden Mönch selbst gewählet, oder es kann auch seyn, daß das Kapitel zu Rastede ihnen denselben gesandt habe; Genug, dieser erste Probst: Helmericus — führte sie von Plate, im Jahre 1237, zuerst in das lüneburgische Land, nach Bodendorf.

Eine

Eine Kapelle war daselbst schon, darin aber gewöhn=
lich kein Gottesdienst gehalten wurde, weil Bodendorf
zu Thomasburg eingepfarret war. In dieser Kapelle
wurde ein kleines Chor angelegt, um daselbst die horas zu
halten, und neben der Kirche im folgenden Jahre 1238. ein
kleines Haus gebauet, welches der Probst mit seinen vier
Nonnen, der bis dahin in einem Bauerhause sich beholfen
haben mogte — bezog. Ein Anfang — wie der — des
Klosters zu Paraclet, dort: Eloise — hier: Helmerich! —

Die erste Frage, die jedem hiebey auffallen wird, ist
die: woher diese kleine Gesellschaft ihren Unterhalt genom=
men habe? aber hier tritt in der Geschichte des Klosters ein
altes Rittergeschlecht auf, welches durch seine ausnehmende
Wohlthätigkeit gegen diese aufkeimende Stiftung die Ehre
verdienet hat, derselben auf ewige Zeiten ihren Namen zu
geben.

Ihr Stammgut war, Alt Meding, eine Meilewe=
ges von Bodendorf, woselbst Herr Werner von Me=
ding seinen Wohnsitz hatte.

Diese Ritter hegten und pflegten das zarte Pflänzchen,
und sandten dem kleinen Convent alles, was zum Unterhalt
desselben nöthig war. Der Probst ging selbst wöchentlich etli=
chemal zu Fuß nach Alt Meding, um Nahrungs=Mittel
zu holen, fand aber bey dieser Gelegenheit unglücklicher
Weise seinen Tod, indem er am 10ten Decbr. 1240, da er
mit einem Kober voll Victualien von Alt Meding zu=
rück kam, im Holze vor Bodendorf von zween wendi=
schen Bauren, aus Neid über die Wohlthaten der Ritter,
mit einem Stich durch den Kinnbacken ermordet wurde.

Wer=

Werner und Gebhard von Meding entdeckten bald — durch fleißige Nachforschung die Thäter, und übergaben sie — um nach Gutdünken ein Urtheil über sie zu fällen, in — der Jungfrauen Gewalt.

Doch das rachelose Herz dieser frommen Jungfrauen kannte nur Gnade! sie wollten nicht richten — und die Ritter thaten den Ausspruch:

„daß die Mörder mit allen ihren Nachkommen dem Kloster auf ewig leibeigen seyn, und mit aller benöthigten Handarbeit dienen solten."

Doch — was wird nun weiter aus den verwaiseten Kindern werden?

Ihren mitleidswürdigen Zustand, sagt die Geschichte, habe sich besonders Frau Margarethe, Herrn Gebhardt junioris von Meding Eheliebste dergestalt zu Herzen genommen, daß sie ihrem Eheherrn täglich angelegen, sich dieser armen verlassenen Kinder anzunehmen. Der Ritter entschloß sich, ihnen nachdrückliche Hülfe zu leisten, und schenkte ihnen vors erste — den Zehenden zu Eddelstorf, nebst einer beträchtlichen Summe Geldes, und bald hernach eine wüste Hofstädte in Alt Meding, nebst allen dazu gehörigen liegenden Gründen.

Herr Werner von Meding wollte seinem Vetter dies Verdienst nicht allein lassen, er schenkte ihnen von seinen adelichen Gütern den Zehenten von Babendorf, eine jährliche Aufnahme an reinem Rocken, und gleichfalls ein ansehnliches Capital an baarem Gelde — ja endlich — fing er mit Zuziehung seiner beiden Brüder, Jordan und Friedrich — an, ihnen zu Alt Meding auf dem von Geb-

hards

hardo jun. geschenkten Platze ein eigenes, besseres und geräu,
miges Kloster zu bauen.

Dieser Bau wurde 1241. fertig, und da ließ der wohl,
thätige Ritter die Conventualinnen ungesäumt mit ihrer
Haabe von Bodendorf abholen, und in das neue Kloster
einführen, gab ihnen auch zugleich die Altmedingsche Kir,
che mit ein, worin er bereits einen besondern Chor für sie
verfertigen laßen.

Am Tage Bartholomäi geschahe die Einweihung dieses
Klosters durch einen vom Bischofe zu Verden, in dessen
Diöces es lag, abgesandten Commissarium, und so hatte
nun, 13 Jahre nach seinem ersten Ursprunge diese Stiftung
eine festgegründete Anlage bekommen, und die förmliche
Gestalt eines Klosters gewonnen.

Ob alle vier erste Stifterinnen zum Lohn ihrer Drang,
sale dieses Glück erlebt haben, und wann sie gestorben sind,
dies verschweigt uns die undankbare Geschichte, doch ist ohne
Zweifel Altmeding der Ort, der ihre geweihete Asche
bedeckt.

Zum Probst wählte die Versammlung, vermuthlich
auf den Vorschlag ihrer Wohlthäter, der Herrn von Me,
ding, einen Mann, Namens Nicolaum, und diese Wahl
wurde von dem Verdenschen Bischof Gerhard confirmiret.

Unter diesem Probste erhielt das Kloster durch Schen,
kungen einen sehr ansehnlichen Zuwachs an liegenden Grün,
den, unter welchen sich eine Schenkung des Brandenbur,
gischen Markgrafen Johannes auszeichnet, der dem
Kloster zur Vergebung seiner, und aller seiner Vorfahren

Gunden schon im Jahre 1241. fünf Höfe zu Bodendorf schenkte.

1253. ertheilte Graf Wilhelm von Holland, der während des sogenannten Interregni 1247 zum römischen König gewählt war, bey einer Durchreise durch Lüneburg dem Kloster einen Schutzbrief, jedoch vermuthe ich nicht, daß dasselbe sonderlichen Nutzen davon gehabt habe.

Täglich wuchs nunmehr die Zahl der durch Schenkungen und Belehnungen erhaltenen liegenden Gründe des Klosters, und täglich die Anzahl der Nonnen so, daß Probst Nicolaus, der sich zu schwach fühlen mogte, sie allein zu regieren, es nöthig fand, ihnen eine Priorin vorzusetzen, und dazu wählte er seiner Mutter Schwester, Imma, eine fromme, kluge und reiche Person, welche bisher im Kloster Dambeck im Brandenburgischen Conventualin gewesen war, und diese übernahm das ihr aufgetragene Amt im Jahr 1263.

Aus der Geschichte der Mönchsorden ist bekannt: daß zuerst der heil. Benedictus im Anfange des 6ten Jahrhunderts einen Orden stiftete, und nach seinem Namen nannte, daß dieser Orden durch Robert von Molesme verbessert, und von ihm am Ende des 11ten Seculi eine Abtey zu Citeaux in Frankreich (Cistercium) errichtet wurde, nach welchem diejenigen, welche seine Reformation annahmen, nun nicht mehr Benedictiner, sondern Zisterzienser genannt wurden, ein Orden, der bald ein großes Ansehen, und eine unglaubliche Ausbreitung erhielt, aber auch eben dadurch die Einfalt der Sitten seiner Stifter so sehr verfeinerte, daß bald wieder eine

neue

neue Verbesserung nöthig wurde, welche denn im Anfange
des 12ten Jahrhunderts der (nunmehr) heilige Bernhard
unternahm.

Jeder dieser Reformatoren machte neben den eingeführten wesentlichen Verbesserungen auch eine Veränderung im äußerlichen, und so war die Kleidung der Benedictiner, der Zisterzienser und der Bernhardiner etwas
verschieden.

Imma war eine Bernhardinerin, und trug einen
grauen Habit, die Medinger Nonnen aber waren Zister-
zienserinnen, und trugen weiße Chorkleider. Damit nun
beiderseitige Rechte und Observanz nicht gekränkt werden
mögte, wurde festgesetzt: daß jeder bey seiner bisherigen
Kleidung verbleiben solle. Zugleich wurde auf ewige Zeiten zum Schutzheiligen des Klosters Medingen ernannt
und erkläret: der heilige — Mauritius b).

Probst

b) Mauritius — ein Mohr, Befehlshaber unter dem
   Kayser Maximilian, über die sogenannte Thebani-
   sche Legion von 6600 Mann.
   Er erhielt Befehl, die Christen in Gallien aus-
   zurotten, bekannte sich aber mit seinen Kriegsobri-
   sten Eruperus und Candidus, und dem ganzen
   Corps zur christlichen Religion. Der Kayser ließ
   darauf im Jahre 286. zweymal den roten Mann —
   dann die ganze Legion niedermachen, und alle starben als Märtyrer! — so sagt die Legende.
   Kayser Otto der Große soll im roten Jahrhundert die Reliquien dieses Heiligen vom Pabst Johannes XIII. zum Geschenk erhalten, und nach
   Magdeburg gebracht haben, daher es dann entstanden, daß man den heil. Mauritius zum Schutzheiligen dieses Erzstifts erwählet.

D 2

Probst Nicolaus starb nach einer Amtsführung von 46 Jahren, anno 1287. Die Priorin, seine Tante, war schon 3 Jahre vor ihm gestorben, und Imma die zweyte an ihre Stelle ernannt.

Ihm folgte durch Wahl und Bischöfliche Bestätigung *Hartwicus de Salina*, oder Hartwig von der Sülze.

Unter ihm vermehrten sich die Klostergüter ansehnlich durch Kauf und Schenkungen, und er bekam 1290. vom Landesherrn die Erlaubniß: alle Tage 1 Fuder Holz aus den fürstlichen Holzungen holen zu lassen.

Damit es aber auch an geistlichen Beneficiis nicht ermangeln mögte, kaufte er demselben im Jahre 1299. zwey Indulgenz=Briefe, den einen von dem Rigaischen Erzbischof Johannes, und den andern von dem Bischof Gottfried von Bülow zu Schwerin.

Um die Nonnen machte Nicolaus sich dadurch verdient, daß er ein Capital belegte, von dessen Renten sie gekleidet werden solten, und als ein guter Wirth offene Küche und Keller für sie hatte, obgleich sonst jede Conventualin ihre eigene Haushaltung führen, und sich selbst beköstigen muste.

Er starb 1311. und ihm folgte in demselben Jahre

Christianus,

dessen Zuname und Abstammung nicht bekannt ist.

Ihm zeigte im Traume die Jungfrau Maria einen Ring, mit dem Befehl: das Kloster so fest zu verschließen, als dieser Ring verschlossen sey, und er säumte daher nicht, die Clausur des Klosters zu verbessern, welches besonders

bey

bey den jüngeren Nonnen einigen Widerspruch gab, aber *mit williger Beystimmung der Frau Priorin Imma* durchgesetzt wurde.

Der Geruch der Heiligkeit dieses Klosters vermehrte sich dadurch merklich, und mit ihm der Zulauf begüterter Nonnen, besonders aus der nahen Stadt Lüneburg.

Dieser Probst nahm zuerst Layschwestern im Kloster auf, und beschenkte daßelbe selbst mit ansehnlichen Sülz= gütern zur Beyhülfe für die Kleidung der Nonnen.

Aber noch nicht Verdienst genug für diesen thätigen Mann! —

Die Lage des Klosters zu Altmeding hatte verschie= dene Unbequemlichkeiten.

Eine öffentliche Heerstraße über den Klosterhof, Mangel an Brennholz, Entfernung von der Mühle, und die Nachbarschaft unruhiger Wenden.

Manche schlaflose Nacht hatte Christiannus über diese Beschwerden, er hielt es für nothwendig, das Klo= ster an einen andern Ort zu verlegen, sagte aber niemand etwas davon, und verlor seine Zeit nicht mit unnützen Bedenken, sondern schritt muthig zur That, beschloß eine Reise nach Rom, und nahm dazu einen andern Vor= wand.

Er erhielt ohne Mühe vom heil. Vater die Erlaub= niß zu Verlegung des Klosters, und überdies die Vergün= stigung, daß seine Nonnen, die bisher enge härene Klei= der auf der zarten Haut getragen, und auf Matten ge= schlafen hatten, künftig weitere Kleider, und leinene

H 3   Hem=

Hember tragen, und auf Betten schlafen dürften. Wie wohl mag ihnen geworden seyn! —

Es kam nun darauf an, einen Platz ausfündig zu machen, wo das neue Kloster gebauet werden könne, und es zeigte sich dazu eine erwünschte Gelegenheit, indem die Ritter.Gebhard und Werner Grote sich entschlossen, ein Dorf, Namens Zellensen, welches eine Meile von Alt, meding am Punsedal belegen war, nebst dazu gehöri, gen liegenden Gründen und Gerechtigkeiten zu verkaufen. Der Handel wurde daher sogleich geschlossen, an Kauf, Gelde 1150 Mark Lüneb. Pfennige bezahlt, und am Tage vor St. Thomas 1323. ein förmliches Document darüber errichtet, auch vom Herzog Otto von Lüneburg, und seinen Söhnen Otto und Wilhelm, an demselben Tage die Confirmation darüber ertheilt und vollzogen.

Nun entstand das Gerücht: daß Johannes der Täufer sich täglich allda sehen ließe, und den Platz ebnete zum Klosterbau. Ein feines Mittel, alle Nachbaren dem Bau geneigt zu machen, und sie zu milden Beysteuern zu bewegen.

Probst Christian, der so viel für sein Kloster ge, than hatte, ward schwächlich, und fühlte, daß seine ab, nehmenden Kräfte nicht hinreichten, den Klosterbau so nachdrücklich, als er es wünschte, zu betreiben — er faßte daher im Jahre 1326. den edlen Entschluß, auf seinen Lor, beeren zu ruhen, wählte zu seinem Nachfolger
Ludolphum von Lüneburg,
und starb im folgenden Jahre 1327.

Wäh,

Während seiner Regierung war Imma die 2te, und Imma die 3te verstorben, Imma die 4te aber 1323. zur Priorin ernannt. Ich werde aber künftig die Namen dieser, unter Pröbsten gestandenen Priorinnen nur in dem Falle anführen, wenn von ihnen etwas merkwürdiges zu sagen ist.

Probst **Ludolph** war ein natürlicher Sohn des Herzogs **Otto Strenuus** von **Braunschweig-Lüneburg**, und der **Gertrud** von **Wiesen**, hatte daher einer vorzüglichen Erziehung genossen, und, da er sich dem geistl. Stande gewidmet, schon verschiedene Präbenden erhalten.

Die genauere Verbindung, worin er durch seine Geburt mit der Landesherrschaft stand, war vielleicht ein Haupt-Bewegungsgrund des Probst **Christian** gewesen, ihn zum Nachfolger zu ernennen, und dadurch seinem Kloster einen mächtigen Schutz zu verschaffen. Er trat daher sein Amt an, und wurde vom Bischof **Nicolaus** zu **Verden** ohne Bedenken confirmiret.

Er fand die Oekonomie seines neuen Klosters nicht in dem besten Stande, und dazu trat das Viehsterben in solchem Grade ein, daß das Feld nicht mehr bestellet werden konnte. In diesen Umständen erwarb sich **Ludolph** das erste Verdienst dadurch, daß er 500 Mark Geldes von seinem eigenen vorschoß, damit der Ackerbau im Gange erhalten würde.

Er machte überdies seinem Kloster mehrere wichtige Schenkungen, und erwarb demselben viele sehr beträchtliche Güter.

Im

Im Jahre 1333. fieng er mit Ernst an, auf den neuen Klosterbau zu denken, bewürkte demnach die Bischöfliche Conceßion dazu, welche am 28sten Oct. desselben Jahres ertheilet, und darin zugleich dem neu erkauften, und zum Bau bestimmten Orte Zellensen, der Name Medingen beygelegt, und daßelbe daher von solcher Zeit an, Neu Medingen genannt wurde.

Darauf wurden zu Alt-Medingen Betstunden um den glücklichen Fortgang des Baues angeordnet, die Herzoge Otto und Wilhelm versprachen dem Probste ihren Beystand, und leisteten denselben auch mit solchem Nachdruck, daß vom Spät-Jahre 1333. bis dahin 1334. der ganze Klosterbau vollführet, auch binnen der zwey folgenden Jahre die Kirche erbauet wurde.

Wer das alte Kloster gekannt hat, wird es bewundern, wie in so kurzer Zeit ein solches Gebäude aufgeführt werden können, und die, in einem naiven Gemälde aufbehaltene Erzählung: daß die heiligen Engel des Nachts unter Lobgesängen dabey gemauret, gewinnet dadurch einen nicht geringen Grad von Wahrscheinlichkeit.

Im Jahre 1336. ward das neue Kloster, zuerst von den jüngeren Nonnen bezogen, und alles in Ordnung gebracht, bald darauf aber die ältern in feyerlicher Prozeßion von ihnen eingeholet, welche sich zwar anfänglich aus Anhänglichkeit an ihr altes Kloster sehr über den Tausch betrübten, bald aber daran gewöhnten, wie eine Witwe an den jüngeren Nachfolger ihres sel. Eheherrn.

In demselben Jahre holte der Probst einen Indulgenz-Brief von Avignon ein, der von einem Erzbischofe

und

und 12 Bischöfen in partibus infidelium die sich am
päbstlichen Hofe amusirten, für die Gebühr ausgefertiget wurde. Lyßmann führt ihn in extenso an, und
sagt, daß die Herren Bischöfe sich gern damit ein bibale
verdienet hätten, er meldet aber nicht, wie viel dieses
bibale betragen habe.

Eine viel wesentlichere Akquisition machte Ludolph
in demselben Jahre, indem er einen Theil des nahe ge-
legenen Rießelholzes gegen einige Zehnten vom Stift
St. Michaelis zu Lüneburg eintauschte.

Die neue Kirche wurde darauf (Lyßmann meldet
nicht, in welchem Jahre) am Tage Bartolomäi, welcher
auf einen Sonntag fiel, *) durch Heinrich, Bischof zu
Laibach in Krayn, als Suffraganeus des Verdischen
Bischofs Johannes, feyerlich eingeweihet, und der
Hochaltar nebst den beyden Seiten-Altaren der Jungfrau Maria, dem heiligen Mauritius und seinen Gesellen, auch allen Aposteln gewidmet.

1342. gerieth Ludolph mit einem Canonico zu
Bardowiek in Streit, und der Pabst ernannte auf
dessen Klage Commissarios, die den Probst ob contuma-
ciam in den Bann thaten, aber bald, da er zum Kreuze
kroch, wieder in den Schooß der Kirche aufnahmen.

Er errichtete darauf mit der Stadt Lüneburg einen Vergleich, darin er derselben 3 an der Ilmenau
(olim Punsdal) belegene Mühlen zum Besten ihrer
Schif-

*) 1337.   A. d. H.

Schiffahrt verkaufte, und dagegen das Recht erhielt, ein Wehrgat oder Zugbrücke über den Fluß zu legen, und sich dafür von den Schiffern ein gewisses festgesetztes Brückengeld bezahlen zu lassen.

1355. am Bartolomäi-Tage starb endlich Probst Ludolph nach einer 30jährigen Regierung, und sein Leichenstein fand sich noch in der nunmehr abgebrochenen Kloster-Kirche.

Er hatte 4 Priorinnen überlebt, unter denen diejenige, welche zu der Zeit des Klosterbaues dies Amt bekleidete, eine Mechtild von Meding war.

Von den nächstfolgenden 2 Pröbsten: Dietrich Bromes, oder Brömbsen, 1355 bis 1356. und Dietrich von Langling 1356 bis 1363. ist nichts erhebliches zu sagen, als daß dieser der erste gewesen, welcher der päbstlichen Cammer die Annaten, oder Einkünfte des ersten Jahres bezahlen mußte.

Johannes Ostermann
wurde 1363. gewählet und confirmiret.

In seine Regierung fällt die Fehde der Herzoge Albert und Wenzeslaus von Sachsen, und Magnus Torquatus von Braunschweig, die sich, nachdem Herzog Wilhelm der ältere ohne männliche Descendenz verstorben war, um die lüneburgische Lande stritten. Das Kloster verlor bey den Invasionen der Braunschweigischen Kriegsvölker außerordentlich, wurde kaum noch durch Brandschatzung von der Plünderung und gänzlichen Zerstörung gerettet, und der Probst, der sich seines Klosters

ſters auf das treulichſte annahm, erlitt dabey für ſeine Perſon große Drangſale.

Nachdem durch den Tod der Herzog Magnus Torquatus im Jahre 1373. die Ruhe wieder hergeſtellt war, beſtrebte er ſich wieder auszubeſſern, was der Krieg verwüſtet hatte, ſtarb aber bald darauf im Jahre 1380. und auch ſein Leichſtein fand ſich auf dem Chor der alten Kloſter-Kirche.

Dietrich von Brand

wurde auf geſchehene Empfehlung des Herzogs Albert vom Kloſter gewählet, und erhielt die biſchöfliche Confirmation.

Er fieng an, nach ſtrengen haushälteriſchen Grundſätzen zu regieren, und ſogar ſeinen Nonnen im Advent ihre Präven vorzuenthalten.

Aber dieſer Geiz wäre ihm bald übel bekommen, denn um Weihnachten in der Frühmette — erſchien ihm der heilige Mauritius gepanzert und mit entblößtem Schwerd, und ſagte mit drohendem Blick:

„Giff mynen Kinderen, wat du jüm plichtig biſt! —" und ſtracks erhielten die Nonnen ihre Präven unverkürzt! —

Auch er erlebte unruhige Zeiten. 1385. nach Herzogs Alberti Tode erhob ſich abermals ein Succeßions-Streit über die lüneburgiſchen Lande, wobey das Kloſter wiederum die Drangſale des Krieges erlitte, und ſich nur durch eine Summe von 350 Mark Schutz und Sicherheit erkaufen konnte; dann thaten die unruhigen Bür-

Bürger in **Lüneburg** gewaltſame Eingriffe in die klöſterlichen Salzgüter, und Ritter Hermann von Spörken ångſtigte ſie aus ſeiner Burg in Bevenſen.

Das Kloſter fuhr indeſſen fort, ſeine Beſitzungen anſehnlich zu vermehren, und erhielt 1393. von dem Nonnenkloſter zu **Arendſee** in der Altmark die geiſtliche Schweſterſchaft, nebſt einem ſchweſterlichen Antheil an einem vom Pabſt **Bonifacius** aus Rom erhaltenen Ablaß, und an ihren überzähligen guten Werken.

Lyßmann liefert die darüber ausgeſtellte Urkunde wörtlich, es ſind darin die Namen aller Mediugiſchen Nonnen enthalten, deren Zahl ſich damals auf 89 belief. Er ſtarb 1396. und ſein Leichenſtein fand ſich in der alten Kloſterkirche.

Johannes Meyer oder **Meygering**, gewählt 1396.

In ſeine Zeit fällt auſſer einigen beträchtlichen Acquiſitionen nichts erhebliches, als daß er die verfallene Kirche mit Hülfe der Landesherrſchaft wieder herſtellen ließ. Er ſtarb 1416.

Ludigerus Töllner,

gewählt 1416. Ein Liebhaber der Muſik und der äuſſeren Pracht, adquirirte dem Kloſter verſchiedene Güter und Gerechtſame; reſignirte wegen Kränklichkeit 1446. und ward gleich ſeinem Vorgänger in der Kloſter-Kirche begraben, woſelbſt ſich beyder Leichenſteine fanden.

Ludolphus Lützken,

gewählt 1446. Er brachte unter andern das ganze Weichbild **Bevenſen** von dem Biſchof **Johannes** zu

Ver-

Verden für ein Anlehn von 1800 Rheinischen Gulden, und 850 Mark Lübisch unterpfändlich an das Kloster.

Er bauete eine Kapelle in der Kirche zur Seite des Altars, welche am Tage Bartolomäi 1453. zur Ehre Gottes, der Jungfrau Maria und Johannis des Täufers feyerlich eingeweihet wurde.

Der Probst war übrigens zu seinem Unglück auch ein guter Wirth, denn als er im Jahre 1464. bey dem Antritt der Fasten sich vorgenommen hatte, am Sonntag Esto Mihi den Nonnen zu ihrer Recreation eine Gasterey zu geben, ließ er, weil eine strenge Kälte einfiel, den Reventer (Refectorium) stark heizen, welches seiner Anlage nach von unten geschehen mußte.

Da er nun vor Tisch hineingieng, um zu sehen, ob die Tafel gedeckt, und alles in Ordnung wäre, sahe er, daß das Feuer allenthalben durch den Fußboden hervorbrach. Er rief seinem Schreiber, um mit ihm das Feuer zu löschen, aber der Boden stürzte unter ihnen ein, und beyde fielen in die Glut hinab; sie wurden zwar lebendig herausgezogen, aber der Schreiber starb noch desselben Abends, und der Probst 3 Tage darauf am Tage St. Valentini des Märtyrers.

Johannes Mahler,

gewählt 1464. Er verschlimmerte die Umstände des Klosters binnen 3½ Jahre ausnehmend, und entwich heimlich.

Tilemannus von Badenstedt, gewählt 1467.

Durch die üble Verwaltung seines Vorgängers war das Kloster in so verschuldete Umstände gekommen, daß er zu

deren

deren Wiederherſtellung ſehr ernſtliche Mittel für nöthig hielt, und keines derſelben würkſamer glaubte, als die Einführung einer Gemeinſchaft der Güter, und gemeinſchaftliche Speiſung.

Der Biſchof zu Verden ließ ſich den Vorſchlag gefallen, kam auch ſelbſt mit verſchiedenen Aebten und Prälaten nach Medingen, und hielt auf dem Kapitel-Hauſe den verſammleten Nonnen eine — lateiniſche — Rede; darin er die Gemeinſchaft der Güter als ein Mittel zur Seligkeit, und Haupt-Erforderniß eines woleingerichteten Convents anpries.

Dieſe lateiniſche Rede hatte die Würkung, daß, als ſie darauf um ihre Meynung befragt wurden, ſie einſtimmig erwiederten: ſie wollten wegen der vorhabenden Veränderung ſich alles gefallen laſſen, was ihre Obern und geiſtlichen Väter für gut erkennen würden.

Dieſe Bereitwilligkeit gefiel dem Biſchof Berthold ſo ſehr, daß er öffentlich rühmte: „Er habe noch nicht leicht in einem, beſonders ſo ſtark beſetzten Kloſter eine ſo durchgängige Harmonie und Eintracht gefunden! —‟

1479. am Freytag vor Mitfaſten nahm die gemeinſchaftliche Speiſung ihren Anfang c), und am Sonnabend vor Lätare ward die Gemeinſchaft der Güter, und die Verläng-

c) Nun wurden am Oſterfeſt alle gemeinſchaftliche Victualien in der Kirche geweihet, wovon Lußmann das Formale pag. 230. ſeqq. anführt. Es gab einen beſondern Seegen über Speck, über Eyer, über Käſe und Butter ꝛc.

läugnung alles Eigenthums würklich eingeführet; Jede
Nonne übergab der Priorin ihre Schlüssel, und alle
ihre Haabseeligkeit. „Nun haben wir alles verlassen —"
sangen sie im Jubel ihrer himmlischen Unschuld — „und
sind Christo nachgefolget!"

Die Schließung des Klosters wurde überdies mit er-
neuerter Strenge beobachtet, und die Nonnen führten
ein, von der Welt ganz abgesondertes Leben.

Die gemeinschaftliche Speisung hat noch nach der
Reformation bis 1698. gedauert, aber die Gemeinschaft
der Güter ist im 16ten Jahrhundert wieder aufgehoben.

Damit nun bey der gemeinschaftlichen Tafel auch
der Geist seine Nahrung finden mögte, ließ Probst Bavenstedt die Regeln des Zisterzienser-Ordens, und die
Legendas Sanctorum vitas patrum abschreiben, auch andere erbauliche geistliche Tractätchen zusammen bringen,
wovon die jüngsten Nonnen jedesmal bey der Mahlzeit
nach der Reihe ein Stück vorlesen musten. Bey dem allen erholte sich das Kloster noch nicht, weil es jährlich
600 Mark mehr auszugeben als einzunehmen hatte.

Der Bischof ließ dies 1481. per Commissionem untersuchen, und der Probst erklärte sich: die fehlende
Summe sich jährlich an seinen Probstey-Gefällen abzie-
hen zu lassen, eine Uneigennützigkeit, die bewunderns-
würdig seyn würde, wenn nicht zu vermuthen wäre, daß
die Probstey bis dahin zu viel von den Klostergütern zu
ihrem eigenen Gebrauch an sich gezogen habe.

Die-

Dieses Verfalles der Klostergüter ohngeachtet, wurde in demselben Jahre ein Ablaß vom Pabst erhandelt. Lyßmann nennt ihn: einen schönen Ablaß, und führt ihn in extenso an. Es werden darin alle damalige Conventualinnen nahmhaft gemacht, und es sind deren 71 professæ, 14 coronatæ, (heutiges Tages würde man sagen: — im ganzen und halben Schleyer) und 12 conversæ, also in allen 97 gewesen.

Die Türken hatten Rhodus angegriffen, und die Rhodiser; (jetzt Malthefer;) Ritter brauchten Geld. Pabst Sixtus IV. ließ ihnen zu Gefallen in der ganzen Christenheit das Kreuz predigen und Ablaß feil bieten, gab auch dem Orden selbst die Vollmacht, Ablaß zu ertheilen, daher ist dieser Ablaß nicht vom Pabst selbst, sondern von dem Ordens-Amtmann der Balley Majorca: Johannes de Cardona in Auftrag des Ordens-Großmeisters ausgefertiget.

Schön ist er freylich, denn er ertheilt „die völlige Vergebung aller Sünden, Laster, Ausschweifungen und Vergehungen, so schwer und enorm sie immer seyn mögen, selbst derer, die dem römischen Stuhl allein vorbehalten sind" und so machte man denn aus den Schoossünden vieler tausend Nonnen ein Capital, um den Türken zu bekriegen, und die Insel Rhodus gegen die Ungläubigen zu vertheidigen. Für dasmal ward Rhodus gerettet, und das war ohnstreitig der Segen des Medinschen Geldes — aber 30 Jahre nachher gieng es verlohren.

So

So gar grobe Sünden mogten nun wol die liebens,
würdigen Medinger Nonnen nicht auf ihren Herzen ha,
ben, und selbst über diejenigen, die jede Nonne begeht,
und jede Domina, konnten sie nun auf ihren Ablaß ru,
hig schlafen, auch, wenn sie es bedurften, dergleichen zu
jeder Zeit erhalten.   Was bewog denn nun den gestren,
gen Bischof, Berthold die Clausur zu verstärken? Seine
Wisitatores mogten keine günstige Aufnahme bey den
Nonnen gefunden haben, sie rächten sich dafür, und
brachten dem Bischof an, sie hätten Mängel verspüret
am Kloster,Verschluß, und bemerkt, daß die Angehörigen
der Nonnen sich oft unter dem Vorwande nothwendiger
Angelegenheiten im Kloster aufhielten.

Rüstig ergrif er den Bannstrahl, bezeugte dem Probst
seinen ernsten Misfallen, befahl: sofort ein Gasthaus
anzulegen, darin die Fremden abtreten, und nur zu ge,
wissen Stunden ins Sprachhaus zur Unterredung mit
den Ihrigen gelassen werden sollten, ja — dem Kloster
selbst gab er im Zorne seines Grimmes das ernste Verbot:
Kraft ihres gelobten Gehorsams, und bey Strafe des
ohnausbleiblichen schleunigsten Bannfluchs überall keine,
auch keine ehrbare Personen, es sey dann aus gesetzmäs,
sigen Ursachen, in das Kloster kommen zu lassen — so,
gar nicht einst weltliche junge Mädchens zum Unterricht
— den Aufenthalt bey sich zu gestatten.

Kein Haus ward je so geschwind gebauet, als das
befohlne Gasthaus — siebenfältige Riegel rasselten an
allen Pforten — und 97 Nonnen waren lebendig todt! *)

Dieser

*) Und was machten sie dann in dieser Gruft? Bey
(Annal. 2r Jahrg. 3s St.)   E   Lyss,

Dieser Probst bauete viel, und erwarb dem Kloster einige ansehnliche Güter, darunter besonders das Eigenthum

Lyßmann pag. 208. seqq. ist es mit Erbarmen zu lesen. Sie wohnten in engen Zellen ohne Thüren — und saßen im Winter zu hunderten beysammen im gemeinschaftlichen, von unten auf geheizten Reventer.

Um 12 Uhr Mitternachts in die Mette und Landes
    mette,
— 3 Uhr Morgens in die Prima,
— 6 —   —   — — Tertia,
— 9 —   —   — — Sexta,
— 10 — wurde zu Mittag gespeiset,
— 12 — Mittags in die Nona,
— 3 — Nachmittags in die Vesper,
— 5 — wurde zu Abend gespeiset,
— 6 — Abends das Completorium vespertinum
    (vulgo: Complet — genannt).

In jeder dieser Andachts-Stunden wurden so viele Psalmen und Gesänge gesungen, und so viele Gebete gelesen, daß reichlich eine ganze Stunde darauf verwandt seyn mag. Also 7 (wenigstens 6) Stunden des Tages, und nur 4 bis 5 Stunden Schlaf! — und an Festtagen, und bey allen ausserordentlichen Gelegenheiten war des Singens noch mehr und des Schlafs noch weniger! O ihr Weltkinder alle! neiget euch vor diesen weiblichen Engeln!!! — und denkt ihr vielleicht, sie hätten sich durch freundschaftliche angenehme Unterhaltung schadlos gehalten? — Ach nein — kein Casino — und keine Lesegesellschaft — höret was Lyßmann sagt pag. 237.

„Das Stillschweigen, welches ehemals so strenge gehalten ward, daß sie nicht allein zu ihrer Veränderung gar keine Unterredungen untereinander anstellen, sondern auch bey Tische, oder anderswo ohne besondere Erlaubniß, welche doch
    nur

thum war, an dem vorhin schon verpfändeten Weichbilde
Bevensen, mit allem Zubehör und Gerechtigkeiten.

Er starb 1499. und ward in der Kirche begraben.

Aus seinem Testament ersiehet man: daß das Kloster, außer dem Probst noch einen Beichtvater und drey
Capellanos gehabt habe. *)

Nach ihm wurde auf Präsentation des Landesherrn
gewählet:

Ulricus von Bülow,

mit ihm wurde zum erstenmale vor Notarien und Zeugen in Gegenwart des Herzogs Heinrich von Brauns-
schweig-

> nur gar selten ertheilet wurde, nicht miteinan-
> der sprechen durften. Absonderlich wurde nach
> dem Completorio vespertino das Schweigen
> am allerstrengsten beobachtet, sogar, daß auch
> ein einziger Discours, welcher alsdann, außer
> den Fall der höchsten Noth, oder ohne speciale
> Erlaubniß angestellet ward, mit der schärfsten
> Buße bestrafet wurde."

*   *   *

Nun hatten überdies einige Nonnen, vielleicht
nicht die sanftesten — das Amt der Aufseherinnen.
Circumitrix (Herumschnüflerin) hieß eine solche
Dame, diese mußten alles beobachten, alles der Abtißin hinterbringen, allezeit mit im Sprachhause
seyn, alle Briefe erbrechen, und zuerst lesen!!!

*) Nachhero wurden noch zwey neue Vicariate ange-
legt, nemlich eines von dem Probst von Bülow
bey seiner neuen Kapelle, und 1511. ein zweytes
von dem fürstlichen Vogt: Hans Stranke. Welch
eine Menge von geistlichen und weltlichen Bedienten auf der Probsten gehalten worden, davon siehe
Lyßmann pag. 182. seqq.

ſchweig-Lüneburg eine förmliche ſchriftliche Wahl-Capitulation errichtet, die Lyßmann wörtlich anführet, und
von der man eben dasjenige ſagen kann, was Pütter von
der erſten Kayſerlichen Wahl-Capitulation vom Jahr
1519. ſagt.

In vorigen Zeiten nemlich hatten ſchon mehrmalen
die Priorinnen von einigen Pröbſten ſich verſchiedene
Verſprechungen geben laſſen. Diesmal geſchah es aber
zuerſt, daß der ganze Convent mit dem neuerwählten
Pröbſt einen förmlichen Vertrag über die Art ſeiner künftig zu führenden Regierung ſchloß.

Da man nichts hinein ſetzte, als was entweder ohnedem im bisherigen Herkommen ſchon ſeinen guten
Grund hatte, oder doch ſonſt für das ganze Kloſter von
gemeinem Nutzen war, ſo betrugen ſich dabey die damaligen Vorſteherinnen des Kloſters in der That hier als
nützliche Geſchäftsführerinnen für das Kloſter, und in
ſolchem Betracht verdienten ſie, und fanden, den Beyfall
der ganzen Verſammlung.

Der Probſt von Bülow erfüllte, was er verſpro-
chen, und zeichnet ſich aus in der Reihe der Medingiſchen Pröbſte durch einen vorzüglichen Eifer für das Wohl
ſeines Kloſters.

Zuforderſt ließ er denjenigen Flügel des Kloſters, der
die Priorin-Wohnung enthielt, oder das nachherige Ab-
tißin-Haus, weil es baufällig war, abbrechen und neu
aufbauen, auch bey dieſer Gelegenheit die Geſchichte des
Kloſters in 15 Gemählden aufſtellen, und dadurch dasjenige

jenige verewigen, was zu seiner Zeit durch mündliche oder schriftliche Ueberlieferung davon bekannt war.

1502. erbauete er eine neue Capelle an der Südseite der Kirche, stiftete dabey eine eigene Vicarey, und erhielt für dieselbe eine päbstliche Confirmation und Indulgenz.

Er ließ überhaupt die verfallenen Klostergebäude mit Fleiß herstellen, ein neues Siechenhaus bauen, und erkaufte verschiedene liegende Gründe.

1505. erhandelte er von zween päbstlichen Ablaß-Krämern in Lüneburg einen Ablaß-Brief, welchen Lyß-mann abermals wörtlich anführet. Es sind in demselben 109 Personen nahmhaft gemacht, unter welchen nach Lyßmanns Meynung 73 confessæ gewesen.

Im Jahr 1508. bewürkte er: daß der regierende Landesherr, Herzog Heinrich der jüngere dem Klo-ster alle liegende Güter, die von der Landesherrschaft zu Lehn rührten, und zum Theil ohne deren Vorwissen an-gekauft waren, demselben von neuem conferirte, und das Kloster in dem Besitz bestätigte.

Die von seinem Vorgänger Dietrich von Brandt angefangene maßive Klostermauer ließ er mit einer Fach-wand fortsetzen, doch brachte sein zweyter und letzter Nachfolger: Probst von Marenholz dies Werk erst völlig zu Stande.

1515. kaufte er abermals einen Ablaß von dem päbstlichen Ablaßkrämer Arcimboldus zu Hamburg, starb am 5ten Oct. 1516, und wurde in der Kirche begraben.

Nach

Nach seinem Ableben gerieth das Kloster in große Verlegenheit, weil es, ohne die Präsentation des abwesenden Landesherrn zu erwarten, den Domdechant zu Halberstadt: Johann von Marenholz gewählt hatte. Herzog Heinrich verwarf diese Wahl, der bereits erfolgten bischöflichen Confirmation ohngeachtet, und präsentirte acht andere Subjecta, davon der Convent am 10ten Dec. 1516. Bruno von Alten, Canonicum zu Hildesheim erwählte, und der Herzog diesem selbst, da der Bischof sie verweigerte, die Confirmation ertheilte.

Was bey dieser Gelegenheit vorgefallen, erzählt Lyßmann ausführlich, und führt verschiedene eigenhändige, ganz im treuherzigen Ton damaliger Zeit geschriebene Briefe des Herzogs wörtlich an:

Der neue Probst bekleidete seine Würde nicht lange, denn er kam schon 1518. gerade an seinem Wahltage auf einer Reise nach Hildesheim in Wasser ums Leben, und ist daher auch nicht zu Medingen, sondern vermuthlich zu Hildesheim begraben, sein Nachlaß wurde wegen der noch nicht berichtigten Annaten mit Arrest belegt.

Der Domdechart von Marenholz, dessen Wahl vor zwey Jahren revociret worden, bezeugte itzt wieder Neigung die Medingische Probstey anzunehmen, und ließ die Sache unter der Hand bey dem Herzog Heinrich einleiten. Der Herzog erfüllte auch für diesmal seinen Wunsch, der den Wünschen des Convents so gemäß war, und setzte ihn im eigenhändigen Schreiben an die Kloster-

ver-

verſammlung unter 10 Präſentatis faſt oben an, daher
er dann auch ſofort einſtimmig erwählt wurde.

Es war dieſer Probſt von Marenholz ein ſehr an-
geſehener Prälat, der zuerſt die Dom-Probſten des Stif-
tes Wallbeck im Magdeburgiſchen, darauf die Dechaney
des Dom-Capitels zu Halberſtadt, und endlich auch
die Medingiſche Probſtey erhielt, ein Umſtand, aus
welchem abzunehmen iſt, daß dieſe Probſtey ſehr gute
Einkünfte gehabt haben, und für ſehr wichtig gehalten
ſeyn müſſe. -

Er begann ſeine Amtsführung damit, daß er ſchon
1519. einen abermaligen Indulgenz-Brief von dem Chur-
fürſten von Maynz Albert I. auswärt.z, welcher vom
Pabſt Leo X. eine Ablaßcommißion erhalten hatte, und zu
deren Beſorgung in Sachſen den durch Luther berühmt
gewordenen ſächſiſchen Dominikaner: Tetzel, gebrauchte.

Da indeſſen durch die Wittenbergiſche Controvers
die katholiſche Welt ſchon angefangen hatte, über den
Werth des Ablaſſes und der überverdienſtlichen Werke etwas aufmerkſamer nachzudenken, ſo hatte das Kloſter
von dieſem neuen, vielleicht koſtbaren Indulgenz-Briefe
nicht mehr ſo anſehnliche Vortheile, als in vorigen Zeiten
zu hoffen.

Herzog Heinrich wurde mit dem Biſchof Johannes von Hildesheim, gegen die Herzoge Erich von
Calenberg und Heinrich zu Wolfenbüttel in die ſo-
genannte hildesheimiſche Stifts-Fehde verwickelt, welche
durch eine Schlacht bey Soltau entſchieden wurde.
Bey dieſer Gelegenheit fielen die Braunſchweigiſchen

E 4 Trup-

Truppen in das lüneburgische Land, und schlugen ihr Haupt
lager bey Oldenstadt, 1½ Meile von Medingen auf.

Probst Marenholz entschloß sich bey dieser Gele
genheit in der Woche nach Trinitatis 1519. mit der Ab
tißin Elvers, und Capellanin Langen nach Oldenstadt
in das dortige Kloster zu reisen, und mit den braunschwei
gischen Truppen wegen der Brandschatzung zu handeln.
Ungewiß, wie sie von den feindlichen Bewohnern würden
aufgenommen werden, ließen sie bey ihrer Abreise den Be
scheid zurück: wenn sie nicht desselben Abends wieder kämen,
sodann sollten die sämmtlichen Conventualinnen sich sofort
des folgenden Morgens nach Lüneburg retten. Sie blie
ben aus, und die Nonnen machten sich der Abrede gemäß
des folgenden Morgens sämmtlich auf den Weg, wurden
zwar von dem Voigt zu Oldenstadt, den die Abtißin ih
nen nachschickte, eingeholet, und umzukehren ersucht, setz
ten aber dennoch ihren Weg bis Hohnstorf fort, wo
sie die Nacht blieben.

Der Magistrat zu Lüneburg hatte indessen von
ihrer Flucht Nachricht erhalten, schickte ihnen daher
Wagen entgegen, und sie blieben 8 Tage im Medingi
schen Klosterhause zu Lüneburg, bis sie nach erhaltener
zuverläßigen Nachricht von dem Aufbruch der Truppen
wieder ins Kloster zurückkehrten.

Herzog Heinrich wurde dieser Händel wegen 1521.
vom Kayser in die Acht erkläret, entfernte sich daher, und
überließ die Regierung seinem zweyten Sohne, Herzog
Ernst, der nachher unter dem Namen des Frommen,
oder des Bekenners bey der Reformation berühmt wurde.

Er

Er wollte die Reformation in seinen Landen einfüh=
ren, und schickte zu dem Ende den Klöstern und unter
andern auch dem Kloster Medingen ein Exemplar von
Luthers Bibel=Uebersetzung. Dieses aber fand eine
schlechte Aufnahme, und die Abtißin Elvers von christ=
katholischem Eifer entbrannt — warf es ins Feuer! —

Der Herzog wurde berichtet, daß nicht sowol die
Nonnen selbst, als ihre geistlichen Väter diesen Eifer ent=
zündeten, und fiel also auf den natürlichen Entschluß:
das Reformations=Werk von deren Remotion anzufan=
gen. Er berief also 1529. den Probst von Maren=
holz nach Zelle, und forderte von ihm ein genaues Ver=
zeichniß von allen Besitzungen des Klosters und der Probs=
stey. Alle diese Güter wurden vorerst in Beschlag ge=
nommen, der Probst bekam seine Entlassung, und zog in
demselben Jahre mit seinen Capellanen und Vicarien ab,
dem Kloster aber wurde nur ein Beichtvater und ein Ca=
pellan gelassen.

Mit ihm endigt sich also die Reihe der Medingischen
Pröbste, und der erste Hauptabschnitt der Geschichte des
Klosters.

Nun noch ein Blick auf den vergangenen Zeitraum,
und zugleich im Vorbeygehen etwas von Klöstern und
Mönchen und Nonnen. Es ist schon so viel darüber ge=
sagt, daß sich nichts neues, nichts besseres davon sagen
läßt. Zimmermann und de Lüc, und Frau von
Berlepsch, und der ungenannte Engländer in der Apo=
logie der Mönchs=Orden (übersetzt im Hannoverischen

E 5   Maga=

Magazin des Jahres 1775, im 87ſten und folgenden
Stücken). Dieſe alle haben noch neuerlich dieſen Gegenſtand erſchöpft, und wahrlich! — man mögte ins Kloſter
gehen, wenn man ſie lieſet, und es wieder verlaſſen,
wenn man die Klöſter ſiehet! — Ich denke: — ſo wie
überhaupt in der Welt ſelten zu wählen iſt, unter gut
und böſe, ſondern nur unter größerem Uebel und kleine-
rem — ſo ſey es auch geweſen mit Mönchsſtand und
Klöſtern.

Was ſie Gutes hatten, war dieſes: — ſie wären,
für Zeit und Umſtände — nothwendige Uebel! — Vom
5ten bis 12ten Jahrhundert wenigſtens offenbar die min-
deren! Jünglinge, die keinen Gefallen hatten, an der
raſenden Ritterſucht, und an den Hieben der Damaſze-
ner-Säbel — dieſe giengen in Klöſter! — und Mütter
retteten durch Kloſter-Clauſur ihre blühenden Töchter von
den Vergewaltigungen des Fauſtrechts; — vertraueten
ſie dem Himmel an, um ſie zu ſichern vor dem Minne-
brang irrender Ritter.

Das war alles ganz gut, und hatte nebenher zufällig vortrefliche Folgen! Mönchs-Klöſtern dankt der Ju-
riſt ſein Corpus juris! — der Gelehrte viel Schätze der
Weisheit des Alterthums! — der Patriot manche Zweige
der Landes-Cultur; der Theolog ſeine Kirchenväter! —
und der Chriſt — ſeine Bibel! —

Ohne ſie wäre die Buchdruckerey tauſend Jahre zu
ſpät erfunden!

Sie

Sie erhielten den äußeren Gottesdienst! — denn, unter dem Schwall eindringender Barbaren, wären wir, ohne sie — wieder Heiden geworden; Sie waren über, dies eine sichere Zuflucht für manchen Lebenssatten, Un, glücklichen, Verfolgten von Leibes, und Seelen,Leiden!

Doch dies alles leisteten hauptsächlich nur Mönchs, klöster; — was soll man Gutes sagen von Nonnenklö, stern? als etwa dieses: — Sie waren nöthig, um das Gleichgewicht zu erhalten. Wenn die Hälfte — und der Kern der Männer Mönche wurden, was sollte die verlassene Hälfte der Weiber in der Welt beginnen? — Sollten nicht zügellose Sitten entstehen, oder ein Welt, mann wenigstens zwey Weiber nehmen — so mußten auch Nonnenklöster seyn — und so stiftete der heilige **Pachomius** ein großes Werk durch diese Erfindung! —

Es mag seyn! — auch ich liebe die Schöne in der Kapuze! — aber Schauder überfällt mich doch, wenn ich die zahllose Menge bedenke, die unter dem Zwange der Clausur ihr Leben verseufzete.

Nur in Medingen allein wurden bis hieher 500 Nonnen begraben! *)

Vierzig

---

*) Und 6 Nonnenklöster waren allein im Fürstenthum Lüneburg! drey davon: Ebstorf, Lüne und Me, dingen liegen in einem Dreyeck, dessen längste Seite 3 Meilen hat. Mit ihnen lagen in einem Umkreis von etwa 10 Meilen folgende hauptsächli, che Mönchs,Klöster und Abteyen: St. Michaelis zu Lüneburg, St. Marienbeck (contracte Scharm, beck) Oldenstadt, Heiligenthal und 2 Barfüßerklö, ster in Lüneburg und Winsen.

Vierzig Jahre gerechnet auf eine Nonnen-Genera-
tion, (denn sie leben ja länger wie Weltkinder) so waren
deren 7 im verflossenen Zeitraum, Siebenzig Professas auf
jede, sind 490. *) — Zwey Fünftheile davon mögen freywillig oder aus körperlicher Schwachheit und Gebrechen das
Kloster erwählt haben, aber 300 waren gewiß gezwungen
oder getäuscht!

Zweyter Abschnitt.

In diesem Aufzuge erhellet sich die Szene. Nun
nur noch eine kleine Gebuld, und dann kein Bischof
mehr und kein Pfaff, kein Ablaß und keine Indulgenz —
denn — verschlossen auf ewig für unser Vaterland, wie
einst die Pforten des Janus-Tempels — die finstern
Hallen der römischen Sünden-Börse! — Erzwungene
Eidschwüre und hierarchische Sclavenfesseln nun bald verwandelt in willige Gelübbe ewiger Tugend und in die
sanfteren gleich unauflöslichen Bande der Freundschaft!
— und dies alles — wodurch? durch das Zauberwort:
— Freyheit!! —

Es ist schon gesagt, daß, unter den Pröbsten, Priorinnen der Klosterversammlung vorstanden; Es sind aber
auch zu Zeiten der Pröbste schon einige derselben mit
dem Character der Abtißinnen bekleidet gewesen.

Die

*) Diese Berechnung stimmt mit derjenigen ziemlich
genau überein, welche nach Lyßmann pag. 166.
die Frau Abtißin Margaretha von Dassel I. im
Jahre 1657. machte.

Die erste derselben war **Margaretha Puffen.**
Als der Probst von **Bavenstedt** die gemeinschaftliche
Speisung und Gemeinschaft der Güter einführen wollte,
ersuchte er zwo Abtißinnen anderer Zisterzienser-Nonnen-
klöster, bey denen diese Einrichtung schon vorhin eingeführt war, nemlich von **Wiehnhausen** bey **Zelle,** und
von **Derneburg** im Hildesheimischen, ihm dabey zu
assistiren, und zu dem Ende nach **Medingen** zu kommen.
Dies thaten sie, und bey der Gelegenheit kam **Marga-**
retha Puffen, eine Wiehnhäuser Nonne, mit dorthin.
Diese bezeugte bald Neigung, in Medingen zu bleiben,
erhielt auch dazu die Erlaubniß von ihrer Abtißin, und
bald darauf die völlige Entlassung aus ihrem Kloster.

Sie wurde anfänglich zur Vice-Priorin, und endlich 1494. nach Absterben des Probst von **Bavenstedt**
während der Vacanz von dem Convent zur Abtißin gewählet, und von dem Bischofe zu **Verden** confirmiret,
erhielt auch von der Zeit an mit dem Probste gemeinschaftlichen Antheil an der Direction der Kloster-Angele-
genheiten.

Außer dem Verdienste, welches sie sich schon dadurch
erworben hatte: daß sie die gemeinschaftliche Speisung,
(Reformation nannte man es damals) befördern helfen,
und bey Antritt des Probst von **Bülow** die oben erwähnte Wahl-Capitulation eingeführet hatte, trug sich
zu ihrer Zeit folgendes zu:

Zuerst errichtete sie mit dem Kloster **Derneburg**
eine geistliche Schwesterschaft, und verschaffte dem Kloster Antheil an allen dessen überverdienstlichen Werken.

Den

Den Klagen einiger Nonnen über Strenge des Fastens suchte sie dadurch abzuhelfen, daß sie bey dem Bischof sich die Vollmacht, darüber zu dispensiren, erwürkte.

1500. feyerte Pabst Alexander der 6te das Jubiläum, erbarmte sich aber durch seine Ablaßkrämer auch aller derjenigen, die bey solchem nicht persönlich erscheinen konnten, Vergebung der Sünden abzuholen. 1502. wurde daher von dem Cardinal Raymundus de Peyrandi ein Ablaßbrief, oder vielmehr ein Sünden=Paß erkauft, denn der Paß ist gedruckt, und nur in offene Zeilen Namen und Datum eingetragen. Er ertheilt Vergebung von allen bereueten, gebeichteten, auch längst vergessenen Sünden, und erläßt die Strafen des Fegefeuers in so weit als die Schlüssel der heiligen Mutter=Kirche reichen.

Sie ließ das Bild des heiligen Mauritius aus seinem Silber verfertigen, übergulden, und mit einer Innschrift zieren.

Sie starb 1513. im 61sten Jahre, nachdem sie 34 Jahr als Priorin und Abtißin dem Kloster vorgestanden hatte, und ward im alten Kreuzgange vor der Kirche begraben.

Nach ihr wählte das Convent Elisabeth von Elvera, und sie ward vom Bischof bestätiget.

Als eine eiferige Anhängerin des Pabstthums verschaffte sie dem Kloster viel wichtige geistliche Vortheile durch Indulgenzen und Ablaß=Zettel aller Art.

Lyßi

Lyßmann führt pag. 132. seqq. davon den haupt-
sächlichsten an. Abermals ein gedruckter Sünden-Paß, da-
tirt Hamburg den 11ten Dec. 1516. Joannes Angelus
Arcimboldus Juris utriusque Doctor &c. hat ihn ausgefertiget, und die Lücken ausgefüllet.

Dieser Doctor beyder Rechte, als päbstlicher Nuncius
und Commissarius, verschleußt darin die Thore der Hölle,
und eröffnet die Pforten paradiesischer Wollust.

Für ein Nonnenkloster war das Exemplar übrigens
nicht bestimmt, denn es stehet darunter:

„Indultum pro patrefamilias — “
und diese Worte sind vermuthlich auszustreichen vergessen.

Wahrscheinlich waren die für Klöster bestimmten Exem-
plaria vergriffen, und die reuigen Nonnen bekamen daher
einen Hausvater-Ablaß!!! — O Popery! O Popery! — *)
Solche Vortheile — und so bequem versprach nun freylich
Doctor **Luther** nicht als Doctor **Arcimboldus** — was
Wun-

---

*) Nur allein **Lyßmann** führt in einem Zeitraum von
etwa 200 Jahren 5 Indulgenz-Briefe und 6 Ablaß-
Briefe (ohne die geistliche Schwesterschaften) ausführlich an. Könnte man itzt das Geld, was sie ge-
kostet, zurückfordern, ich glaube, man könnte das
neue Kloster dafür auf das prächtigste meubliren, doch
— sie hatten indessen noch einen Nutzen, den man
nicht für unwichtig halten wird: — Sie waren das
einzige Geschöpf, welches die Nonnen unter Autorität ihrer Abtißin küssen durften. Die Formalität,
womit dieses geschahe, beschreibt **Lyßmann** pag.
236. Wem sollten nicht noch itzt diese Papiere ehr-
würdig seyn, auf welchen die jungfräulichen Küsse so
vieler Vestalinnen haften?

Wunder, daß die chriſtkatholiſche Dame 1524, deſſen Bibel
ins Feuer warf, und noch in demſelben Jahre vor Unmuth
— ſtarb!

Ihr folgte **Margaretha von Stöteroggen.**
Aus der biſchöflichen Confirmations-Urkunde zeigt ſich, daß
ſie nicht von dem ganzen Convent in corpore, ſondern durch
einen engeren Ausſchuß, wovon ſie ſelbſt die jüngſte war,
gewählet worden. *)

Die Zeit ihrer Amtsführung von 1524 bis 1567, iſt
ſehr wichtig für das Kloſter, weil binnen derſelben die Reformation zu Stande kam.

Der Schaden wurde geheilet — aber — der Schnitt
war ſchmerzhaft.

Frau von Stöterogge, als eine eifrige Anhängerin
katholiſcher Lehre, bemühete ſich, der Reformation Thür
und Thore zu verſperren; der Probſt von **Marenholz**
nebſt ſeinen Vicariis und Capellanen würkte dazu nachdrücklich mit, und vereitelte jeden Verſuch der Güte des frommen
Herzogs Ernſt.

Unterrichtet von dieſen Hinderniſſen ließ derſelbe 1528.
ben Probſt, wie ſchon bey deſſen Leben geſagt iſt, nach
Zelle kommen, legte Beſchlag auf alle Probſtey- und Klo-
ſtergüter, reiſete auch in demſelben Jahre ſelbſt nach Medingen, ernannte Thomas von Göhrden zum erſten
Haupt-

*) Daß bey der vermehrten Anzahl der Nonnen dieſe Art
eine Abtißin zu wählen: per compromiſſarias, die
gewöhnliche geweſen, und wie die heutige davon ab-
weiche, davon cf. Lißmann pag. 178. 191 und 192.

Hauptmann, übergab ihm die von ihren Bewohnern verlassene Probstey-Gebäude zur Wohnung, schaffte einige unnütze Kloster-Bediente ab, und setzte einen lutherischen Prediger an, mit dem Befehl, daß die Nonnen wöchentlich zweymal dessen Predigten und Catechismus-Lehren auf dem Chor anhören, die 2 zurückgebliebenen katholischen Capelläne aber nur einmal wöchentlich Messe halten sollten.

Wie konnte dies Reich bestehen! — der lutherische Geistliche war überdies ein Mönch, der aus irgend einem Kloster entwichen, Luthers Lehre angenommen, und sich verheyrathet hatte. *)

Jeder Theil sann darauf, dem andern das Leben zu verbittern, predigte der Pfarrer, so war die Kirche leer — wollte er catechisiren, so fand er das Chor verschlossen.

Die Anbetung der Heiligen und andere dergleichen Ceremonien wurden verboten; die Nonnen kehrten sich nicht daran. Man nahm ihnen die Chorbücher weg — sie suchten dergleichen aus allen Winkeln wieder zusammen. Die Pfaffen stellten öffentliche Proceßionen an; man störte sie. Sie wollten auf Lichtmessen 1530. die Altarlichter weihen; man confiscirte sie! In der Osterwoche ward damit ein neuer Versuch gewagt — aber nun riß der Geduldfaden des Hauptmanns, er untersagte den Pfaffen allen öffentlichen Gottesdienst, und ließ sie mit Gewalt aus der Kirche jagen.

Was

*) „Ein ausgeloffen Münnich —" wird er im Reichs-Cammergerichtl. Pœnal-mandat genannt. Siehe Lyßmann S. 148.

(Annal. 2r Jahrg. 3s St.)   F

Was geschahe? — Die Conventualinnen nahmen sie beide zu sich ins Kloster, gaben ihnen eine Wohnung ein, auf dem Klosterspeicher, versorgten sie mit dem besten, was Küche und Keller vermogten, und — wie unter den Verfolgungen die Christen in Hölen sich versammleten — so versammleten sich die Nonnen auf dem Kornboden, hörten daselbst Predigt und Messe, und erhielten durch ein, besonders dazu verfertigtes Gitter — die Absolution.

Welcher Seelendrang mag das gewesen seyn! — welches wechselseitige Anhalten und Anschmiegen im gemeinschaftlichen Unglück! Väter! sagt — waren das nicht — mitten im Sturm — glückliche Tage?

Als Herzog Ernst 1530. von Augspurg zurückkam, und Nachricht von diesen Unruhen erhielt, gab er sofort dem Hauptmann gemessene Befehle, dahin: daß die Nonnen 4mal in der Woche dem lutherischen Gottesdienst auf dem Chor anhören sollten, und wenn sie sich deß weigerten, solle er sofort alle Klöppel aus den Glocken nehmen, und die Stricke abhauen lassen.

Dieser Befehl wurde dem Convent eröfnet, und verlangt: daß die Nonnen dem lutherischen Prediger aufs Chor kommen, oder ihm eine Kanzel in solcher Höhe bauen lassen sollten, daß er das Chor übersehen, und wissen könne, ob er Zuhörer habe oder nicht. Dieser Antrag verursachte neue Unruhen — der Hauptmann befolgte also wörtlich den fürstlichen Befehl; ja er gieng noch weiter, ließ Thor und Pforten des Klosterhofes durch des Klosters eigene Leute zerschlagen, und auf dem Chor ein großes Loch durch

die

die Mauer brechen, wodurch Regen, Wind und Schnee den freyen Eingang hatten.

Diese Bresche trieb die Verbitterung aufs höchste, und der Hauptmann, der vielleicht mit Grunde die Folgen des weiblichen Hasses fürchtete, bat und erhielt 1535. seine Entlassung.

Sein Nachfolger ward nicht Hauptmann, sondern nur Probstey-Verwalter, und hieß Cord Rüsel. Er bezog nicht die Probstey, sondern ließ sich, aller Vorstellung ohngeachtet, die Wohnung der Capelläne einräumen.

Er versuchte zuerst gemeinschaftlich mit dem lutherischen Prediger den Weg der Güte — aber vergeblich, darauf ließ er den größten Theil der Klostermauer niederreissen.

Nun kam Herzog Ernst selbst mit seinem Hofprediger und General-Superintendenten Dr. Urbanus Regius im Jahr 1536. nach Medingen, und dieser mußte in seiner Gegenwart täglich auf dem Chor predigen und catechisiren; auch in den beiden folgenden Jahren kam er verschiedentlich mit andern gelehrten Geistlichen dahin, und versuchte auf alle ersinnliche Weise den Weg der Güte, mit Vorstellung des Beyspiels der Klöster Walsrode und Isenhagen, welche bereits die Reformation angenommen hatten.

Aber alles umsonst! man predigte tauben Ohren — und nun, nach einer 15jährigen Gebuld — entschloß man sich, Ernst zu gebrauchen.

1539.

1539. geschahe — was seit 10 Jahren hätte geschehen
sollen; man schaffte die beyden papistischen Capelläne ab,
und beide zogen — vermuthlich nach zärtlichem Abschiede
— mit weißen Stäben davon.

Capellen und 7 Altäre der Heiligen, Gasthaus — Ca-
pitel- und Schlafhaus, auch wieder ein Theil der Klostermauer, imgleichen der besonders erbauete Glockthurm, die
Capellaney und ein Theil der Probstey wurden abgerissen,
geweihete Glocken abgenommen, und die Versammlung bey
fernerer Widersetzlichkeit mit gänzlicher Demolition des Klosters bedrohet.

In des Klosters Kämpen wurden viele Eichen gefället,
und davon 1541. das noch itzt stehende Herrenhaus erbauet,
welches Herzog Ernst zum Wittwensitz für seine Gemah-
lin Sophia, bey deren früherem Ableben aber für seine
3te Prinzeßin Catharina zur Wohnung bestimmte, welche
es auch nachhero bezogen, und bis an ihr Ende bewohnet
hat.

1542. zog der Herzog alle Klostergüter ohne Ausnahme
ein, schnitt den Conventualinnen alle Gemeinschaft und
Handlung mit benachbarten Dorfleuten ab, untersagte sogar ihren Angehörigen, sie zu besuchen, und citirte die Abtißin, daß sie nach Zelle kommen, und das Kloster-Archiv
nebst allen Baarschaften und Pretiosis mitbringen sollte.

Sie erschien aber nicht, denn Probst Marenholz
hatte ihr ein: — vestigia me terrent! — hinterlassen,
sondern rettete sich mit allen Kostbarkeiten und dem Archive
nach Hildesheim; alle Nonnen, die irgend eine Zuflucht
wusten,

wuſten, entfernten ſich, auch eine zweyte Ladung war fruchti
los — und nun ſchien das fürchterliche Wetter die ganze
edle Saat des Laybruder Johannes auf ewig vernichtet
zu haben! —

Der Verdenſche Biſchof Chriſtophorus, der bisher
zu allem ſtill geſchwiegen hatte, ermannete ſich zwar, er,
ließ Circulär=Schreiben an die Klöſter Medingen, Lüne
und Ebſtorf, machte ihnen Hoffnung zu Kayſerl. oder
päbſtlicher Hülfe, zu einem Generalconcilium und Reichstage,
und aller Unterſtützung, er ermahnete ſie zur Standhaftig=
keit, und ſollicitirte dringend für ſie beym päbſtlichen Stuhle.

Seine Bemühungen würkten aber nicht unmittelbar,
ſondern er wurde vom Pabſt an das bevorſtehende Trienti=
ſche Concilium verwieſen.

Herzog Ernſt indeſſen, der über den Abzug der Ab=
tißin erzürnet war, ließ nochmals den zurückgebliebenen
Conventualinnen Vorſchläge thun, die ſie verwarfen, und
ließ ihnen darauf ankündigen, daß ſie ſämmtlich das Klo=
ſter räumen, oder an Oerter gebracht werden ſollten, die ih=
nen nicht gefallen würden.

Das Kloſter wandte ſich wiederholt an den Biſchof,
und dieſer verlangte ein Verzeichniß ihrer Beſchwerden, um
ſolche dem Reichs=Cammergerichte vorzutragen.

Man ertheilte ihm ſolche, und aus einem Auszuge
derſelben, den Lyßmann *) anführet, iſt freylich zu erſe
hen, daß ihre Noth auf das äußerſte geſtiegen geweſen.

Der

*) Wer wird, wenn er dieſe Beſchwerden lieſet, den
Dulderinnen ſein Mitleid verſagen? Sie wurden ein

F 3   Opfer

Der Bischof übergab eine Klageschrift bey dem Cam-
mergerichte, und erwürkte ein Mandat d. d. Speyer,

den

Opfer zum Besten ihrer Nachkommen, und duldeten
unglaubliche Drangsale, warum? — aus Anhänglichkeit für eine Lehre, die sie für die wahre hielten! —
wer wird sie verdammen?

Von Kindesbeinen an, (cf. **Lyßmann** pag. 253.)
im Kloster erzogen, hatten sie nichts gesehen, als
Zellen und Mauren, und Pfaffen- und Heiligen-Bil-
der! nichts gehöret, als: „lateinische Sänge" (ja
zum Theil griechische cf. **Lyßmann** pag. 225.)
nichts gelesen als vitas patrum und lateinische Psal-
me, und Legenden von St. Mauritius und seinen
Genossen, von St. Ursula und ihren Gespielen; —
nichts gedacht — wie konnten sie denken? nur nach-
gebetet, was der Pfaff sie nachbeten lehrte! —
nichts gefühlt, als — doch wer vermag anzugeben,
was 500 Nonnen fühlten — sie wußten wol am
Ende selbst nicht mehr — sagt Zimmermann. warum
sie Gott erschaffen hatte — es sey dann — um in die
Früh-Metten zu gehen, und in die Spät-Metten, zu
beten und zu wachen für uns. andere Sünden-Kin-
der! —

Und nun, was geschahe? — das ganze Gebäude
ihrer Pflanzen-Glückseligkeit in seinen Grundfesten
erschüttert — umgestürzt, von wem? Von Ketzern,
die man sie hatte hassen gelehrt — und noch lehrte
(„Lutherische, verpotne, verdampte neue Ler —" so
steht im Reichs-Cammergerichtlichen Mandat de
1544.) und diese fiengen damit an: ihnen ihr ganzes
zeitliches Vermögen zu nehmen! — ihre Lehrer und
einzigen Freunde wegzujagen! — und statt der ge-
wohnten — ganz sinnlichen und zu mystischen Gefüh-
len hinreißenden Ceremonien — einen ganz einfachen,
von allem Gaukelspiel gereinigten Gottesdienst auf-
zubringen — und dies durch Werkzeuge, die so schlecht
gewählt waren, als Herr Berwerd und Cord Küsel! —

Man

den 29ſten Febr. 1544. auch bald nachher eine Kayſerl. Sauvegarde für die drey Klöſter, welche er ihnen, mit einem troſtreichen Circular-Schreiben begleitet, zuſchickte.

Dies hatte blos die nachtheilige Würkung, die Conventualinnen in ihrer Widerſetzlichkeit zu beſtärken. Die Abtißin kam indeſſen auf Anrathen des Biſchofs mit dem Archiv nach Medingen zurück, die mehreſten Nonnen aber nicht, theils, weil ihnen Welt und Freyheit gefiel, und theils, weil ſie indeſſen Gelegenheit gefunden haben mogten, ihre Vorurtheile gegen die lutheriſche Lehre zu überwinden.

Die proteſtirenden Stände hatten indeſſen die Waffen ergriffen, und Herzog Ernſt der Fromme ließ ſich daher durch jene Mandate nicht von der Fortſetzung der Reformation abhalten, gab vielmehr deshalb erneuerte Befehle, ſtarb aber ſchon am 11ten Jan. 1546. und der Probſtey-Verwalter Cord Küſel wurde am 2ten Julius deſſelben Jahres von einem unbekannten Reiſenden auf öffentlicher Heerſtraße erſchoſſen.

Her-

Man ſetze ſich an ihre Stelle, und wenn ihr Betragen nicht löbliche Standhaftigkeit war, ſo verdient es doch auch gewiß nicht ganz den Vorwurf einer tadelnswerthen Hartnäckigkeit.

Vernünftige Aufklärung läßt ſich nicht ſchnell, und am wenigſten mit Gewalt erzwingen, und ſobald nur die langſamern ſanfteren Mittel zu würken Zeit gehabt hätten — Siehe da! — da ward aus der heroiſchen Verfechterin des bisherigen Lehrbegrifs — eine eben ſo eifrige Beförderin der Wahrheit!

Der Fortgang der Geſchichte wird dieß erläutern und beweiſen.

F 4

Herzog Franz Otto trat in die Fußstapfen seines Vaters, und setzte einen neuen Hauptmann, Franz Enghusen nach Medingen, mit dem Befehle, daß er so viel möglich, mit dem Kloster ein gutes Vernehmen unterhalten solle.

Dies hatte eine gute Würkung, die Gemüther wurden nach und nach der Reformation geneigter, selbst die Abtißin ward aus einer abgesagten Feindin, eine eifrige Beförderin derselben, und es fehlte nun nur noch ein gelehrter, aber dabey menschenfreundlicher und sanfter Geistlicher, um den sanften und gereinigten Religionslehren den völligen Eingang in alle Herzen zu verschaffen.

Aber, da kam leider, ein Zelot — der durch Hitze und Ungestüm das noch wankende Gebäude fast gänzlich wieder umgeworfen hätte. Bierwirth ist sein Name, und er wurde mit Einstimmung des Convents zum Beichtvater und Seelsorger auf Johannis 1550. ernannt. Dieser wollte sofort eine ganz neue Liturgie einführen, und als sich Widersprüche fanden, fieng er damit an, auf öffentlicher Kanzel Abtißin, Priorin und die ganze Versammlung mit Leib und Seele — dem Satan zu übergeben.

Wie konnte das die Geistlichkeit erdulden? Sie wandte sich im Jahre 1553. an den Statthalter und Räthe zu Zelle mit einer lesenswerthen Vorstellung, darin klagen sie über

„unße Predikant Her Berwerd, de uns upp düssen thokümpstigen Johannis 3 Jahr heft prediceert, dar

wi

wi mit Flite hebben na gehördt, doch leyder gar
weynich uth gebethert, wo wol vaken nütte Leve ge-
förth, doch jümmer vele unnütte Sake mankt ge-
menget, vormaledyet, vorbömet, und dem Sathan
mit Lyve und Zele henne gewen, und noch vele
gruwelike Wordt, de wy thomale nicht mögen an-
then —"

Daher dann — " wy derhalven vorbittert, dat wy synen Sermon nich mer können hören"

Sie bitten darauf, einen andern Prediger Namens Lin-
den aus Uelzen dahin zu setzen, und sagen:

"wenn wy denn syne Sermones ydtliker Mathe hebben gehördt, mögte wy uns samtlick wol mit der
Tydt dato geven; blibben averst: Mißam, Introi-
tum Kyrie eleison, Gloria in erzelsis präfationem
uns in latino willet singen laten; dat wy schollen
dübesch singen, alße de Senge wo düße gebahn heft,
denke wy nich tho donde, denne wy der latynischen
Senge gewonth

bitten endlich in aller Demodicheit:

"darinne to raden, dat wy dysses Predicanten, alße
Her Berwerdes, mogten gwith werden, wente he
uns nicht allene molestert in synen Sermonen, sün-
der ok in ander donde entjegen iß"

Heil ihnen! — Sie wurden sein gwith, *) die Stelle
wurde nach ihrem Wunsche mit einem frommen, weisen,
men-

*) Hinweg mit ihm! — Fœnum habebat in cornu!
— Ich entdeckte zufällig ein Fragment von ihm
mit

F 5

menſchenfreundlichen Manne beſetzt, und im Julius 1554. nahm die Abtißin nebſt den mehreſten Conventualinnen zum erſtenmal das Abendmahl unter beyderley Geſtalt.

Einige, die ſich noch nicht völlig überzeugen konnten, wurden nach und nach von der Abtißin ſelbſt von der evangeliſchen Wahrheit der angenommenen Lehre über-zeugt, wozu ihr Bruder Clawes von Stöterogge zu Lüneburg ihr guten Rath ertheilte, und im Jahr des Religions-Friedens 1555. hatte das geſammte Convent ohne Ausnahme die Reformation angenommen.

Dieſen Gewinn hatte indeſſen das Kloſter mit dem Verluſte aller ſeiner liegenden Gründe und aller ſeiner Güter, Zinſen, Zehnten, Sülz- und andern Gefällen auch Gerechtigkeiten *) erkauft, und von den Conventualin-nen

mit der Aufſchrift — vermuthlich von weiblicher Hand geſchrieben:
Ern Berwendes Boller Prebbige — am Dage Corp. Xti
LIII.
und zugleich von derſelben Hand ſeines Nachfolgers Antritts-Predigt
Ern Lindes erſte Sermon geholden to Medink am Sündage Bartolomäi
LIII.
einen Contraſt, wie dieſen, kann man ſich kaum denken — wenn ich die unleſerliche Handſchrift einmal zu entziffern Zeit habe, werde ich ſie viel-leicht zum Druck befördern! —

*) Nur diejenigen Güter und Beſitzungen des Kloſters, welche Lyßmann hin und wieder benennet, belaufen ſich zu dem Werthe und der Wichtigkeit einer an-ſehnlichen Graffſchaft.

nen war, wie schon gesagt, ein großer Theil nicht zurück
gekommen.

Die Abtißin legte verschiedene Vorstellungen bey dem
Landesherrn schriftlich ein, erhielt aber nichts damit, als
daß die zerbrochenen Kloster-Gebäude, deren die Versammlung benöthiget, wieder ausgebessert wurden, an
Statt ihrer vorigen Güter aber wurden ihnen jährlich
gewisse Gelder und Victualien — jedoch sehr mäßig angewiesen.

Die Abtißin starb 1567. den 1sten Oct. nach einer
43jährigen Amtsführung, und ward in einer Kapelle neben der Kirche begraben.

Ihr folgte durch Wahl des Convents im 20sten
Jahre ihres Alters

Gertrud von Töbing.

Diese Abtißin wurde nun nicht mehr von dem Bischof zu Verden, sondern von dem Landesherrn confirmiret.

Sie ließ ihre erste Sorge seyn: die Zurückgabe der ein-
gezogenen Klostergüter zu bewürken, schriftliche Vorstellungen aber blieben fruchtlos.

Sie entschloß sich daher, bey dem Herzoge Wilhelm
dem jüngern, da er in der Nähe des Klosters war, persönlich zu sollicitiren, und wer zweifelt, daß Leben — Blick
— und Rede einer schönen 20jährigen Abtißin würksamer
seyn werden — als der todte Buchstabe? —

Das

Das Kloster bekam sofort einige liegende Güter, unter andern ein Vorwerk zu Medingen, auch Zehnten, Meyer: höfe und Sülz-Gefälle zurück, und ist davon bis izt im ruhigen Besitz.

Sie starb am 26ſten Jun. 1588. und ihr folgte durch einhellige Wahl ihre Schweſter

Eliſabeth von Töbing.

Zu ihrer Zeit wurde auf fürſtlichen Befehl der weiße Ziſter: zienſer-Habit *) nebſt allem Zubehör völlig abgeſchaffet, und 1605. die beyden Fräulein Anna und Barbara von Tzar: ſtedt zuerſt im ſchwarzen Habit eingekleidet.

1615.

*) Wie dieſer Habit beſchaffen geweſen, meldet Lyßmann pag. 240.

Er hat nemlich beſtanden 1) in einen Scapulari (Schepler) dieſer war ein Stück ſchwarzes Tuch, wel: ches über die Schultern, und dann vorn und hinten eine Bahn etwa ⅓ Elle breit bis auf die Füße herab hieng,

2) der geweihete Gürtel, womit ſelbiges umbun: den wurde,

3) Der Mantel: ein weiß wollenes Gewand, mit ſehr langen und weiten Ermeln, faſt wie ein Schlafrock,

und auf dem Haupte

4) Der Schleyer — welcher: Verachtung der Welt andeuten ſollte.

Bey der Einkleidung, wovon Lyßmann die Cere: monie pag. 200. ſeqq. ausführlich beſchreibt, wurden die Nonnen dem ſilbernen heiligen Mauritius mittelſt eines goldenen Fingerringes feyerlich verlobt.

Von der Tracht ſelbſt kann man ſich aus dem 19ten Heft der Abbildung aller geiſtlichen und welt- lichen Orden — Mannheim 1783. eine Vorſtellung machen.

Nach

1615. ſtarb zu **Medingen** die oberwähnte Fürſtin **Catharina,** Herzogs Ernſt des Frommen 3te Prinzeßin Tochter. Sie hatte über 80 Jahre daſelbſt reſidiret, und ward in der Kirche beygeſetzt. *)

1618. ward die bisherige Eintheilung, nach welcher alle Erfordetniſſe zur gemeinſamen Speiſung, als Backen, Schlachten ꝛc. auf der Probſtey beſorgt worden, auf Ver-anlaſſung des damaligen Hauptmanns Wilhelm von Ho-denberg abgeſtellet, und dem Kloſter überlaſſen, dieſem aber auch zugleich das dafür gegebene Deputat an baaren Gelde, Salz und Brennholz, nebſt deſſen freyer Anfuhr be-williget.

Von

Nach Abſchaffung dieſes Ziſterzienſer-Habits, wovon der fürſtliche Befehl in Herzog Wilhelms Kloſterordnung de 1574. bey Lyßmann pag. 282. nachzuſehen iſt — beſtand die Kloſterkleidung in ei-nem gewöhnlichen ſchwarzen Kleide, weißen, lang herabhängenden Hauptſchleyer, und weißen gefalteten Halskragen.

Dieſe Halskragen ſchaffte nachher die Abtißin Elſabeth Catharina von Stöteroggen ab, und die itzige Frau Abtißin von Braunſchweig verwandelte die lang herabhängenden Schleyer ihrer Beſchwerlichkeit we-gen in kürzere. Die itzige Kloſterkleidung beſtehet alſo in einem, die Haare bedeckenden weißen Hauptſchleyer mit lang herabhängenden ſchwarzen Bändern; ei-nem gewöhnlich nach jedesmaliger Sitte gemachten ſchwarzen Kleide, einem gewöhnlichen weißen Halstuch, und weißer Schürze von Kammertuch.

*) Ihr zinnerner Sarg wurde bey Abbrechung der alten Kirche ausgehoben, und, in der itzt erbaueten neuen Kirche — vor dem Altare eingeſenkt.

Von den Unruhen des 30jährigen Krieges blieb das Kloster nicht verschont, sondern muste 1623. den 100sten Pfennig seines gesammten Vermögens entrichten, 1625. die kayserlichen Sauvegarde-Briefe mit schweren Kosten erkaufen, im Jahr 1626. aber wurde dennoch nach der Schlacht bey **Lutter,** Kirche und Kloster, auch nachhero der Prediger und die übrigen Einwohner des Orts von einem Troß kayserlicher Reuter geplündert, jedoch das Archiv nebst einigen Pretiosis gerettet, und zur Sicherheit nach **Lüneburg** gesandt.

Die Abtißin starb am 9ten August 1630. nach einer 42jährigen Amtsverwaltung, und ward im Kreuzgange begraben.

Nach ihr wurde

Anna von Tzarstedt

gewählet. Die erste, welche wie vorhin erwähnet, im schwarzen Habit eingekleidet worden. Sie starb schon am 6ten Nov. 1635.

Margaretha von Daßel I.

welche nach ihr 1636. zu dieser Würde gelangete, erlebte noch fortwährend die Unruhen des Krieges, und abermals gleich im ersten Jahre eine gänzliche Plünderung schwedischer Reuter, wobey jedoch zum Glück das Archiv und mehrere Pretiosa noch zu **Lüneburg** in Sicherheit waren.

Alle fahrende Haabe war indessen hinweggenommen, auch alles Vieh und Geräthe vom Vorwerke weggeführet, überdies fiel das, vom Probst **von Bülow** 1503. erbauete Siechenhaus ein, und die erschöpfte Kloster-Casse war zu dessen Herstellung außer Stande.

Nach

Nach diefen Unruhen aber eräugneten fich auch glückliche Zufälle.

Die Landes-Herrfchaft ließ das Siechenhaus auf höchft
eigne Koften 1640. wieder bauen.

1654. fchenkte der fürftliche Hauptmann Gerhard
Becker den fogenannten Rießelgarten dem Klofter zu erb
und eigen.

Eine begüterte Priorin Gertrud von Töbing ver-
mächte 1655. ein Capital, wofür im folgenden Jahre die
Orgel neu erbauet wurde.

1659. ward das Haus der Abtißin repariret, und
die vom Probft von Bülow in 15 Gemählden 1499. auf-
geftellten Gefchichts-Tafeln erneuert.

1667. den 6ten April ftarb diefe verdiente Abtißin, *)
ihr folgte

Margaretha von Daßel II.

und wurde den 2ten May 1667. von einem fürftlichen
Commiffario introducirt, ftarb aber fchon 1680.

Catharina Priggen,

erwählt am 3ten Jan. 1681. und von einem fürftlichen
Commiffario introducirt.

Sie ließ befonders die Kirche repariren, auch einen
neuen Fremdenftuhl und Sacriftey bauen.

1692.

---

*) Sie hat wegen glücklicher Endigung des 30jährigen
Krieges ein Dankfeft auf den 2ten Jan. zu feyern
verordnet, welches auch bis zu der letzten Cataftrophe
des unglücklichen Brandes alle Jahre begangen worden.

·1692. ſchrieb die damalige Abtißin von **Wolmerſtädt,** Frau Sybilla Catharina von **Borſtel,** und bat um Mittheilung der Medingiſchen Kloſter-Statuten, weil die ihrigen 1632. bey Zerſtörung der Stadt **Magdeburg** verlohren waren, und das Kloſter **Medingen** erfüllte mit Freuden dieſen Wunſch ihrer Stifterin und geiſtlichen Schweſter.

1698. ward die gemeinſchaftliche Speiſung abgeſchaffet, und die den Conventualinnen bisher gereichten Victualien auf baares Geld geſetzt.

Die Abtißin ſtarb den 3ten Jul. 1706.

Clara Anna von Lüneburg.

Sie war Priorin, und wurde den 11ten Merz 1707. zur Abtißin gewählet.

Vor ihrer Introduction wurde von hoher Landesherrſchaft ein neues Reglement für das Kloſter Medingen vom 10ten Auguſt 1706. publiciret, welches **Lyßmann** im Anhange ſeiner Geſchichte ausführlich angeführet.

Es iſt darin hauptſächlich feſtgeſetzt, daß mit Einſchluß der Abtißin und Priorin künftig nicht mehr als 24 Conventualinnen aufgenommen werden ſollen, auch alles übrige, was die Beſetzung dieſer Stellen, die damit verknüpfte Einnahme, die Verwaltung der Güter, die Kloſter-Diſciplin und ſonſt betrift, darin vorgeſchrieben.

Die Abtißin ſtarb den 5ten Decbr. 1719.

Anna von Laffert

war Priorin ſeit 1707. und wurde zur Abtißin erwählt den 6ten May 1720.

Sie

Sie bewies sich wohlthätig gegen Kirchen und Pfarren, ließ in der Kirche einen neuen Altar bauen, und starb den 17ten Sept. 1721.

Elisabeth Catharina von Stöteroggen,
gewählt, und am 21sten Febr. 1722. von dem Herrn Landschafts-Director von Spörken als Königl. Commissario introduciret.

Eine gelehrte Frau, die der lateinischen, griechischen und hebräischen Sprache kundig war. Sie machte die seit dem 30jährigen Kriege eingepackten Kostbarkeiten zu Gelde, schaffte die noch üblichen runden Kragen wegen ihrer Beschwerlichkeit ab, und starb den 19ten April 1741.

Sophia Catharina von Meiseburg,
gewählt den 19ten Sept. 1741. und von dem Hofrichter und Ausreuter des Klosters zu Lüneburg, Herrn von Grote, als Königl. Commissario eingeführet, der ihr das bey die gewöhnlichen seit den ältesten Zeiten und noch itzt üblichen Insignia des Klosters: — Schlüssel und Bischofs-Stab überreichte.

Sie starb den 16ten Sept. 1750.

Sybilla Hedewig von Laffert,
gewählet, und den 16ten Febr. 1751 von dem Herrn Landschafts-Director von Grote als Königl. Commissario unter den gewöhnlichen Feyerlichkeiten introduciret. Sie starb den 6ten Jan. 1755.

Ihr folgte Frau

Margaretha Elisabeth von Braunschweig,
gebohren zu Lüneburg den 14ten Oct. 1698. Im Kloster aufgenommen den 23sten Sept. 1726. und am 24sten

(Annal. 2r Jahrg. 3s St.) G Jul.

Jul. 1755. nach geschehener Wahl von dem Herrn Landsschafts-Director von **Lüneburg** *) als Königlichem Commissario unter den gewöhnlichen Feyerlichkeiten eingeführet.

Sie lebt noch, diese würdige — edle Frau, und die göttliche Vorsehung wolle sie bis zum seltensten Ziele menschlicher Jahre erhalten.

Schon der Fortsetzer der Lyßmannischen Geschichte erwähnet im Jahre 1769. daß diese Frau Abtißin, die, vorhin lang herabhängenden Schleyer in kürzere, bequemere und dem geistlichen Stande anständigere verwandelt habe; daß sie ihr vornehmstes Augeumerk auf die Erhaltung des Klosters und die Vermehrung dessen Einkünfte richte, und — daß ihr besonders liebreiches Betragen, und die ihr eigene Güte und Sanftmuth ihr alle Herzen der Conventualinnen verbindlich gemacht habe.

O! mit wie viel mehrerer Wärme würde itzt der Geschichtschreiber reden, nachdem schon seitdem ein Zeitraum von fast 20 Jahren verflossen, der sich so wesentlich durch Verdienste aller Art auszeichnet! — Die Medins

*) Nach ihm wurde der Herr Landschafts-Director Freyherr von Marenholz zum Königl. Kloster-Commissario ernannt, und nun bekleidet nach dessen Ableben diese Würde, Sr. Excellence der Herr Landschafts-Director und Abt zu St. Michaelis, Freyherr von Bülow, verehrt von allen, die das Glück haben, ihn zu kennen, und — seiner Unsterblichkeit gewiß — in der Geschichte des Landes Lüneburg!

dingische Klostertracht ist seit der von ihr eingeführten Verbesserung, eine der edelsten geistlichen Kleidungen, die ich kenne.

Nun nur noch ein Wort von dem letzteren wichtigsten Vorfalle, der wenigstens in dem äußerlichen des Klosters eine gänzliche Revolution bewürkte.

Die Jahre seit dem Ende des 7jährigen Krieges, der auch für Medingen nicht ohne alle Unruhe abgieng — waren in friedlicher Ruhe verflossen.

Freystadt süßer Ruhe, Sitz des stillen Glückes,
Wo — in ihrer Einsamkeit vergnügt;
Freundschaft — in der Tugend Arm sich wiegt,
Wo in Freuden jedes Augenblickes
Sanft und heiter jeder Tag verfliegt;

Das war Medingen! — das Jahr 1780. war vergangen, und ich war ein Augenzeuge von der ahndungslosen Freude, womit jedes Herz das folgende empfieng.

Aber ach! — finstre Wolken zogen noch ungesehen heran — und kaum hatte ich es seit wenigen Tagen verlassen, als ich — am 3ten Febr. in Hannover die Nachricht erhielt: — ganz Medingen sey abgebrannt! — wir eilten hin — und fanden — die brennenden Trümmer und die Spuren des Schreckens auf jedem Gesichte.

Ruhig war jede Bewohnerin dieses glücklichen Aufenthalts am 31sten Januar in ihr Schlafgemach gegangen, unbewußt der Gefahr, die, im eigentlichen Verstande über ihrem Haupte schwebte, denn auf dem Bo-

den

ben des Gebäudes glimmete schon, man weiß nicht, durch
welchen Zufall, ein schreckliches Feuer, welches um Mit-
ternacht ausbrach, und in wenigen Stunden alles in die
Asche legte, der thätigen Hülfe ohngeachtet, die das
Königl. Amt, und die Nachbarschaft leistete.

Das Gebäude war ein Viereck, in dessen friedlicher
Mitte der Kirchhof lag, mit zwey abwärts, gehenden
Flügeln, von Mauersteinen aufgeführt — und hatte nun
4½ Jahrhundert gedauert — unglaublich war es, wie in
so kurzer Zeit die Glut dies alles vernichten konnte.

Aufgeschreckt von dem Gerassel des einstürzenden
Daches entflohe jeder der drohenden Lebensgefahr — einige Conventualinnen waren abwesend, andere, die ihre
Schlafzellen entfernt von ihren Wohnungen hatten, bekamen diese nicht einst wieder zu sehen, und alles Ihrige
ward ein Raub der Flammen.

Das Archiv des Klosters, nebst der Casse und allen
Pretiosis würde ohnfehlbar ein gleiches Schicksal gehabt
haben, wenn nicht die männliche Standhaftigkeit der
Fräulein Capellanin Sophia Eleonora von Töbing in
der Gefahr ausgeharret, und mit gänzlicher Hintanse-
zung ihres eigenen Vermögens fast alle Kostbarkeiten des
Klosters gerettet hätte. Mit einem wahrhaft seltenem
Muthe wagte sie sich zu wiederholten malen durch die sie
umgebenden Flammen — und trug mit eigenen Händen
Lasten, unter denen ihre Kräfte erlagen, zuerst in ein
für feuerfest gehaltenes Gewölbe, und dann, als auch
dieses in Gefahr kam, zum zweytenmale aus dem Kloster.

Der

Der Königl. Herr Oberhauptmann von Harling, und der Prediger Herr Sarnighausen, nahmen mit menschenfreundlicher Thätigkeit die geflüchtete Versammlung auf, von der ein Theil sich bald von da weg zu den Ihrigen begab, die Frau Abtißin aber nebst der Fräulein Capellanin und einigen Conventualinnen ihre Wohnung in dem Hause des letzteren behielten.

Es war ein rührender Anblick, das Band der zärtlichsten Freundschaft mit einemmale getrennet, und die sicherste Ruhe plötzlich in schreckenvolle Unruhe verwandelt zu sehen.

Und wer wuste — ob nicht auf immer? — Wer konnte mit Zuversicht einen neuen Bau hoffen? und welch ein unabsehliger Zeitraum bis zur glücklichen Wiedervereinigung! drey und achtzig Jahre — und ein Schrecken wie dieser — wer fürchtete nicht für das theure Leben der Frau Abtißin? Doch das alles ist überstanden! und jeder der mit gegründeter Furcht in die Zukunft schauete, blickt jetzt mit gerechter Freude auf das Vergangene zurück.

Die weltberühmte Gnade unsers geliebten Monarchen beschloß gleich auf die erste, unter Protection einer Königl. Landes-Regierung abgelassene demüthige Bittschrift der zerstreueten Kloster-Versammlung, den neuen Bau, in folgenden — dem Kloster ewig verehrungswürdigen Ausdrücken, wie nemlich Allerhöchstdieselben

„gnädigst geneigt wären, der Klosterversammlung nicht nur Allerhöchstdero Milde bey dieser traurigen Angele-

G 3 gen-

genheit verspüren, sondern auch die Beförderung des
künftigen Klosterbaues sich angelegen seyn zu lassen,
und darüber — wie das eine und das andere geschehen
mögte, gutachtlichen Bericht gewärtigen wollten" —

Nachdem darauf das Königl. Ministerium mit der
Königl. Cammer in Communication getreten, und von
dieser der Königl. Landbaumeister Herr Ziegler befehliget
war, den Anschlag des neuen Baues zweckmäßig zu ent=
werfen — wählten Allerhöchst Seine Königl. Maje=
stät und bezeichneten unter zween vorgelegten Planen
Allerhöchst eigenhändig den schönsten, und bewilligten zu
dessen Ausführung nicht allein sehr beträchtliche Summen,
sondern übernahmen auch überdies mit wahrhaft Königl.
Milde selbst von dem durch Observanz bestimmten Kloster=
Antheil der Baukosten die Hälfte.

Die vom Feuer gerettete aber baufällige Kirche ward
abgebrochen, und in der Mitte des Gebäudes neu aufge=
führt.

Und nun prangt dieses herrliche Gebäude in seiner
ganzen Schönheit, ein Denkmal göttlicher Vorsehung —
ein Denkmal königlicher Huld, und nicht minder ein
Denkmal edler Kunst seines Baumeisters, schon bewohnt
von der verehrungswürdigen Abtißin! — die zu innerer
Verschönerung desselben aus eigenen Mitteln 2000 Rthlr.
schenkte, und von dem größten Theile derer, die noch vor
wenig Jahren mit Thränen des — vielleicht ewigen —
Abschiedes die Stelle benetzten, wo es steht! —

O!

O! Segen über euch die ihr es bewohnet! — Segen über eurer Asche! — denen ein früher Tod, — während der Tage der Trennung die Wiedervereinigung raubte! *)

O! Segen über dir! — ehrwürdiger Bruder Johannes! — Segen über dir, Luther! der du mit Heldenkraft zerbrachst die Riegel der Klausur — daß Hymens keusche Fackel brennen könne, selbst binnen den Ringmauren unserer Nonnenklöster! —

O! alle Segen des Himmels über dich — geliebtes Medingen!!! — wie es war von Anfang und seit Jahrhunderten, so müsse ewig deine Losung seyn: — Eintracht und Friede! und ihr, unsere Nachkommen! — schauet mit Jubel in die Wege der Vorsehung, wenn ihr im Jahre 2228. feyert das tausendjährige Jubiläum von — Medingen! —

III.

*) Es starben in diesem kurzen Zeitraume folgende Conventualinnen:
 1) Frau Priorin Eva Dorothea von Schmerzing — zu Medingen,
 2) Frau Priorin Clara Eleonora von Wenkstern — zu Medingen,
 3) Fräulein Catharina Margaretha von Witzendorf — zu Altona,
 4) Fräulein Anna Carolina Louise von Witzendorf — zu Lüneburg,
 5) Fräulein Juliane Marie Philippine von Witzendorf — zu Hannover.
 Zwar fanden sie nicht alle ihr Grab in schwesterlicher Erde zu Medingen, aber ihr Andenken wird darum nicht weniger in Segen bleiben — und schon haben schwesterliche Thränen — wenn gleich entfernt, ihre stillen Grabhügel benetzt.

Bergbau.

1) Verzeichniß derer mit Quartalsschluß Reminiscere den 9ten Febr. 1788. in Betrieb gebliebenen Gewerkschaftlichen Gruben des einseitigen Harzes, wie selbige für die Gewerken, nach ihrem Vermögenszustande, entweder von diesem Quartal Ausbeute gegeben, oder auf künftiges Quartal Zubuße erfordert, oder sich frey gebauet haben; und wie der Preis der Kuxe gewesen ist.

| Namen der Gruben. | Wöchentliche Erz Foderung | | Vermögenszustand | | | Gegen voriges Quartal gebauet | | Giebt oder erfordert auf 1 Kur | | Ohngefähr Preis 1 Kur im Schluß Mon. März. |
| | | | hat im Zehnten behalten | | hat an Materialien | Ueberschuß | Schaden | Ausbeute | Zubuße | |
	Treiben ob 40	Tonnen	Vorrath	Schuld	Schuld					Thlr. in Pcto à 5 Rthlr
		—	Fl. a 20 mgr.	Fl.	Fl.	Fl.	Fl.	Spth à 48 mgr.	Fl.	—
1) Zu Clausthal:										
a) Burgstetter Zug	—	—	5449	—	—	—	—	—	¼	—

Churprinz Georg August

Prinz Friedrich Ludewig	—	1	—	1511	—	—	—	—	2	25
Neue Benedicta	1	13	20757	—	3335	458	—	1	—	100
Carolina	—	—	85654	—	43144	—	2794	50	—	4200
Juliana Sophia	—	—	292	—	—	—	—	—	1	—
Dorothea	18	—	27747	—	53462	—	1600	40	—	4200
Bergmanns Trost	—	15	4771	6509	1245	650	—	—	2	20
Gabe Gottes und Rosenbusch	—	2	9791	5503	140	—	170	2	—	150
Grüner Hirsch	1	30	—	—	856	230	486	—	4	10
Heinrich Gabriel	2	10	836	—	5323	—	—	—	2	—
St. Elisabeth	3	—	10768	—	4967	—	289	—	—	30
Herzog Christian Ludewig	—	6	904	7315	4470	31	98	1	—	30
St. Margaretha	3	20	—	102	927	111	16	—	—	40
Sophia	4	30	—	57328	175	—	—	—	—	—
Landes Wohlfahrt	2	—	10473	464	1236	327	59	2	3	—
Anna Eleonora	—	1	—	294	940	—	—	—	—	200
Stanich	—	30	1046	47573	100	—	263	—	2	—
König Wilhelm	2	—	—	1634	3520	—	525	—	2	25
Königs Glück	2	—	—	3059	3680	219	—	—	2	10
Herzog Georg Wilhelm	—	5	—	—	530	—	—	—	4	20
Englische Treue									2	10
Königin Charlotte										15
Josua										

Namen der Gruben.	Wöchentliche Erz-Foderung		Vermögenszustand			Gegen voriges Quartal gebauet		Giebt oder erfordert auf 1 Kur		Ohngefährer Preis 1 Kur im Schluß Mon. Decbr.
			Hat im Zehnten behalten		hat an Materialien pper	Ueberschuß	Schaden	Ausbeute	Zur buße	
	Frei ben ob 40	Tonnen	Vorrath Fl. à 20 mgr.	Schuld Fl.	Fl.	Fl.	Fl.	Sph. à 48 mgr.	Fl.	Thlr. in Pik. à 5 Rthlr.
b) Thurm Rosenhöfer Zug										
St. Johannes	7	20	—	81257	7610	—	495	—	12	—
Zilla	3	—	—	48760	5800	—	712	—	2	35
Alter Segen	3	25	—	10540	9940	64	—	—	2	100
Silber Segen	2	15	4971	28747	5200	103	—	—	—	20
Braune Lilie	2	—	—		2859	—	685	—	2	
c) Auswärtiges Revier.										
Verlegte Cron Calenberg	—	—	629	579	—	—	—	—	2	30
Verlegte Prinzeßin Elisabeth	—	—	—		—	—	—	—	3	—
2) Zur Altenau:										
Rosina	—	—	—	11179	—	—	—	—	2	—
Georg der Dritte	—	—	—	1639	—	—	—	—	2	—

(3) Zu St. Andreasberg.

	1	2	3	4	5	6	7	8	9	10
a) Inneres Revier.										
Catharine Neufang	1	—	88344	—	9140	1639	—	8	—	550
Samson	2	20	96013	—	15250	4557	—	8	—	900
Gnade Gottes	1	30	—	42764	2850	397	293	—	3	20
Abendröthe	—	10	—	56622	3000	—	818	—	2	10
Bergmanns Trost	—	—	—	33146	2602	—	24	—	2	50
Neuer König Ludewig	—	—	—	9012	260	—	56	—	2	20
Philippine	—	—	—	482	74	—	—	—	2	—
Auswärtiges Revier.										
St. Andreas, Creuz	—	35	—	47119	3980	—	637	—	3	10
Georg Wilhelm	—	3	—	13012	312	280	451	—	2	30
Silberne Bär	—	—	—	2629	200	—	—	—	3	10
Neues St. Jacobs Glück	—	—	—	10915	235	—	8	—	2	15
Neuer Andreas	—	1	—	1162	448	—	149	—	2	40
Rebens Glück	—	—	—	11680	30	—	10	—	1	10
Neuer Theuerdank	—	—	—	1934	—	—	—	—	2	—
c) Im Lutterbergischen Forste.										
Neuer Lutter Seegen	—	—	—	46943	47	—	1064	—	3	25
Neuer Freudenberg	—	—	—	16732	1021	—	100	—	4	15
Louise Christiane	—	6	—	8721	3407	—	757	—	2	20

2) Zellerfelder Gruben-Extract vom Quartal Luciä 1787.

Wöchentl. Erz-Förd.		Behalt. im Zehnten Vorrath	Behalt. im Zehnten Sch.	An Materialien ord. Erz	An Materialien Röste	An Materialien St. Erz	An Materialien Kies	Thun pp.	Gebauet Ueberschuß	Gebauet Schaden	Giebt oder erf. a. Ausb.	1 Kur Zub.	Preis 1 Kuxes
Trb.		Fl.	Fl.	Trb.	R.	Kübel	Kübel	Fl.	Fl.	Fl.	O.T. 48m.	Fl.	T. in Pist.
$13\frac{1}{2}$	Lautenthals Glück	—	7424	172	$110\frac{1}{3}$	51	236	17239	1122	—	2	—	200
—	Charlotte	—	1424	—	—	—	—	—	24	—	—	2	10
$3\frac{1}{2}$	Neuer St. Joachim	—	49938	$51\frac{1}{4}$	13	—	—	2437	—	790	—	2	10
$15\frac{1}{2}$	Haus Hannover und Braunschw.	—	48882	$238\frac{3}{4}$	$72\frac{2}{3}$	26	—	13575	—	642	—	5	20
$3\frac{1}{2}$	Herzog August Friedrich Bleyfeld	—	29754	$39\frac{1}{2}$	—	—	—	2790	—	54	—	2	10
$\frac{1}{4}$	Regenbogen	—	11414	$3\frac{3}{4}$	$11\frac{1}{5}$	36	—	1608	538	—	—	2	10
$4\frac{1}{2}$	Ring und Silberschnur	—	37470	75	8	—	—	2588	—	437	—	2	10
—	Haus Zelle	—	9329	$10\frac{1}{2}$	—	—	1	317	—	51	—	2	10
—	Busches Segen	120	—	—	—	—	—	—	26	—	—	2	10
—	Brauner Hirsch	—	4022	—	—	—	—	—	—	128	—	2	10
—	Herzog August und Joh. Friedrich	—	34566	—	—	—	—	—	—	85	—	3	10
—	Herzog Anthon Ulrich	—	60557	—	—	—	—	—	—	145	—	2	10
—	Neues Zellerfeld	—	2730	—	—	—	—	—	13	—	—	3	10
—	Neue Gesellschaft	779	—	—	—	—	—	—	22	—	—	2	10
—	Haus Wolfenbüttel	—	4989	—	—	—	—	—	—	8	—	2	10
—	Neue Zellerfelder Hofnung	—	5006	—	—	—	—	—	14	—	—	2	10
—	Neuer Edmund	—	1494	—	—	—	—	—	10	—	—	2	10

Name										
Beständigkeit	¾	10	2	—	630	—	316	—	24	3960
Theodora	½	10	2	—	255	—	771	—	7	8019
Aufrichtigkeit	½	10	3	—	56	—	40	—	10	1417
Herzogin Philippine Charlotte	—	40	3	—	538	—	862	—	—	5419
Juliane Sophie	—	60	3	—	166	—	625	—	39	5887
Neue gelbe Lilie	2½	10	2	—	—	19	843	—	12	959
St. Urban	1½	10	2	—	3	—	2426	8	26	52711
Cronenburgs Glück	2½	10	3	—	683	—	2345	9½	53	43666
Weißer Schwan	1	10	2	—	195	—	2582	16½	—	37941
König Carl	—	10	2	—	476	—	1105	—	24	20050
Königin Elisabeth	—	15	2	1721	—	7	—	—	7	—
Lautenthaler Gegentrum	2	—	3	—	—	143	2405	12½	22	18386
Prinzeßin Auguste Caroline	—	10	3	—	202	—	18	—	6	19811
Seegen Gottes	—	20	2	—	68	—	3260	16½	4	3625
Güte des Herrn	3½	10	2	2736	1504	—	48	—	2	21174
Kleiner St. Jacob	—	10	2	6788	—	32	—	—	—	10094
Herzog Ferdinand Albrecht	—	10	2	483	—	30	—	—	—	—
Lautenth. Hoffnung	—	10	2	—	—	42	—	—	—	—
Wilhelmine Eleonore	—	10	2	—	—	23	—	—	—	—
Dorothee Friederike	—	10	2	—	—	26	—	—	—	2143

IV. Verhalt der Einnahme und Ausgabe des Ar

	Einnahme.	Rthl.	gr.	pf.
1	An Ueberschuß	163	23	—
2	: restirten Zinsen	44	6	2
3	: wiederbezahlten Capitalien	678	12	—
4	: Spende-Geldern	270	27	—
5	: Zinsen von belegten Capitalien	753	—	4
6	: Zinsen von belegten Testamentsgeldern	176	—	—
7	: Pacht von liegenden Gründen	262	6	—
8	: Beckengelde vom Charfreytage	65	28	4
9	An angeliehenen Capitalien	93	12	—
10	Aus den Klingebeuteln und Armenbüch-sen dieser Stadt und den Vorstädten	1150	30	6
11	a) An Erbschaften von denen, so Ar-mengelder genossen, deren Nachlaß der Ordnung nach der Armen-Casse anheim gefallen	—	12	—
	b) An Legatengeldern 20 Pistohlen oder	93	12	—
12	An extraordinairer Einnahme, incl. der von Königl. Cammer jährlich verwil-ligten 200 Rthle. Medicin- und der um Martini gesammleten Haus-Col-lecten-Gelder	431	15	6
	Summa Einnahme	4183	6	4

Mit einander verglichen, so

Nach

In den Klingebeuteln und wöchentlichen Armen

Summe.

1) In den Klingebeuteln:

Am 23sten März 1 Ducat. am 20sten April 2 Ducat. am
1sten Pfingstfeste 1 Ducat. am 3ten Junii 1 Goldfl. am
30sten Sept. 1 doppelte Pistohle.

Königl. verordnete Armen-Collegio hieselbst.

men-Ærarii der Stadt Zelle, vom Jahre 1787.
Ausgabe.

		Rthl.	gr.	pf.
1	Dem Medico	30		
2	⸗ Chirurgo	50		
3	Den Collecteurs	52		
4	Dem Registratori	80		
5	Den 5 Armen-Voigten an Besoldung	216	6	
6	Demselben an Fanggelde	5	6	
7	An ständigen Vermächtnissen	160	12	
8	⸗ Brodtgelde, so den umsingenden Armen gereichet wird	8		
9	⸗ Zinsbar ausgeliehenen Capitalien	326	24	
10	⸗ wieder abgetragenen Capitalien	93	12	
11	⸗ angekauften liegenden Gründen	171	26	3
12	⸗ Zinsen	1	31	
13	⸗ durchreisende Arme, und besonders in zahlreicher Menge sich eingefundene Handwerks-Gesellen	73	11	6
14	⸗ 146 Hausarme	1120	9	
15	⸗ 99 kreuztragende Arme	726	5	1
16	⸗ Quartalisten	158		
17	⸗ Schulgelde	168	9	
18	Behuf einiger Armen in den Hospitälern und dem Zuchthause	160	14	4
19	An Arzeney für arme Kranke	275	34	4
20	An Kleidungs-Begräbniß-Proceß-und andern extraordinairen Kosten, imgleichen an vorerst abgesetzten Zinsen, und verlohrengegangenen Capitalien	314	9	3
	Summa Ausgabe	4192	3	5
	— — Einnahme	4183	6	4
	ist vorgeschossen worden	8	33	1

r i c h t.

büchsen ist unter die in Einnahme berechnete gefunden.

2) In den wöchentlichen Armenbüchsen:
Am 9ten März 1 Goldfl. am 20sten April 2 Goldfl. 1 Ducat. am 13ten Julii 1 Goldfl. und ½ Pistole, am 19ten Oct. 1 Ducat. und 1 Goldfl. am 16ten Nov. 1 Goldfl. am 14ten Decbr. 1 Goldfl. Zelle, am 27. Apr. 88.

V.

Schreiben eines alten niedersächsischen Bürgers, an die Herausgeber der Annalen.

Mein Nachbar, der Kantor, ein gelehrter und guter Mann, wenn er nur nicht des Sonntags das Maul vier Zoll weiter aufsperrte als alle andere Menschenkinder im Städtgen, und so gewaltig sein Amen schrie, daß ich immer fürchte, unsre Kirche werde das Schicksal der Stadtmauern von Jericho erleben, hat mir von Ihnen und Ihren Annalen viel Gutes gesagt, und mich versichert, Sie würden gern von einem Bürger von altem Schrot und Korn ein Schreiben aufnehmen, wäre es gleich nicht künstlich oder hochstudirt aufgesetzt, denn das ist meine Sache nicht.

Unser alter guter seliger Pastor R. pflegte zu sagen: Es gebe zweyerley Sprachen, eine die vom Herzen komme und wieder zum Herzen bringe, und diese gefalle ohne allen Schmuck durch Einfalt und Wahrheit, die andre mache viel Wesens, mit Geklingel und Wortgepränge, und sey im Grunde nichts — als ein tönend Erz, und eine klingende Schelle. Jene meinte er, müsse jeder Biedermann reden, diese gehöre aber eigentlich für die Conrectores und Hofschranzen.

Doch

Doch ich muß Ihnen, meine lieben Herren, wohl sagen, wer ich eigentlich bin.

Mein Vater war ein ehrlicher Bürger und Brauer
in dem Städtchen X. im — — und ich sein eheleiblicher
Sohn, erbte von ihm manchen ersparten Gulden, denn
zu seiner Zeit begnügte man sich noch mit einheimischen
Gerstentrank, und verschlang nicht lieber ausländischen
Gift, mit französchen herrlichen Namen bezeichnet, gleich
als wenn Arsenik Herzstärkung würde, wenn es der Apotheker auf der Büchse so benennet. Was ich aber höher
schätze als alle harten Gulden, war Rechtlichkeit und
gute Lehren, die mir mein Vater hinterließ, obwohl man
diesem meinen Schatz in unserm Städtchen den unange-
nehmen Namen von Spießbürger-Tugenden beylegt.

Nach meines Vaters Tode hieng ich das Brauwe-
sen am Nagel, und fieng einen Handel mit Leinwand an,
der mir auch durch Gottes Seegen so geglückt ist, daß
sich meines Vaters harte Gulden ansehnlich vermehrt
haben.

Viel von meinem Wohlstande hab ich meiner guten
Frau zu danken. Ich heyrathete sie als eine arme Wayse,
und fand in ihr, ein treues keusches Weib und eine treffli-
che Wirthin, die gute Suppen kocht, herrliche Würste
macht, und Rindfleisch einsetzt. Sie ist mir daher auch
in der Knipmütze und mit dem Schlüsselbunde an der
Seite lieber, als die Frauen meiner Nachbarn in ihrem
entbehrlichen Flitterstaate, und mit allem Behängsel von
Plunder; denn wenn sie gleich schlechter tanzt, so kocht
sie dafür desto besser.

(Annal. 2r Jahrg. 36 St.)   H   Mit

Mit diefem guten Weibe habe ich ein Häufchen gesunder lieber Kinder, von altem Schrot und Korn, rechtlich und tugendhaft, noch unverdorben, wie sie aus der Hand des Schöpfers kamen, und so gut als ich sie mir wünschen mag. Mein ältester Sohn hilft mir schon in der Handlung, und meine beyden ältesten Töchter versehen die Haushaltung.

Wenn ich am Abend eines nützlich=verlebten Tages, in dem Zirkel der lieben Meinigen sitze, jeder von uns die guten Handlungen, die er ausübte oder unterließ, redlich den andern mittheilt, ein froh Geficht gegen den Geber alles Guten uns beseelt, und ein trauliches Gespräch uns belohnt für die Arbeiten des verflossenen Tags, und ermuntert zu denen des folgenden, dann fühle ich, daß meine verlachten Spießbürger=Tugenden nicht ohne Werth sind, und mich tausendmal glücklicher machen als meine Nachbarn, die die größte aller Erdenfreuden — häusliches Glück verkennen, und Einfalt der Sitten und Ruhe des Herzens tauschen gegen elende Lustbarkeiten, die das Herz und den Kopf gleich leer lassen.

Es steigen denn in mir allerley Betrachtungen auf; ich würde sagen, ich philosophirte, wenn mir nicht unser Kantor neulich gesagt hätte, Philosophie sey itzt so gut ein zunftmäßiges Handwerk, wie die Kammmacher und Schneider, und wehe dem, der darin böhnhase, wofern er nicht einen Innungs=Brief von irgend einem Alimeister aufzuweisen habe.

Vor=

Vorzüglich beschäftigen mich aber Betrachtungen
über unser gutes Städtgen X. — Hilf Himmel! welcher
wichtiger Unterschied zwischen den Jahren meiner Kindheit und itzt. —

Damals herrschte Arbeitsamkeit, Fleiß und Ordnung,
— die Einwohner strotzten von Gesundheit, und, glauben Sie es mir, ihr Herz war eben so gesund als der
Körper.

Den anbrechenden Tag begrüßte ein fröhlicher Mor-
gengesang; dem Geber alles Guten sagte man Dank
für seine unzähligen Wohlthaten, und faßte den Entschluß, den ganzen Tag nach seinem Willen anzuwenden,
d. h. nicht die Hände in den Schooß zu legen, und zu
lungern, sondern fleißig zu seyn, und im Schweiße seines
Angesichts dem Mitbürger zu dienen.

Eine kräftige Biersuppe, und ein kernhaftes Butterbrodt gab Kräfte zu den Geschäften des Tages: der
Morgen verschwand heiter und unter guten Gedanken,
und der Mittag kam nie zu früh. Eine Schüssel Erbsen mit Speck, ein Gericht Sauerkraut, ein derbes
Stück Rindfleisch wurde im Zirkel der Seinigen verzehrt,
kein Seufzer unbezahlter Handwerker, kein Fluch eines
berückten Waisen vergällte die einfache Mahlzeit.

Wenn man denn ermüdet von den Geschäften des
Tages im häuslichen Zirkel reine Freuden in Fülle schmeckte,
oder eine Stunde im Keller beym gesunden Biere mit
seinen Mitbürgern verschwatzte, einer dem andern die
guten Handlungen der Mitmenschen erzählte, oder die ge-

mach-

machten Erfahrungen über Haushalt, Viehzucht und
Gartenbau mittheilte, aus Begierde andre glücklich zu
machen, nicht aus Dünkel: damit man sagen sollte:
Seht! welch ein kluger Kerl ist das — so legte man
sich froh am Abend nieder, und erwachte am andern
Morgen zu gleicher Arbeit und Freude.

Einheimisches Tuch machte unsre Kleidung aus, war
sie warm und bequem, so kümmerte uns der Schnitt wenig. Auch pflegte mein guter alter seliger Pastor zu sagen: der Einband des Buchs entscheide nicht seinen
Werth, sondern der Innhalt: der gehörnte Siegfried
im Franzbande bleibe immer gehörnter Siegfried, und
Leibnitz im Pappbande immer Leibnitz.

Es war eine Freude unsre Weiber zu sehen: des
schweren Schlüsselbunds am Gürtel unerachtet, schritten
sie so froh und munter einher, wie ein junges Reh.
Kein chinesischer Schuh hinderte sie. Ausser der Bibel,
dem Catechismus, und sonst einem guten Buche lasen sie
nichts, aber Menschenverstand hatten sie dafür, und
kochten trefliche Suppen.

Kindtaufen und andre dergleichen Gelegenheiten waren die einzigen Schmäuse. Aber dabey verdarb man
nicht halbe Tage am Spieltische, oder verpraßte den Erwerb einer ganzen Woche an einem Abend.

Man schickte nicht seine Weiber und Töchter unverdorben und rein auf die Maskeraden, und erhielt sie
verunehret und lasterhaft zurück. Wir giengen dafür am
Sonntage ins Feld, sahen wie die vollen Aehren den Se-

gen

gen Gottes verkündeten, oder labten uns am Hervorkom-
men der selbst gepflanzten Erbsen, oder der Blüte der
angezogenen Bäume.

Konkurse und Pfandungen waren damals etwas
unerhörtes; kam ein Mitbürger durch Unglücksfälle herunter, so bot jeder die Hände, um ihm wieder aufzuhel-
fen; wurde er durch Verschwendung dürftig, so strafte
ihn allgemeine Verachtung.

Unser guter seliger Pastor sagte oft von der Kanzel:
Ein guter Christ handle ehrlich gegen sich und die Seinigen, und mache keinen unnöthigen Aufwand. Thue er
es aber, so handle er als ein Schelm, und wer gegen sich
und die Seinigen als ein Schelm handle, sey schwerlich
ein ehrlicher Mann gegen andre.

So sah es damals aus! aber itzt — Hilf Himmel!
kaum kenne ich unser Städtchen noch.

Des Morgens können die Bürger kaum aus den
Betten finden, der Kopf ist ihnen noch zu schwer
von den gestrigen Weindünsten, und dem nächtlichen
Spiele.

Anstatt mit dankbarem frohen Sinn gegen Gott zu
erwachen, der uns alles so milde beschert, was wir bedürfen, beschäftigen sie sich in den ersten Augenblicken mit
dem Gevatterschnack des gestrigen Gelags, und werden
niedergeschlagen, wenn sie einer Woche Erwerb am
Spieltische verpraßten, und nun mit der Familie fasten
müssen.

Nach-

Nachdem sie ein fremdes erschlaffendes Getränk hirin eingeschlürft haben, gehen sie etwa um 10 Uhr *) an die Arbeit; und wie diese bey einem schweren Kopfe und matten Körper gerathen müsse, läßt sich leicht errathen.

Sie setzen sich zu Tische, nicht weil sie hungert, sondern weil die Glocke Eins schlägt, mehr aus Gewohnheit, als Appetit verschlucken sie die gewürzten Brühen, das ausgedorrte Fleisch, und die schaalen Gerichte einer fremden Nation.

Die Nachmittags-Arbeit kürzen sie ab, und laufen, als wenn ihr Haus im Feuer stände, um den Rest des Tages mit andern verderbten Tagedieben bey der Flasche und der Karte hinzulungern, den Magen mit unzähligem Kuchenwerke, und das Herz mit bösen Gesprächen zu verderben, mit schwerem Kopf und leichten Beutel zurückzukehren.

Unterdessen wirthschaftet das Gesinde zu Hause, die Knechte schleppen die Viktualien zu ihren Dirnen, und die Mädchen verprassen sie daheim mit ihren Kerlen.

Die

*) Für die Wahrheit dieses Umstands bürgt der Einsender. Er wollte einst einem Handwerksmann um 10 Uhr eine Rechnung bezahlen lassen — allein er lag noch im Bette.

Ein andermal gieng er selbst um 9 Uhr zu einem Kaufmanne, um ihm eine Summe Geldes zu überliefern. Er mußte aber eine halbe Stunde warten, weil der Kaufmann noch nicht aufgestanden war.

Die Weiber sind vollends halb unsinnig. Anstatt sich um die Pflichten einer guten Mutter zu bekümmern, lesen sie allerley modischen Schnickschnack, sie können keine Suppe kochen, aber dafür wissen sie, was ein Kapot sey, wie sich die römische Dame im Corso kleide, sie sind nicht vermögend in den engen Schuhen einen Schritt zu thun, sie sehen ihre Kinder nicht, aber desto öfterer empfindsame Buben, die das Maul von Tugend und Edelsinn immer voll nehmen, und dem Nächsten die Weiber und Töchter verführen, oder dem Vater das Geld aus dem Beutel stehlen.

Die Töchter schreyen bey jeder Fliege, die man todt schlägt, und begegnen mit schnöden Schimpfreden dem alten ausgedienten armen Krüppel, der sie um eine Gabe anfleht.

Und wenn ich vollends an den entbehrlichen Plunder denke, den die Weiber an sich schleppen, so stehen mir die Haare zu Berge. Unser seliger Pastor sagte oft: des Menschen Bedürfnisse als Menschen wären nicht groß, aber die des Menschen als Gecken unzählig.

Da giebt es eine Menge Flor, Montausiel, und wie das Zeug alles heißt, womit man an jedem Nagel hängen bleibt, da werden alle Vögel berupft, um Federn zu bekommen, und mancher ehrliche Mann muß die Woche durch trocknes Brodt fressen, und Wasser saufen, damit sein Götze nur wohl geputzt in den Kaffee-Gesellschaften erscheine.

Kon-

Konkurse und Pfandungen ereignen sich itzt in uns
fern Städtchen an einem Tage mehr, als sonst in zehn
Jahren, man trägt die Abgaben nicht ordentlich ab, und
unsre Nachbarn auf dem Lande sind itzt im Jahre 1787.
noch die Contribution vom März 1785. schuldig, blos
weil sie Wein saufen, den Tag im Wirthshause verlun
gern, und fremdes Tuch zu 4 Rthlr. die Elle tragen.

Sehen Sie, meine lieben Herrn, wo will das am
Ende hinaus? Es werden mit der Zeit noch lauter
Schelme, denn ein Schelm ist der sowohl, der durch ei
nen Bankerutt seinen Nächsten bestiehlt, als der in die
Häuser bricht.

Wäre es nicht möglich, daß Sie einmal in Ihren
Annalen ein Wort zu seiner Zeit über den steigenden Lu
xum redeten, und den Leuten sagten: Einfalt der Sitten
führe allein zu wahrer Glückseligkeit, es sey besser wie
ein ehrlicher Mann zu Fuße zu gehen, als wie ein
Schelm zu fahren; Gott werde an jenem Tage nicht
fragen: Hast du feines Tuch getragen, hast du das Mo
den-Journal gelesen, hast du keine Gesellschaft versäumt,
kein Gelag verschwenzt, und gut Karten gespielt? son
dern: Bist du nützlich und thätig gewesen, hast du
keine gute Handlung aus Faulheit oder Muthwillen un
terlassen, hast du deinen Geist gebildet, und keine Ge
legenheit verabsäumet, etwas nützliches zu lernen? u. s. f.

Unser guter König soll, wie ich höre, lauter einfache
Speisen genießen, sich ohne Pracht, warm, reinlich und
bequem kleiden, das häusliche Glück nicht verschmähen,
                                                    was

was er in so großer Fülle genießt, und zu genießen verdient.

Sollten wir ein solches edles Beyspiel nicht lieber
nachahmen, als das Faseln der Gecken?

Mir entquillt wenigstens immer eine Freudenthräne,
wenn ich solche Züge von unserm guten König höre; ich
fühle dann das Glück doppelt, unter einem Herrn zu stehen, der selbst Mensch ist, der Adel und Hoheit der
Seele höher schätzt, als Flitterstaat, und Größe der Tugend mehr, als Glanz des Thrones, denn jene geben
wir uns selbst, und diesen gab uns das Schicksal.

Wie wenig muß es dem guten König gefallen, wenn
er sieht, daß sein großes Beyspiel so wenig wirke bey einem verdorbenen Volke, wenn er sieht, daß seine Unterthanen fremde Thorheiten nachäffen, indessen er im Be-
wußtseyn stiller Größe, im Glückseligkeits-Gefühl der
Tugend, ermüdet von Regierungs-Geschäften, nach einem nützlich verlebten Tage am Abend ganz der Wonne
genießt, die nur wahrhaftig guten Menschen zu Theil
wird.

Ich dächte, man sollte beherzigen, daß ein König,
der so lebt und denkt, wie Georg der III. nicht Kleider
und Aufwand, sondern gute Thaten seiner Unterthanen
allein schätze, und wir sollten uns bestreben, nützlich und
thätig zu seyn, um wie folgsame Kinder unsern gutem
Vater Freude zu machen.

H 5   Su-

Suchen Sie also, liebe Herren, wenigstens den Mittelstand aus dem gefährlichen Abgrund des Luxus zu reissen.

Die Hefen des deutschen Adels mögen immerhin bleiben wie sie sind, sie mögen über unsre Vorurtheile von Ehrlichkeit, Mäßigkeit und Keuschheit lachen, sie mit dem Spottnamen bürgerliche Tugenden belegen; der deutsche stiftsmäßige Baron von 16 Ahnen und nichts weiter, mag nach Paris reisen, um aus einem Dummkopf ein Geck zu werden; das deutsche Fräulein mag mit dem unbezahlten Flor an jedem Nagel hängen bleiben — aber uns ehrlichen Bürgern sollte es wenigstens unverwehrt seyn, im guten einfachen Rocke nach altem Schnitt mit ehrbarem Tritt einherzuschreiten, ohne den ekeln Beynamen eines alten Spießbürgers hören zu müssen, — uns sollte es wenigstens die Mode nicht auflegen, unsre Rechnungen unbezahlt stehen zu lassen, oder Affen der Großen zu werden.

X.

VI

VI.

J. A. Kritters Erklärung auf die Anmerkungen, welche die Herausgeber dieser Annalen über seine Untersuchung der anjetzo so sehr einreißenden Sterbe-Cassen in dem zweyten Stück des zweyten Jahrganges 1788. Seite 41 eingerückt haben. *)

Diese Herren gestehen gerne, daß die anjetzo fast in allen Städten errichteten Sterbe-Cassen, in welchen die Beyträge auf jeden Sterbefall erfolgen müssen, und die so sehr ins Große gehen, daß in das Sterbehaus 300 bis 500 Rthlr. bezahlet werden, ungerecht, und für die späten Zukömmlinge höchst nachtheilig seyen, indem die ersten und frühesten Theilnehmer sich mit dem Schaden der spätern Recrüten bereichern, und daß aus dieser Ursache ein großer Theil dieser Cassen endlich zu Grunde gehen werde. Sie zweifeln aber doch, ob gerade alle dergleichen Cassen, wenn sie übrigens gegen alle Betrügereyen sicher gestellet worden, dennoch schon nach der Natur ihrer Constitution nothwendig zu Grunde gehen müssen, und sie führen zum Beyspiel die beyden Lüneburgischen Sterbe-Cassen an, nemlich

*) Die Untersuchung selbst steht im 1sten Stück S. 102, und im 2ten Stück S. 35.

lich die Barmannische und die von der getreuen Brüderschaft, welche schon über 60 Jahr alt sind, und sich
dennoch beständig recrutirten. Sie glauben auch, daß es
nicht immer der Fall sey, da die späten Recruten so genau
calculiren und die Sache aus einem mercantilischen Gesichtspunkt ansehen würden, und daß viele aus christlicher
Liebe gegen ihre alten Mitbürger gerne ihren Beytrag zu
deren Sterbefällen bezahlen würden, ob sie gleich ihren
Schaden dabey voraussehen könnten.

Es sey mir erlaubt, mich hierüber zu erklären: Es ist
nicht meine Meinung, daß ich alle und jede Todten-Cassens
Gesellschaften verwerfen wollte, die einen Beytrag auf jeden Sterbefall fordern. Denn I) es sind in Göttingen
und vielen andern Städten bey großen Handwerksgilden
dergleichen Todten-Cassen im Gange, wobey ich Raths-
Deputirter bin, die schon über 40 Jahr alt sind, und also
fast zu ihrem Beharrungsstande gekommen. Bey diesen
Gilden wird auf jeden Sterbefall eines Mannes oder Frau
die Sammlung so eingerichtet, daß in das Sterbehaus etwa
10 Rthlr. kommen, so daß jeder Gildengenosse 3 Gr. auf
jeden Sterbefall beysteuert. Eine solche Kleinigkeit ist nicht
sehr drückend, und obgleich die jungen neuaufgenommenen
Meister leicht voraussehen können, daß sie weit längere
Jahre diese Beysteuer bezahlen müssen, als es ihre ältern
und zum Theil abgelebten Mitmeister annoch thun könnten,
so müssen sie dagegen rechnen, daß sie diesen die Kunden
vermindern, und also auch wol eine Kleinigkeit zu ihrem
Begräbniß hergeben können. Ja ich finde es auch aus eben
dieser Ursache eben nicht unbillig, daß sie ihre kleinen Beyträge

träge nicht freywillig, sondern durch einen in ihren Artikeln festgesetzten Zwang hergeben müssen. Eben dieser Zwang sichert auch die Casse vor ihrem Untergang, weil eine Hands werksgilde beständig neue Mitmeister bekommt. Ist etwa die Lüneburgische getreue Brüderschaft eine Einrichtung von dieser Art *), so habe ich gegen ihre ewige Dauer nichts einzuwenden. Diese Gilden-Todten-Cassen haben die Veranlassung und den Grund zu allen nachher ins Große ge- triebenen Sterbe-Cassen abgegeben. Es war aber wol eben nicht christliche Liebe, welche die alten Gilden-Meister be- wog, sich auf Kosten der künftigen Mitmeister begraben zu lassen, und bey denen nachher ins Große getriebenen Sterbe- Cassen ist offenbar ungerechte Gewinnsucht die Ursache ihrer Errichtung. **)

II) Giebt es auch bereits sehr alte Sterbe-Cassen der Herren Geistlichen in ihren Kirchen-Sprengeln, wo bey dem Sterbefall eines Amtsbruders ein jeder etwa einen oder zwey Thaler beysteuert, wodurch etwa höchstens 40 oder 50 Rthlr. zusammenkommen, welche den hinterlassenen Wit- wen oder Kindern zugestellet werden.

Ob

---

*) Nein; sie besteht aus lauter Freywilligen aus allen Classen von Menschen, Kaufleuten, Handwerkern, Geistlichen, Rechtsgelehrten u. s. w.
A. d. H.

**) Wie wir schon gesagt haben; die alten, freywil- ligen, nicht Gilde-Todten-Cassen sind Abkömm- linge catholischer Fraternitäten, waren zu Anfange mit dem Leichentragen verbunden, und daher kann man ihnen das Principium der christlichen Liebe wol nicht streitig machen. A. d. H.

Ob es nun gleich unbillig scheint, daß ein junger, ans tretender Prediger, der wahrscheinlich viel Jahre seine Bey träge geben muß, gezwungen seyn soll, einen gleichen Bey trag mit seinen zum Theil abgelebten Mitbrüdern zu be zahlen, die ihre Beyträge nicht lange mehr geben können, so ist doch zu vermuthen, daß die jungen Herren Pastores ihren Thaler der etwa alle Jahr einmal kommt, gerne aus christlicher Liebe zum Besten der Wittwen oder Kinder ihrer verstorbenen Mitbrüder hergeben werden, und der eingeführte Zwang verliert dadurch viel von seiner Un billigkeit, ob ich gleich es für billiger halte, daß ein jeder Prediger nach dem Verhältniß seiner Jahre einen jährlich festgesetzten geringern oder größern Beytrag bezahlen müste, absonderlich wenn es mehrere Thaler betrift.

Ich rede hier blos von Sterbe-Cassen der Geistli chen, nicht aber von ihren Wittwen-Cassen. Bey die sen hat die Erfahrung gezeigt, daß sie allemal ein kläglis ches Ende genommen, wenn sie so eingerichtet worden, daß alle Prediger ohne Unterschied der Jahre, jährlich einige Thaler zusammengebracht, und die jedesmal vorhandene Wittwen sich in die Summa getheilet haben. Wenn die Herren Geistlichen eine gerechte und dauerhafte Wittwen Casse haben wollen, so können sie ihren Zweck bey der Neuen Einrichtung der bremischen Wittwen Casse vollkommen erreichen, wovon die Plane bey dem Herrn Oberpostmeister Anthony in Bremen für 4 ggr. zu haben sind.

Gesetzt aber, es wären hie und da auch freywillige Sterbegesellschaften von einigen hundert Personen vorhan den

den, die nicht durch Zwang sondern blos durch
freyen Willen sich recrütirten, und der Beytrag betrüge
auf jeden Sterbefall nur 6 mgr. so wird doch mit den Jahren, wenn die Zahl der Sterbenden zunimmt, die so öftere
Wiederholung der Beyträge die **jungen und gesunden
Rekrüten** von dem Beytritt abschrecken, und gegen einen
der aus christlicher Liebe dennoch beytritt, werden gewiß
Zehne seyn, die sich bedenken werden, sich mit einer abgelebten Gesellschaft zu verbinden, und mit derselben einen
gleichen Strang in Bezahlung der Sterbefälle zu ziehen,
und wofern einige von solchen Gesellschaften schon 50 Jahre
bestanden seyn sollten, so wird man doch finden, daß sie
schon einigemal ins Straucheln gekommen, und durch allerhand Umänderungen ihrem Institute einen neuen blenden-
den Anstrich und den Namen einer wohlthätigen Gesellschaft haben geben müssen, der sie doch vor dem endlichen
Untergange nicht retten kann, auch sogar, wenn bey jedem
Sterbefalle nur ein Paar Groschen müsten bezahlt werden,
die wol bey wenigen lästig seyn mögten. Die Erfährun-
gen von dergleichen nur ins Kleine gehenden und dennoch zu
Grunde gegangenen **freywilligen** Todten-Cassen in Göttingen und verschiedenen andern Städten bestätigen diese
Sache, weil bey einem geringen Beytrag auch das Sterbegeld sehr unbeträchtlich werden muß, und niemand sehr
zum Beytritt reizen kann *).

Meine

---

*) Bey der lüneburgischen getreuen Brüderschaft ist der
Beytrag zu einem jeden Trauerfalle 12 mgr., der
Trauerpfennig trug vor einigen Jahren etwa 35 bis
40 Fl. Sie und andere Cassen sind längst im Behar-
rungs-

Meine Abſicht iſt aber nicht, dergleichen **unbeträcht=
liche Sterbe=Caſſen** zu beſtreiten *) ſondern nur die
Anreißende ungerechte Gewinnſucht bey denen **ins Große**
gehenden vielen Todten=Caſſen, die 3, 4, 5 bis 600
Rthlr. Sterbegeld verſprechen, und die Uebervortheilung,
welche die erſten Stifter und Entreprenneurs derſelben an
den ſpätern Zukömmlingen begehen, in ihr völliges Licht
zu ſetzen, um dadurch die höchſten Obrigkeiten zu bewegen,
daß ſie dieſe wucherlichen Hazardſpiele verbieten mögten, in
welchen die erſten Stifter die wol in 4 dergleichen Caſſen
eintreten, ihre ſpäten Rekrüten mit ihrem Tode betriegen.
Freylich kann es wol nicht gewehret werden, daß nicht einige
hannoveriſche Unterthanen in auswärtigen Todten=Caſſen
ſich übervortheilen laſſen; aber die damit verknüpften Un=
koſten würden doch viele abſchrecken, und wenn die Einwoh=
ner keine ſolche Leichtigkeit fänden, in die in vielen Städ=
ten des Landes errichteten Sterbe=Geſellſchaften einzutreten,
ſo würde doch dieſem Uebel auf eine wirkſame Art geſteuert
werden, wenn dieſen Geſellſchaften **entweder die Rekru=
tirung verboten**, oder ihnen **anbefohlen würde,**
**ſich auf eine gerechte und dauerhafte Art einzu=
richten.**

Ich

rungsſtande, ohne jene Revolutionen erfahren zu
haben.   A. d. H.

*) So wie die unſrige gewiß nicht, die großen, womit
der Speculations=Geiſt ſein Werk treibt, zu verthei=
digen oder den nützlichen Vorſchlag des Herrn Ver=
faſſers zu verkennen.   A. d. H.

Ich gebe hiebey gerne zu, daß unter den erſten Stiftern dieſer ungerechten Inſtitute viele brave Männer ſind, die dieſe Uebervortheilung nicht einſehen: aber es ſind auch viele derſelben die dieſes wiſſen, und dennoch vorwenden, daß ſie aus chriſtlicher Liebe ein ſo wohlthätiges Inſtitut errichtet hätten, wodurch viele Witwen und Waiſen für ein geringes Geld ein anſehnliches Capital bey ihrem Tode erhalten könnten. Dieſes iſt aber nur wahr bey ihren eigenen Witwen und Waiſen:

Weil aber dieſer abgezweckte Vortheil auf die Beutel der in ſpäten Jahren hinzutretenden Rekrüten fallen ſoll, welche ihr Sterbe-Capital doppelt ſo theuer als die erſten Stifter werden bezahlen müſſen, ſo iſt klar, daß ihr Vorgeben falſch ſey, und daß ſie ſich mit eben ſo wenigen Rechte einer chriſtlichen wohlgemeinten Abſicht rühmen können, als die Unternehmer der betrüglichen Zahlen-Lotterien, welche bey jeder Ziehung einige arme Mädchen ausſtatten, um den Schein der chriſtlichen Liebe zu haben.

Die Stifter der falſchen Sterbe-Caſſen wenden vor, es würden auch in den ſpäteſten Zeiten ſich noch immer wohlthätige und chriſtliche Männer genug finden, welche auch bey der verdoppelten Zahl der Sterbefälle dennoch hineintreten und ihre Beyträge gerne hergeben würden, um nur armen Witwen und Waiſen zu helfen. Wenn alſo die freywillige Rekrütirung beſtändig erfolgte, ſo wäre ihr Inſtitut vor dem Untergange geſichert. Es könnten auch alsdenn die ſpäten Rekrüten ſich nicht über Unrecht beklagen, und die mehreſten von denſelben würden nicht ſo mercantilliſch rechnen als ein Mathematiker, der aus der Ordnung der Sterblichkeit die Zahl der jährlich Sterbenden beſtim-

mete. Ich muß aber hiebey anmerken, daß die mehreſten ſpäten Rekruten aus Unkunde der Sache es nicht vorher berechnen können, daß die Zahl der jährlich ſterbenden Mitglieder gedoppelt ſo ſtark ausfallen werde, als bey dem Anfange des Inſtituts, und ich kann mit Gewißheit ſagen, daß ſie nicht eintreten würden, wenn ſie dieſes vorher wüßten. Bey ſolchen Geſellſchaften wird beſtändig geworben, und Werber ſagen ſelten die Wahrheit. Wenn den Rekruten nun bey ihrer Anwerbung die in den vorhergehenden Jahren erfolgte Zahl der jährlichen Sterbefälle verheelet wird, ſo kann man doch wol nicht ſagen, daß ſie mit guten Wiſſen und Willen bloß aus chriſtlicher Liebe ſich entſchloſſen hätten, gedoppelt ſo viele Beyträge zu bezahlen, als die erſten Stifter. Man müßte gewiß ſich einen ſchlechten Begriff von dem Verſtande der ſpäten Rekruten machen, wenn man annehmen wollte, daß ſie dieſes thun würden. Folglich iſt es klar, daß ſie hintergangen werden, und daß eben dadurch alle Rekrutirung am Ende aufhören müſſe. Vernünftige Männer, die chriſtliche Wohlthaten ausüben wollen, wählen ſich bloß die nothleidenden Famblien aus, und unterſtützen ſie mit ihren Gaben. Aber wenn ſie ſich mit einer Geſellſchaft in ein Spiel begeben, wo auf den Todesfall ihren Erben ein Capital von mehrern 100 Thalern bezahlet werden ſoll, ſo erwarten ſie mit Recht eine völlige Gleichheit, die keine Vorzüge der erſten Stifter vor ihnen erlaubt. Geſetzt nun, es träten nach ſpäten Jahren noch viele Angeworbene in die Geſellſchaft, und fänden, daß ſie jährlich weit mehrere Todtenfälle bezahlen müßten, als ihnen vorgeſpiegelt worden, ſo

kann

kann es seyn, daß sich einige darüber zufrieden geben, und
dennoch in der Gesellschaft bleiben, um nur nicht ihre bereits
bezahlten Beyträge zu verlieren. Wenn sie aber ebenfalls
andere anwerben, so werden sie sagen, sie blieben nur aus
christlicher Liebe in der Gesellschaft. Indessen würden sie
nicht hineingetreten seyn, wenn sie dieses vorher gewußt
hätten. Denen mehresten aber, die noch jung und gesund
sind, werden die so häufigen Beyträge zu drückend seyn,
und sie werden eben deswegen herausscheiden müssen.
Wenn also nur die alten übrig bleiben, und von den jün=
gern verlassen werden, so ist doch wohl der Untergang der
Gesellschaft unvermeidlich, weil kein hinreichendes Capital
da ist, wovon die Sterbegelder könnten bezahlet werden.

Daß unsere höchste Obrigkeit anjetzo den Schaden von
solchen ungerechten Einrichtungen erkennet, davon mag ein
ganz neues Beyspiel zeugen. Vor einigen Monathen wurde
von einem Manne aus einem bremischen Amte ein Plan
zu einer großen Sterbe=Casse an Königliche Regierung zur
Confirmation übersandt, wozu 400 Mitglieder sollten an=
geworben werden. Diese sollten auf jeden Sterbefall ei=
nen Beytrag bezahlen, der nach der Verschiedenheit der
Jahre fast in eben der Proportion angesetzet war, wie bey
der Eimbeckschen und Mündenschen Casse. Es sollten auf
jeden Sterbefall 750 Rthlr. durch die Beyträge aufgebracht
werden. Hiervon sollten 50 Rthlr. zur Reserve=Casse aufs
bewahret, und 50 Rthlr. dem Herrn Entrepreneur und der
Administration zugetheilet werden; die übrigen 650 Rthlr.
sollten aber in das Sterbehaus kommen. Da man nun
schon im Anfange der Gesellschaft auf 400 Personen jähr=

lich

lich 10 Todtenfälle rechnen muß, so hätte der Entrepreneur
jährlich 500 und in spätern Jahren, wenn die Zahl der
jährlich Sterbenden sich verdoppelt, wohl 1000 Rthlr. erhalten. Königl. Regierung verwarf aber diesen Plan, weil
der Verfasser eben so wie alle übrige seines Gleichen keine
Rücksicht darauf genommen, daß die Mortalität mit
dem spätern Fortgange der Gesellschaft sich verdoppelt, und also die spätern Rekrüten hintergangen
würden. Es ist also Hoffnung da, daß mit der Zeit den
ungerechten Sterbe-Cassen in den hannoverischen Städten,
die wie eine Pest um sich greifen, die Rekrütirung dürfte
verboten werden, wodurch sie von selbst aufhören müßten.
Der Wucher vieler Speculanten gehet so weit, daß sie verschiedene alte schwächliche Personen einschreiben lassen, und
die Beyträge für sie bezahlen, damit sie bey ihrem Absterben das Sterbe-Capital ziehen können. Ein Hauptfehler
bey diesen Gesellschaften bestehet darin, daß die Herren
Entrepreneurs und Directeurs derselben von jedem
Sterbefall 5 bis 6 Procent des Sterbegeldes nehmen
dürfen, nemlich 15 Rthlr., wenn das Sterbegeld 300
Rthlr. ist. Die beyden ältesten bremischen Gesellschaften
des Trauerpfennigs und des Denkthalers thun dieses nicht,
sondern jeder Interessent bezahlt jährlich 24 mgr. zum Dou-
ceur für den Administrator Renner, und die Erfahrung
von 18 Jahren hat es gezeiget, daß in diesen beyden Gesellschaften bey weiten nicht so viele Sterbefälle jährlich vorkommen als bey allen übrigen gleich starken Gesellschaften,
bey welchen die Belohnung der Entrepreneurs auf jeden
Sterbefall mit 15 Rthlr. gesetzet ist. Ein jeder kann sich
davon

davon durch das hannoverische Intelligenz-Blatt überzeugen.
Dieser Unterschied fällt zu sehr auf, und erreget den Verdacht, daß es mit der Prüfung der oftmals erschlichenen
Gesundheitsscheine wol nicht richtig seyn mögte. Bey der
bremischen Witwen-Casse muß der Arzt und 4 Zeugen den
Gesundheitsschein eidlich bestärken. Geschiehet dieses auch
wohl bey den Sterbe-Cassen? und wenn es nicht geschiehet,
warum sollten sich die Entrepreneurs wohl so sehr um die
Wichtigkeit der Gesundheitsscheine bekümmern, da ihr Vortheil darauf beruhet, daß sie alle Jahre fein viele Sterbefälle haben, wovon sie 15 und mehrere Thaler einstreichen
können. Die mehresten Entrepreneurs übernehmen zwey
dergleichen Gesellschaften, damit sie gedoppelt Geld dabey
ziehen können, und es ist nunmehro ein neuer modus ac-
quirendi geworden, wobey die Herrn Speculanten sich
eine reiche Besoldung verschaffen.

Die Ursache, warum diese Gesellschaften ihrem Entrepreneur einen so übertriebenen Gewinn gönnen, ist leicht
zu errathen. Denn da sie selbst bey ihrer Errichtung einen
sichtbaren Gewinn zur Absicht gehabt, so gönnen sie es ihrem Entrepreneur gerne, wenn er sich nebst ihnen auf Kosten
der Rekrüten bereichert.

Nun wird man von mir fordern, ich sollte einen ge-
rechten und dauerhaften Plan einer Sterbe-Casse entwerfen.
Wohlan, ich will die Grundlage dazu hiemit vorlegen, welche, wenn es verlanget wird, ausführlicher dargelegt, und
durch bündige, auf die durch Erfahrungen bestätigte Mortalität bey solchen Gesellschaften gebaute Berechnungen be-
wiesen werden kann, so daß die Garantie der hohen Obrigkeit darüber geleistet werden könnte, wenn sie es thun wollte.

Grund-

Grundlage zu einer Begräbnißcasse,

wenn 3 pro Cent Zinsen und Zinses-Zinsen von den aufgesammleten Capitalien gerechnet werden, und auf den Todesfall der Person 100 Rthlr. Todtengeld an die Erben bezahlt wird.

| Jahre der Person, männlichen oder weiblichen Geschlechts | | | | | | | | | | | | | | | | | |
| 20 Jahr | | 25 Jahr | | 30 Jahr | | 35 Jahr | | 40 Jahr | | 45 Jahr | | 50 Jahr | | 55 Jahr | | 60 Jahr | |
Anstritts-geld ohne fern. Beitr	Oder jährl. sich Beytrag	Anstritts-geld sich	Oder jährs sich Beytrag	Anstritts-geld sich	Oder jährs sich Beytrag	Anstritts-geld sich	Oder jährs sich Beytrag	Anstritts-geld sich	Oder jährs sich Beytrag	Anstritts-geld sich	Oder jährs sich Beytrag	Anstritts-geld sich	Oder jährs sich Beytrag	Anstritts-geld sich	Oder jährs sich Beytrag	Anstritts-geld sich	Oder jährs sich Beytrag
Rthl.	Rthl.	Rthl.	Rthl.	Rthl.	Rthl.	Rthl.	Rthl.	Rthl.	Rthl.	Rthl.	Rthl.	Rthl.	Rthl.	Rthl.	Rthl.	Rthl.	Rthl.
$42\frac{1}{10}$	2	$44\frac{6}{10}$	$2\frac{2}{10}$	47	$2\frac{5}{10}$	$50\frac{1}{2}$	3	$54\frac{8}{10}$	$3\frac{1}{10}$	59	$4\frac{3}{10}$	$63\frac{4}{10}$	$5\frac{1}{10}$	$67\frac{1}{2}$	$6\frac{2}{10}$	$71\frac{6}{10}$	$7\frac{1}{10}$

Die dazwischen fallenden Jahre eines jeden Quinquennii können leicht nach gleichen Differenzen der Geldr Quantorum angesetzet, und die Zahl-Termine auf halbe Jahre eingerichtet werden. Die Beyträge bleiben beständig einerley, so wie sie beym Antritt angesetzet worden.

Aus dieser Grundlage ist es sehr leicht, das Begräb-
nißgeld auf Portions zu 10 Rthlr. die man vielfach nach
Belieben bis auf 300 Rthlr. erwählen kann, einzurichten,
und demnächst die darauf gehörige Antrittsgelder oder Beyträge auf halbe Jahre, und zwar für die Differenz des Alters von einem Jahre bis zum andern einzutheilen, und
darüber eine vollständige Tabelle zu entwerfen.

Wird nun eine Sterbe-Casse auf diesen Fuß errichtet,
so kann sie bestehen, und wenn sie auch nur mit 50 Personen anfienge, die gute Gesundheitscheine beybringen müssen. Diese mögen sich nun rekrütiren, vermehren, oder
gar aussterben, so thut dieses nichts in Ansehung der Sicherheit des Sterbepfennigs.

Es kann einem jeden freygegeben werden, ob er einige
Portions à 10 Rthlr. Sterbegeld auf Beytragsfuß, oder aber
auf Capitalfuß nehmen will.

Die Obrigkeit könnte die Capitalien auf das Leihhaus
unter ihrer Garantie annehmen, und der Gesellschaft mit 3
Procent verzinsen. Da aber diese Capitalien gegen Pfande
auf 5 Procent ausgeliehen werden, so könnte dem Administrator der Gesellschaft von den mehrern 2 Procenten eins
für seine Mühe gegeben werden, und 1 Procent verbliebe
dem Leihhause wegen der Garantie der Sterbegelder. Auch
könnte jeder Interessent dem Administrator halbjährlich
von jedem bezahlten Thaler 1 bis 2 mgr., oder, wenn er
auf Capitalfuß angetreten, 3 Procent höchstens 5 Procent
des Antrittsgeldes mit einemmale bezahlen.

J 4

Daß

Daß aber der Administrator von jedem Sterbefall Procente nehmen sollte, taugt nichts, weil es ihn verleiten mögte, nicht genau auf die Gesundheitsscheine zu achten. Der Administrator müste auf die genaue Beobachtung der Gesundheits- und Geburtsscheine beeidiget werden, und ein paar Mitglieder zu Mitaufsehern haben.

Die Termine der Beyträge auf Vierteljahre zu setzen, ist zu weitläuftig und beschwerlich. Besser ist es auf halbjährliche Termine zu halten.

Die übrigen Artikel, die etwa noch nöthig befunden werden sollten, sind leicht zu bestimmen, und hiernach könnte ein ganz vollständiger Plan ausgearbeitet werden.

Göttingen, d. 1sten May 1788.

J. A. Kritter.

VII.

Liste der gebohrnen, gestorbenen und neuverehlichten, in dem Herzogthume Bremen und Verden, vom Jahre 1778 bis 1786,

aus den jährlichen Transsumten gezogen, und mit einigen Anmerkungen begleitet.

Seit dem Jahre 1778. sind die Prediger in dem Herzogthume Bremen und Verden zufolge einer Königl.

Ver-

Verordnung verbunden, mit dem Schluſſe eines jeden Kir-
chenjahrs eine Liſte der Gebohrnen, Geſtorbenen und Ko-
pulirten bey den Superintendenten oder Pröbſten ihres Kirchenkreiſes einzuliefern. Sie erhalten zu dem Ende eine ge-
druckte Tabelle von einem halben Bogen, wo ſie auf der
einen Seite hinter den verſchiedenen Rubriken die Zahlen
genau eintragen müſſen, auf der andern aber, die deswegen
leer gelaſſen iſt, ihre etwanigen Bemerkungen über den Zuſtand der Bevölkerung, über den Zuwachs oder die Ab-
nahme derſelben, über die epidemiſchen Krankheiten, die
in dem Jahre graſſiret haben, und über andere Merkwür-
digkeiten, die in ihrer Gemeinde vorgefallen ſind, aufzeich-
nen können. Aus dieſen einzelnen Pfarrliſten macht darauf der Vorſteher des Kirchenkreiſes einen Transſumt, wo
er zugleich die wichtigſten Bemerkungen der Prediger aus-
hebt, und ſchickt dieſen nebſt den Liſten ſelbſt an den Gene-
ralſuperintendent, der alsdann eine allgemeine Ueberſicht
daraus verfertigt, und ſie der königlichen Regierung ſammt
den Belegen übergiebt.

Ich bin ſo glücklich geweſen, durch die Gnade eines
hohen Gönners, dieſe Transſumte zur Einſicht zu erhalten,
und habe daraus die folgende Tabelle von den 9 Jahren
von 1778 bis 1786. entworfen. Die Anmerkungen, die
ich hinzugefügt habe, drangen ſich bey der genauern Unterſuchung von ſelbſt auf, und ich übergebe ſie mit dem be-
ſcheidenen Bewußtſeyn ihrer Geringfügigkeit, der gütigen
Beurtheilung einſichtsvoller Kenner.

	gebohren		tobtgebohr.		unehel. Kind.		geſt.	Kop.
1778.	3161 K.	3072 M.	133 K.	94 M.	104 K.	127 M.	4525	1674
1779.	3317 —	3030 —	138 —	87 —	138 —	134 —	5151	1488
1780.	3162 —	2999 —	132 —	100 —	136 —	96 —	3994	1482
1781.	3237 —	2988 —	136 —	99 —	127 —	121 —	5417	1496
1782.	2978 —	2853 —	144 —	68 —	106 —	95 —	4524	1509
1783.	3077 —	2891 —	126 —	84 —	131 —	104 —	4699	1579
1784.	2929 —	2744 —	114 —	98 —	119 —	93 —	5805	1538
1785.	3165 —	2932 —	131 —	96 —	111 —	105 —	5098	1570
1786.	2935 —	2717 —	129 —	87 —	148 —	107	5062	1496
	27961 —	26224	1183	813	1120	982 ·	44275	13832
	54185		1996		2102			

Da die Zahl der Geſtorbenen in dieſen neun Jahren von der Summe der Gebohrnen um 9910 übertroffen wird; ſo ſollte man glauben, daß dieſer Ueberſchuß reiner Gewinn für die Bevölkerung des Landes ſey. Allein von dieſem Ueberſchuſſe müſſen noch erſt die todtgebohrnen Kinder abgezogen werden, deren Anzahl in dieſen 9 Jahren 1996. ausmacht. Billig ſollten dieſe todtgebohrnen Kinder weder unter den Geſtorbenen noch unter den Gebohrnen mit aufgeführet werden *), ſondern eine eigene Abtheilung ausmachen.

*) Noch billiger ſollten ſie in beyden Rubriken wenigſtens als eine Unterabtheilung derſelben eingeführt werden. Zwar wird auch dieſe Unter-Abtheilung oft mehr oder weniger enthalten als ſie ſollte, (denn wer kann allemal beſtimmen, ob das Kind bey der Geburt gelebt habe) allein dieſe Ungewißheit oder Unrichtigkeit wäre doch immer unbedeutend, weil die Zahl der Gebohrnen ſowol als der Geſtorbenen vollſtändig bliebe, indem die Unter-Abtheilung nachher wieder ſich mit dem ſummariſchen Ganzen vereinigt. Wahrſcheinlich iſt es auch die Meynung der gedruckten Vorſchrift. Vermuthlich

chen, wie es in den neuen schwedischen Tabellen geschiehet.
Werden nun jene 1996 todtgebohrnen Kinder von der Summe
der gebohrnen abgezogen, so bleiben ihrer nur noch 7914,
und dies wäre die eigentliche Anzahl der zur Volksmenge
hinzugekommenen Menschen.

Die Mittelzahl von diesem Ueberschusse für jedes Jahr
macht 879⅓, so daß das Land also beynahe jährlich einen
Zuwachs von 900 Menschen erhielte. 'Dies würde unsern
Volksreichthum sehr vermehren, indem innerhalb einer Generation oder 30 Jahren, eine Summe von wenigstens
30000 Menschen hinzukommen müste. Findet sich hingegen, daß ohngeachtet dieses beträchtlichen Zuwachses die
Volksmenge in diesem Herzogthume auf derselben Stuffe
stehen bliebe, so würde natürlicherweise daraus folgen,
daß das Land jährlich ohngefehr 900 Menschen durch Aus-
wanderung verlöhre, wovon wahrscheinlich die beyden benachbarten Reichsstädte den größten Theil bekommen.

Nach
muthlich sollen die Todtgebohrnen unter den Verstorbenen unter einem Jahre mit aufgezählt
werden. Die Auslegung wird an einigen Orten gemacht; z. B. in Clausthal, wo die Todtgebohrnen
unter den Verstorbenen mit aufgezählt sind. An
andern Orten hingegen, wie z. B. im Bremischen,
in der Stadt Lüneburg u. s. w. sind sie nur unter
den Gebohrnen nicht aber Verstorbenen berechnet,
und da entsteht dann ein Ueberschuß der Gebohrnen,
der nirgends als auf dem Papier existirt; fürs ganze
aber macht dieser Umstand eine beträchtliche Unrichtigkeit in unsern sonst so vortreflichen Populations-
Tabellen, und es wäre daher zu wünschen, daß durch
ein allgemeines Ausschreiben darüber eine Belehrung
ertheilt und eine zweckmäßigere Einförmigkeit möchte
eingeführt werden.   A. d. H.

Nach einer Berechnung dieser neun Jahre iſt die Mittelzahl der Gebohrnen für jedes Jahr 6020⅓, und die der
Geſtorbenen 4919⅔. Es wäre alſo das Verhältniß der
Geſtorbenen zu den Gebohrnen wie 49 zu 60 oder gegen
98 Geſtorbene würden 120 gebohren. Dieſes käme nun
ziemlich mit dem überein, was Süſmilch annimmt, daß
nemlich in einem ganzen Lande die Geſtorbenen ſich zu den
Gebohrnen verhielten, wie 100 zu 120 bis 130. Ganz
auf der unterſten Stuffe der Menſchenvermehrung ſtünde
alſo dieſes Land nach dieſen Angaben nicht: noch weniger
aber ſo niedrig, als man nach dem Berichte des Herrn H. R.
Schlözers vermuthen ſollte, der in ſeinem Briefwechſel vom
Jahr 1777. S. 64. ſagt, das Verhältniß der Geſtorbenen zu den Gebohrnen wäre wie 56 zu 59, und mit Recht
befürchtet, daß bey einer ſolchen unerhörten Proportion,
nothwendig gewaltthätige Urſachen zum Grunde liegen
müſten.

In dem Herzogthume Bremen und Verden werden
nach einer Mittelzahl von jenen 9 Jahren gegen 3106
Knaben, jährlich 2913 Mädchen gebohren. Dies giebt
einen Ueberſchuß von 193 Knaben, und das Verhältniß der
männlichen Geburten gegen die weiblichen, wäre etwa wie
31 zu 29, oder wie 93 zu 87. Gewöhnlich pflegt man es
wie 26 zu 25 anzunehmen, ſo daß gegen 100 Mädchen,
104 Knaben gebohren werden. Hier fände ſich alſo bey
uns eine kleine Anomalie von der allgemeinen Regel, indem
man auf 100 Mädchen reichlich 106 Knaben rechnen kann.
Allein dieſe Ungleichheit zwiſchen den männlichen und weiblichen Geburten wird ſchon dadurch ziemlich wieder gehoben,
daß unter den Knaben weit mehrere todt zur Welt kommen,

als

als unter den Mädchen. Nach einer Mittelzahl der Todt: gebohrnen dieser neun Jahre sind unter denselben jährlich 131 Knaben gegen 90 Mädchen, so daß von jenem Ueber: schuß von 193 Knaben, 43 gleich in der Geburt das Leben verliehren. Es ist mir gerade nicht bekannt, ob man diese Bemerkung bey andern Mortalitäts-Listen auch zu machen Gelegenheit gehabt habe *), sonst würde sie, wenn sie mehrere Bestätigung erhielte, wie mich deucht, etwas dazu beytragen können, das Problem aufzulösen, warum meh: rere Knaben als Mädchen zur Welt kommen, denn wenn der körperliche Bau des männlichen Embryo ihn bey der Geburt einer größern Sterblichkeit unterwürfe, als den weiblichen, so wäre dies eine Ursache, warum zur Erhal: tung der Gleichheit beyder Geschlechter mehrere Keime von Knaben als von Mädchen müßten entwickelt werden.

In 9 Jahren beträgt in diesem Herzogthume die An: zahl der todtgebohrnen Kinder 1996, oder beynahe 2000. Nimmt man eine Generation oder 30 Jahre, so käme die Summe von 6653 Menschen heraus, die schon in der Geburt für die Welt verlohren gehen. Der Anblick solcher ansehnlichen Summen muß jeden Menschenfreund aufmerk: sam auf die Mittel machen, wodurch einer so fürchterlichen Niederlage einigermaßen könnte Einhalt gethan werden. Uebertriebener Modelurus und Abweichung von den Ge: setzen der Natur in den höhern Ständen der menschlichen Gesellschaft, und Mangel an geschickten Geburtshelferin: nen

*) Diese interessante Bemerkung bestätigt sich auch im Jahre 1787, worin 144 todtgeborne Knaben gegen 100 todtgeborne Mädchen sind. A. d. H.

nen in der niedern Volksklasse vermehren dieses Uebel, das
der Menschheit so tiefe Wunden schlägt, und jede Veran-
staltung, wodurch jene Quellen des Uebels verstopft werden,
muß daher für das Wohl der Staaten interessant und heilsam seyn.

Die Mittelzahl von jenen 1996 Todtgebohrnen beträgt für jedes Jahr 221⅗. Wenn man nun die Summen
der jährlich Gebohrnen, nemlich 6020 dagegen hält, so zeigt
es sich, daß von 100 Gebohrnen 3⅔ in der Geburt vom
Tode hingerafft werden. Dies ist beynahe die Proportion die
Süßmilch im Allgemeinen annahm, indem er auf jedes
hundert neugebohrner Kinder 3 todtgebohrne rechnete. In
Chursachsen fand Meißner in einem Durchschnitte von 20
Jahren gegen 23 gebohrne Kinder ein in der Geburt ge-
storbenes, also mehr als 4 von 100, welches in dem ange-
gebenen Zeitraume die ungeheure Zahl von 56000 für den
Staat verlohrnen Menschen ausmacht. S. Quartalschrift
für ältere Litteratur und neuere Lectüre, 3ter Jahrg. 1stes
Quartal 1stes Heft.

Wenn man nun die wahre Beschaffenheit der Volksmenge in dem Herzogthum Bremen und Verden herauszubringen, die Mittelzahl der gebohrnen (6020) mit 30 und
die der gestorbeuen (4919) mit 36 multipliciret, beyde
Producte addiret und diese Summe wieder theilet, so kommt
alsdann die Zahl von 178842 heraus. In diesen Berechnungen müssen sich immer große Varianten finden, so lange
man noch keine genaue Volkszählungen angestellet hat. Herr
H. R. Schlözer hat am oben angeführten Orte S. 57.
165000 Seelen, und S. 64. 180000. Herr C. R. Water-
meier nimmt in seinem Handbuche S. 25. die Zahl von
161000

auf 1000 an. Diese Abweichungen entstehen aus verschiedenen Ursachen. Theils ist man sich wegen der Regeln, nach welchen man rechnet, noch nicht einig (so nimmt z. B. Herr Prof. Klügel in seiner Encyclopedie Th. 1. S. 322. den Multiplicator der Gebohrnen zu 27 bis 28 an): theils ist die Zeit der Jahre, woraus man in den Berechnungen die Mittelzahl ziehen soll, noch nicht genau genug bestimmt, und ein jeder nimmt. daher so viele als er bekommen kann. Je größer die Summe dieser Jahre ist, je mehr nähert sich freylich der Schluß, den man daraus zieht, der Wahrscheinlichkeit. Indessen da man eine Generation worin sich das menschliche Geschlecht fast erneuert, auf 30 Jahr festgesetzt hat, so würde es nach meiner Meynung am sichersten seyn, wenn man, wo es möglich wäre, diese Anzahl zum Grunde legte, und diese im Durchschnitte berechnete.

Die Mittelzahl der neugestifteten Ehen von diesen 9 Jahren beträgt 1536⅔. Es verhielten sich also die jährlich Heyrathenden gegen die obengefundene Zahl der sämmtlichen Lebenden wie 1 zu 116. Nach Herrn Prof. Klügels Angabe, Encycl. Th. 1. S. 322. ist dieses Verhältniß, je nachdem der alte eheliche Verbindungen störende Luxus mehr oder weniger herrschet, sehr verschieden, und steigt von 1 zu 80 bis 1 zu 126 hinauf. Das unsrige würde also sich ziemlich über die Mitte zwischen beyden Extremen erheben. Die Summe der unehelichen Geburthen betrug in diesen 9 Jahren 1115 Knaben und 987 Mädchen. Hieraus würde die Mittelzahl für jedes Jahr von 233⅔ sich ergeben. Das Verhältniß der unehelichen Kinder gegen die ehelichen wäre also beynahe wie 4 zu 100, und von 25 neugebohrnen Kindern hätte nur einer das Unglück außer der

Ehe

Ehe gebohren zu werden. Diese Wahrnehmung würfe
folglich kein unangenehmes Licht auf die Moralität der Be=
wohner dieses Landes, in Ansehung der Pflichten des Ehe=
standes, indem man sonst wol rechnet, daß $\frac{7}{15}$ aller Ge=
bohrnen uneheliche Kinder sind.

Bey der Untersuchung der Geburts= und Sterbelisten
meines Vaterlandes hatte ich es mir nebenher zum Zweck
gemacht, auf den Zustand der Bevölkerung in den Marsch=
ländern Rücksicht zu nehmen. Die Veranlassung dazu war
vorzüglich, weil ich bey einer Berechnung der Pfarrlisten des
Landes Hadeln von 13 Jahren ein sehr auffallendes Miß=
verhältniß zwischen den Gebohrnen und Gestorbenen da=
selbst bemerkt hatte. Es fand sich nemlich, daß nach einer
Mittelzahl von jenen 13 Jahren die Summe der Gebohr=
nen gegen die Gestorbenen sich verhalte, wie $557\frac{1}{13}$ gegen
$528\frac{11}{13}$, und daß also dieses von der Natur sonst so geseg=
nete Land, anstatt einen beträchtlichen Ueberschuß an Ge=
bohrnen zu haben, wirklich an die 30 Menschen jährlich
im Durchschnitt verlohr. Auch in dem kleinen hamburgi=
schen Amte Ritzebüttel, das mit Hadeln zusammengränzt,
fand ich nach einer Mittelzahl von 15 Jahren das Ver=
hältniß der Gestorbenen zu den Gebohrnen wie 149 zu 132.
Ich war geneigt, diese unerhörte Disproportion unter den
Geburts= und Sterbefällen in dieser Gegend, dem unge=
sunden Einflusse des sumpfigen Bodens, der feuchten Luft
und des schlechten Wassers in der Marsch überhaupt zuzu=
schreiben. Allein diese Meynung wurde bald bey der Unter=
suchung und Vergleichung der Pfarrlisten in den bremischen
Marschgegenden an der Elbe und Weser widerlegt. In
diesen Districten, vornemlich im alten Lande, weniger im
Lande

Lande Kehdingen und Wursten, (das Viehland, das Oster,
stadische und die ostingische Marsch konnte ich zu meiner
Absicht nicht benutzen, weil dort die Gränze zwischen der
Geest und Marsch nicht so genau und scharf kann gezogen
werden) ist das Verhältniß zwischen den Gebohrnen und
Gestorbenen, in diesen neun Jahren so glücklich, daß man
sie den gesundesten Gegenden auf der Geest beynahe kann
an die Seite setzen. Folgende Tabelle wird diese Behaup,
tung hinlänglich bestätigen.

	Alte Land.		Land Kehdingen.		Land Wursten.	
	gebor.	gestorb.	gebor.	gestorb.	geb.	gest.
1778.	569	356	618	374	281	215
1779.	660	329	631	431	277	359
1780.	540	472	556	453	306	213
1781.	606	384	579	412	283	230
1782.	556	441	502	480	246	230
1783.	547	373	549	366	258	252
1784.	559	537	525	665	249	329
1785.	541	350	544	537	273	243
1786.	542	406	492	419	243	199
	5120	3648	4996	4137	2416	2270

Aus dieser Tabelle läßt sich abnehmen, welche Gesetze
die Sterblichkeit in diesen drey verschiedenen Marschdistrik,
ten befolgt. Im alten Lande ist das Verhältniß der Gestor,
benen zu den Gebohrnen, wie 100 zu 140, im Lande Keh,
dingen, wie 100 zu 120, und im Lande Wursten wie 100
zu 106. *) Je näher diese Gegenden also dem Zusammen,
flusse der Elbe und Weser liegen, desto größer wird die

Sterb,

*) Im Jahre 1787. waren die Gebohrnen zu den Ge,
storbenen im Lande Wursten wie 228 zu 349.
(Annal. 2r Jahrg. 3s St.)   K

Sterblichkei-, und im Lande Hadeln und Amte Ritzebüttel
nimmt sie endlich so sehr überhand, daß ein beträchtlicher
Zufluß von Menschen aus der Fremde erfordert wird, wenn
sie nicht veröden sollen.

Unter den Städten dieses Landes war ich nur allein
im Stande, die Geburts, und Sterbelisten der Stadt Bur,
tehude besonders auszuzeichnen, weil bey Stade und Ver,
den die Landgemeinde nicht von der Stadtgemeinde abgeson,
dert eingetragen wird, wie an diesem Orte geschiehet. Ich
theile sie hier mit, weil man nicht leicht an einem kleinen
Orte eine solche Disproportion unter den Gebohrnen und
Gestorbenen bemerken wird. In Burtehude sind

1778.	gebohren 6c	gestorben	60
1779.	— 61,	—	46
1780.	— 45	—	44
1781.	— 65	—	57
1782.	— 62	—	67
1783.	— 54	—	62
1784.	— 53	—	56
1785.	— 68	—	70
1786.	— 53	—	119
	521		581

Wenn man Burtehude als ein offenes Landstädtchen
kennet, das in einer angenehmen Gegend liegt, so muß
man erstaunen, daß sich eine so große Sterblichkeit unter den
dortigen Einwohnern zeiget. In allen diesen 9 Jahren ist
doch das 1779ste das einzige, worin die Zahl der Gebohrnen
gegen die Gestorbenen in demjenigen Verhältnisse stehet,
worin sie überhaupt genommen stehen sollte. In den mei-
sten

ften übrigen Jahren sind der Gestorbenen beynahe immer mehr als der Gebohrnen, und dieser kleine Ort hat während dieses Zeitraums 60 Menschen verlohren! Entweder müssen daher diese 9 Jahre besonders unglücklich für das Leben der Einwohner von Buxtehude gewesen seyn, oder wenn sich durchgehends ein solches trauriges Verhältniß zwischen den Gebohrnen und Gestorbenen dort befindet, so müssen noths wendig besondere Local-Ursachen dabey zum Grunde liegen.

Jäger.

VIII.

Flachsbau in der Roscher Gemeinde, Amts Bodenteich.

Der so gesegnete Nahrungszweig des Flachsbaues blühet in dieser Gemeinde erst seit 50 Jahren. *) Vorher hat man nur zu eignen Bedürfniß und wenig zum Verkauf gebauet. Der größte Meyerhof hieselbst, der jetzt in guten Jahren zwischen 60 bis 70 Stein verkauft, hat vor 50 Jahren aufs höchste 2 bis 3 Stein zum Verkauf übrig gehabt.

Auf Nachforschung, was Gelegenheit dazu gegeben, daß dieser Seegen der Gemeinde zugewandt, vernehme von einem

*) Dem Vernehmen nach, soll doch schon vor 50 Jahren Flachs von Uelzen nach Hamburg spedirt worden seyn. X. e. d.

K 2

einem 90jährigen Altvater, daß der selige Paſtor Schlötke das Werkzeug der göttlichen Vorſehung geweſen iſt.

Dieſer findet bey Mohlbath, einem hier eingepfarr, ten kleinen Dorfe, eine gewiſſe Kalk-Erde: Er erinnert ſich von ſeiner Jugend, daß in der Gegend Peine eine ſolche Art Erde auf das Land gefahren, und daſſelbe dadurch ver, beſſert würde, beſonders daß gute Sommerfrüchte und Flachs darnach gut wüchſen. Er beredet die in armſeligen Umſtänden ſich befindende Einwohner dieſes Orts, damit Verſuche zu machen; Sie thun es, und ernbten herrliche Früchte. Die nächſten Dörfer, beſonders Roſche folgen nach, und fahren von dieſer Kalk-Erde, und finden, daß be, ſonders das Flachs darnach gut geräth. Auf ſolche Weiſe nimmt der Flachsbau in hieſiger Gemeinde von Jahr zu Jahre zu.

Einige ſind anfangs dagegen eingenommen geweſen, und haben gefürchtet, das Land damit auf die Zukunft zu verderben, und zum Sprüchwort gebraucht: es mache reiche Väter, aber arme Kinder, weil ſie gefunden, daß viel Unkraut nach der neuen Düngung gewachſen. Al, lein jetzt verliehret ſich dies Vorurtheil, und es wird noch Jahr aus Jahr ein Kalk-Erde gefahren. Es breitet ſich dies auch weiter als in dieſer Gemeinde, in die Haid-Ge, gend nach Lüchow auf 2 bis 3 Meilen aus, wo ſie damit das magerſte L nd verbeſſern.

Dieſe Kalk-Erde liegt 2 bis 3 Fuß tief, klumpenweis in der Erde, an einigen Orten nur ½ Fuß, gleichſam als wenn ſie dahin geſchüttet wäre. Rund umher hört ſie wie,
ber

der auf. Oft ist nur ein schmahler Strich Erde dazwischen, so findet sich wieder ein Klumpen.

Anfangs haben sie solche außer ihrer Feldmark in der Halde gegraben. Jetzt, da sich davon keine mehr findet, graben sie solche auf ihren Ackerlande; werfen nachher die Gruben wieder zu, und beackern es anderweit.

Diese Kalk=Erde ist ganz weiß, wie gemahlner Kalch, etwas fettig anzufühlen, und so fein, daß sie zu Polis tung des Silberzeuges gut gebraucht werden kann.

Seitdem daß diese Kalk=Erde angefahren worden, hat der Flachsbau in hiesiger Gemeinde so zugenommen, daß hier in Rosche die größten Meyerhöfe 20 bis 30 Himten Lein aussäen, andere 12 bis 20, andere 6 bis 12 Himten. So nach Verhältniß die Halbhöfe, die Kothsassen, wozu noch die Häuslinge und Hirten kommen. Nach einem mäßigen Anschlage werden in dieser Gemeine die etwa ⅜ Quadratmeile in sich halten mag, und 113 Höfe hat, 2171 Himten Lein gesäet. Von jeden Himten Lein wird erziehs let in guten Jahren 3 bis 4 Stein, in mittelmäßigen 2 bis 3 Stein, in schlechten Jahren ½ bis 1 Stein.

Hievon wird von jedem Hauswirth etwa 2 bis 3 Stein in der Haushaltung verbraucht, das übrige verkauft.

Das mehrste Linnen, so der Hausmann braucht, ist Flächsen Aufzug und klein Heeden Einschlag.

Die Preise sind seit einigen Jahren gewesen:

Die höchsten à Stein 22 Pfund 4 bis 6 Rthlr.

Die mittlern — — 3 à 5 à

Die geringern — — 2⅔ à 3 und 4 Rthlr.

Jetzt ist der Preis des besten 4 bis 5 Rthlr., mittlern 3 bis 4 Rthlr., des schlechten 3 Rthlr. *)

Es würde also nach einem ohngefähren mäßigen An, schlage von dem in der ganzen Gemeinde ausgesäeten 2171 Himten Lein geerndtet.

In guten Jahren nur

3 Stein auf 1 Himten gerechnet — — 6513 Stein

In mittlern Jahren à Hmt. 2 St. — 4342 —

In schlechten Jahren 1 St. à Hmt. — 2171 —

Rechnet man nun auf die 113 Höfe dieser Gemeinde etwa 300 Stein zu eignen Gebrauch, so würden nach Ab, zug dessen in guten Jahren versilbert — 6213 Stein den Stein zu 3 Rthlr. nur gerechnet, brächte 18639 Rthlr.

In mittlern Jahren — — 3042 — brächte 10126 Rthlr.

In schlechten Jahren — — 1871 — brächte 5613 Rthlr.

Aus der gröbern sogenannten Hack-Heede, verfertigen sie Pechlinnen, so zum Packen gebraucht wird, und da er, ziehlen sie von 1 Hmt. etwa 2 bis 3 Rep, das Rep wird zu 4 bis 7 ggr. verkauft.

Der

*) Der Preis ist nachhero noch um ¼ Rthlr. höher ge, stiegen. A. e. d.

Der Leinſaamen *) der zur Saat tüchtig iſt, wird wie⸗
der zur Saat gebraucht oder verkauft, der übrige dazu
untüchtige zu Oel geſchlagen, welchen der Hausmann theils
zum Brennen, theils zur Speiſe verbraucht, die Oelkuchen
zum Futter für das Vieh.

Die Bearbeitung des Flachſes geſchiehet hier auf eine
andere Weiſe, wie im Hannöriſchen.

Sie boken es hier weder in der Bokemühle, ob ſie
gleich in den benachbarten Mühlen ſind, und wol ehedem
gebraucht worden, noch mit Treiten, wie im Harnöriſchen
und auch an einigen Orten im Lüneburgiſchen; ſondern es
wird Handvoll für Handvoll von Manns⸗ und Frauensper⸗
ſonen mit runden Knüppeln auf einem Blocke weich geſchla⸗
gen, auch nicht gebraket auf einer Brake; ſondern auf einem
ſogenannten Reibe⸗Block (ein ein halben Fuß langes ſpitzi⸗
ges Brett, das unten in einem Blocke befeſtiget iſt) gerie⸗
ben. Dann an einem Schwingebrette geſchwungen, bis
die Scheve heraus iſt. Darauf durch die grobe Heckel vor⸗
und hernach durch eine feinere nachgezogen.

Die andern Arten von Bearbeitungen des Flachſes,
finden ſie deswegen nicht für gut, weil ihnen dabey zu viel
Flachs verlohren gehet.

Es wird hier auf einerley Art marktmäßig zurechte ge⸗
macht. So daß von recht gutem Flachſe wohl 5 bis 6
Stück, von mittelmäßigen 4 bis 5, von ſchlechten 2 bis 3.
Stück aus einem Pfunde geſponnen werden kann. Ferner
hecheln ſie es nicht gerne.

Dieſe

*) Giebt ohngefähr das 3te Korn.   A. e. d.

K 4

Diese Flachsarbeit gehet in der Mitte des Mayes mit den Gäten an, bis zur Rocken:Erndte, gleich nach derselben wird es gezogen, und so gehet es fast bis Lichtmessen hin, da denn Grob: und Klein:Heede gesponnen, halb:Heel den Linnen und Belderwand für Knechte und Mägde und Haushaltung, und Pechlinnen gewebt wird, welches denn beynahe wieder an die Gäte:Zeit reichet.

Dieser starke Flachsbau erfodert viele Hände; daher denn der Hausmann mehr Knechte und Mägde halten muß, als er sonst bey bloßem Kornbau nöthig hätte. Folglich gehet ihm auch in der Haushaltung und an Lohn vieles wieder auf; so daß ihm oft, wenig von dem vielen Gelde was er für Flachs aufnimmt, übrig bleibt. Doch in den Häusern, wo Gottesfurcht, Fleiß, Ordnung und Sparsamkeit herrscht, da stehen sie sich wohl, und das sind Gottlob die mehrsten Häuser.

So wendet die Vorsicht einer Gegend seinen Seegen zu, und Vernunft macht ihn sich zu Nutze, und preiset den Geber alles Guten. Ihm sey auch für den Seegen dieser Gemeinde Preis und Ehre.

Rosche den 5ten Nov. 1787.

J. W. Mannes, Pastor.

IX.

IX.

Noch etwas zum Entwurf einer Feuer-Ordnung für das platte Land.

(S. Annal. 1sten Jahrg. 4s St. S. 62 u. f.).

Ja dem 2ten Stück der Annalen des gegenwärtigen Jahres wird ein Unglücksfall erzählt, der die Zahl derjenigen vermehrt, die durch unnützes Neujahrsschiessen veranlasset sind. Es wird dabey der Wunsch geäussert, daß doch ein würksames Mittel gegen diese Frechheit ausfindig gemacht werden möchte. Dem Vorschlage, daß von dem ganzen Dorfe und Commune, woselbst in der Neujahrs-Nacht geschossen worden, eine Strafe eingefordert werde, kann ich nicht beystimmen. Es ist immer ein hartes, ein verhaßtes Mittel, einen ganzen Ort wegen des Verbrechens Einzelner zu strafen, wo Unschuldige mit leiden müssen. Desto härter ist es, je größer die Strafe ist. Und ist sie geringe, dann wird sie in so viel Theile getheilt, kaum gefühlt werden. Sie mag entweder nach dem gewöhnlichen Contributions-Fuß, oder nach der Zahl der Feuerstellen, oder nach einem andern Fuß exigiret werden. Es wird allemal ein hartes Mittel bleiben. Wenn nur eine arme Wittwe, nur ein armer alter Greis unschuldig büßen soll; welche Ungerechtigkeit. Und doch ists immer ein möglicher Fall, daß der Thäter nicht entdeckt werde.

Ich habe in obgedachtem meinem Aufsatze ein Mittel vorgeschlagen, das ich noch immer für würksam halte, nemlich

und schimpflich sey, nach seiner Lieblings-Paroemi; von
einem Verräther frißt weder Hund noch Rabe, gleichsam
als wäre es viel Ehre, von Hunden und Raben gefressen
zu werden.

Ich halte es für Pflicht, diesen Nachtrag meinem
Entwurf hinzuzufügen, da, wie ich jetzt vernehme, die-
ses Mittel schon in einem Amte mit Nutzen gebraucht ist.
Vielleicht folgt noch ein und anderer Nachtrag, den Zeit und
Umstände an die Hand geben, nach.

Oldershausen,   J. A. Weppen.
den 16ten May 1788.

Zusatz der Herausgeber.

Wir ergreifen noch gegenwärtige Gelegenheit, um der
eingeschickten Anmerkung eines aufmerksamen Beamten
über die Note zu erwähnen, worin wir Seite 79 des 4n St.
des ersten Jahrgangs der Annalen den Wunsch geäußert
hatten:

daß allen denen die culpose eine Feuersbrunst veranlassen, eine gänzliche Abolition ihres Vergehens zum
voraus auf den Fall versprochen würde, wenn sie sofort Hülfe riefen.

Nach jener Anmerkung wird dafür gehalten, daß obiger
Wunsch bereits durch den §. 2. der Verordnung vom 30sten
December 1733.

S. Calenb. L. Ord Cap. IV. Nr. 98. Pag. 285.
L. L. C. Cap. IV. Nr. 107. Pag. 716.
in Erfüllung gegangen wäre. Unsers Erachtens leider
aber

aber gedachtes Gesetz diese Auslegung nicht. Denn der angeführte §. verheisset weiter nichts,

als daß niemand, welchem dergleichen Unglück begegnet, desfalls zur Strafe gezogen werden solle, wenn nicht ein gottloser böser Vorsatz oder eine Fahrläßigkeit sich dabey hervorthut.

Fahrläßigkeit wird also hier mit zu den strafbaren Fällen gerechnet, und aus dem Gegensatze fließet blos für den Befreyung von aller Strafe, der ein unverschuldetes Feuer bekannt macht. Uns scheint erwehnt es Gesetz nur dieses einzigen Sinnes fähig zu seyn. Wäre aber solches vielleicht durch Observanz und Urtheilsspruch bereits anders gedeutet worden, so wird es uns lieb seyn, zu unserer und anderer Belehrung hievon benachrichtiget zu werden.

X.

Versteinerungen um Zelle.
Vom Herrn Hofmedicus Taube.

Allerdings verdienen Sammlungen aus den Naturreichen Achtung und Aufmerksamkeit. Thörigt aber handelt ein Privatmann, wenn er sie auf alle drey Reiche ausdehnet. Denn nie kann er die Hoffnung schöpfen, in seinem Leben etwas nur einigermaßen vollständiges zusammen zu bringen. Aber die Wahrheit davon sehen die allermeisten Sammler im Anfange nicht ein. Auf eben diesen Abweg bin ich auch

auch gerathen, und es war viel zu spät, wieder einzulenken, als ich mich davon überführte. Dieses freye Geständniß möge künftigen Sammlern zum Wegweiser dienen, bey der Begierde zu sammlen, sich ein einziges Fach zu wählen, und dasselbige so vollkommen zu machen, als es in seiner Lage werden kann. Meine gehabte Erfahrung würde alsdenn noch von einigen Nutzen seyn. Noch vortheilhafter aber könnte sie werden, wenn sich Landgeistliche und andere Dorfbewohner bemüheten, alles mit Ausschliessung des Ausländischen zu sammlen, was in ihrer Gegend merkwürdiges vorkäme, und wenn zumal die erstern diese Sammlungen ihren Nachfolgern überließen, welche das noch fehlende hinzufügen, oder die schlechtern mit bessern Stücken vermehren könnten, weil ein Menschenalter doch zu dergleichen viel zu kurz ist, wie ich aus eigener Erfahrung lerne. Ich sammle nun seit länger als dreißig Jahren, und habe beständig mein Augenmerk auf einländische Sachen, ich kann sagen, mit Eifer, gerichtet; allein wie Lückenmäßig siehet diese Sammlung aus? Ich will davon einen vollständigen Beweis geben, wenn ich etwas aus dem Steinreiche erzähle, welches die hiesige und benachbarliche Gegend liefert, und mir in dieser Zeit zu Gesichte gekommen ist.

Die unsere hat die Vorzüge einer sanft gebürgigen nicht, sondern alles ist eine Fläche, bey welcher kleine Hügel oder sumpfige Vertiefungen, gegen das Ganze, nicht in Betracht kommen. Diese Ebene besteht aus Sand, und die Vertiefungen mehrentheils aus Torfmohr. Hin und wieder mögen die letztern Leim- und Thongrund haben. Als sie einmal unter Wasser war, und durch keine reissende

Strö-

Ströhme heftig bewegt wurde, hatte daſſelbige Zeit, ſeine
von andern Orten hergeführte fremde Theile ſanft fallen zu
laſſen, aus welchen, nach ſeinem gänzlichen Verlauſen und
Vertrocknen unſere Ebenen entſtanden. In dieſer finden
ſich die mehrſten fremden Körper verſteinert, aber alle, entweder Abbrücke von Schalthieren oder Kerne, höchſt ſelten
die Schale ſelbſt, und durchgängig im Feuerſteine, welche
Steinart, auſſer dem Quarz-Kieſel und Granit, die einzige
iſt, die wir beſitzen. Alle Schalthiere deren Eindrücke oder
Kerne ich gefunden habe, gehören ſoviel wir davon unver-
ſteinert kennen, zu den dünnſchalichten und leichten. Sie
haben alſo eine geraume Zeit bey einem bewegten Waſſer
und heftig getriebenen Fluthen ſchwimmen können, ehe ſie
ſich durch ihre eigene Schwere zur Ruhe gelegt haben. Daher wird es niemanden befremden, wenn er jetzo in hieſiger
Gegend, Arten der verſteinerten Knöpfe findet, welche nur
jetzo in den entfernteſten Oſten und Süden bemerkt werden.
Man ſiehet von dieſen Knopfſteinen die meiſten im Sande
und andern Uſern der Ströhme zerſtreuet, und jeder kann
gewiß rechnen, daß er bey einem kurzen Spatziergange, beſonders an den letzten Orten, etliche davon aufleſen, aber
nicht allemal gute deutliche Stücke finden werde. Ich be-
ſitze den Echino conus, oder den eigentlichen Knopfſtein in
Chalcedon und andere in röthlichen Feuerſteinarten, und,
welcher mir nur einmal vorgekommen iſt, einen vierſtralich-
ten ſehr deutlichen im gelben Feuerſteine, ſo wie auch einen
Echinanthus in eben der Steinart, und einen Echinodiſcus
im blauen Feuerſteine. Nach denen wirklichen Knopfſteinen, kommt der Echinocorythes am häufigſten vor, obgleich

die

die sehr deutlichen auch selten sind. Ich besitze einen Kern, worauf an einer Seite die wirkliche Schale schuppicht versteinert liegt, und wo sie fehlet, chalcedonartig ist. Noch einer in quarzigem Kiesel, zeichnet sich durch seine feinen Näthe vor andern aus.

Den Echinometra, welcher unter den natürlichen Diadema genannt wird, habe ich in hiesigen Gegenden nicht gefunden, aber zum Beweise daß er doch hier seyn müsse, bewahre ich sehr schöne Bruchstücke davon, von welchen auch die häufig vorkommende scuta und mamillæ nebst den impressis spinarum sind; von denen letztern ich sehr wenige Eindrücke der sogenannten Judensteine oder der keulenartigen Stacheln gesehen habe. Ein Bruchstück eines chalcedonischen Echriniten ist merkwürdig, weil die Steinmaterie ihn nicht ganz hat füllen können, und also zum Theil hohl geblieben ist.

Die sogenannten Rädensteine, entrochi separati, als abgesonderte Glieder des Stiels vom Lillensteine, kommen hier höchst selten vor, und ich glaube noch seltener der Obertheil dieses Thiers. Denn ich habe ihn im Sande nur ein einzigesmal gefunden, und weiß auch von keinem mehr. Dieser sehr deutliche Encrinit ist ganz Feuerstein, braun mit gelblichen Einmischungen, vier Zolle lang, und an dem obern Theile beynahe zwey Zoll breit, bey einer mehr als zolligen Dicke. An dem obern Theile sind seine etwas wellenförmig nebeneinander gesetzte Arme deutlich, in der Mitte gar nicht, aber gegen den Stiel wieder sehr gut zu sehen. Von diesen ist nur der Ort, wo er gesessen haben muß, kenntlich. Alle Versteinerungs-Kenner, welche ihn ge-

gesehen haben, erklären ihn für einen wahren Encriniten,
aber es ist keine von den bisher bekannten Arten, und kann
das Original davon vielleicht erst nach langer Zeit entdeckt
werden. In der Sammlung des Herrn Ober-Landbau-
meister von Bonn zu Oldenstadt habe ich ehemals einige
Bruchstücke gefunden, welche von der Art des meinigen zu
seyn scheinen, aber kein so vollkommenes Stück als das
meinige.

Ich habe im Vorhergehenden gesagt, daß unsere hiesige
Versteinerungen leichte Körper zum Grundstoff haben, und
dieses trift auch bey den Corallen zu. So viele Mühe
ich mir auch gegeben habe, davon beträchtliche Stücke zu
finden, so ist doch die Frucht meines Nachsuchens jederzeit
geringe gewesen. Milleporen finden sich in Menge, theils
auf Feuersteinen aufliegend, theils mit der ganzen Masse
vermischt, da sie noch weich war, aber gar keine von mehr
als höchstens einen Zoll Länge. Die in den Steinen selbst
liegende und darin verwachsene gehören zu den dychotomis
und weil sie große Aehnlichkeit mit der Halbe haben, nenne
ich sie corallia erica.

Die letzte Art der Versteinerung, welche mir in hiesigen Gegenden vorgekommen ist, sind Pertiniten, größtentheils impressa, oder doch nuclei von einfachen Schalen.
Die impressa sind äußerst deutlich, aber sie kommen nicht
oft vor. Alle welche noch gesehen habe, sind im gelben
Feuersteine. Ich besitze ein einziges Stück von der wirklichen halben Schale auf dem Steine noch aufliegend und
mit versteinert, von drey Zoll Länge. Die impressa sind
nicht so groß, auch nicht am Schlosse so deutlich, daß man

sie

sie nach den Originalen benennen könnte. Von calcinirten Sachen findet sich durchaus nichts. Ein einzigesmal zog ich durch den Erdbohrer, als ich die Tiefe einer Thonlage, nahe bey der Teichmühle vor Zelle, erforschen wollte, einen marcasitischen entrochum columnarem von etlichen Zollen Länge, in vierzig Fuß Tiefe, mit heraus. Er verwitterte aber, wie alle vitriolische, in wenigen Jahren.

Die hier vorkommende Abänderungen von Hallen Quarzen, Chalcedonen, Achaten und dergleichen, habe ich in meinen Beyträgen zur Naturkunde beschrieben.

Eines merkwürdigen Echino Conus muß ich noch erwähnen, welcher in hiesiger Gegend gefunden ist, und den Beweis führet, daß Feuersteine in Kreide übergehen können, und vorher weich gewesen seyn müssen. Es ist dieses ein dunkelblauer noch unverletzter Stein in der Gestalt einer Birne, meist von der Größe einer geballeten Faust, dessen äußere Rinde kreidenartig ist, da unterdessen die ganze Substanz fester Feuerstein bleibt. An der einen Seite desselben steckt meist die eine Hälfte des Kerns eines Knopfsteins, dessen Näthe und Mund sehr deutlich zu unterscheiden sind, und schön chalcedonisch scheinet. Er hat keine Kreidenrinde, so, daß ein jeder, bey dem ersten Anblick, beyde Steinarten deutlich unterscheiden kann. Nun steht wol nicht zu läugnen, daß die weichere Substanz des Feuersteins dem verhärteten Knopfsteine Raum gemacht, und in sich aufgenommen habe. Hiermit aber will ich den Bemerkungen derjenigen nicht widersprechen, welche Feuersteine aus Kreiden entspringen lassen, wovon die Kendtischen Gebürge

(Annal. 2r Jahrg. 3s St.) L viele

viele Ueberzeugung geben follen, und von welchen ich felbft Proben befitze. Aber ich glaube, wir können ficher mehrere Werkftädte der Natur annehmen, wo das Product einerley ift, ob es gleich auf eine uns noch unbekannte Weife hervorgebracht wird; zu welchem Ende ich nur den Lefer auf die Entftehung der Bafaltfäulen führe, deren ein Theil höchft wahrfcheinlich durch Feuer und Waffer, und ein anderer, eben fo wahrfcheinlich durch Feuer, ohne Waffer erzeuget ift. Denn unfer Auditorat in der Gefchichte der Natur nimmt kein Ende.

XI.

Commerz-Nachrichten.

---

1) Fünfjähriger Ueberfchlag von dem Gewinn, den die über Haarburg durchgegangenen fremden Güter, dem Lande eingebracht haben.

Woher kömmt es, daß wir bey dem übermäßigen täglichen Gebrauch fremder Waaren nicht längft von allem baaren Gelde ganz entblößet find? So hört man oft felbft folche fragen, die man nicht mit Kindern vergleichen darf, welche fich darüber wundern, daß große Ströhme noch Waffer behalten, wenn fie einige Tage keinen Regen haben fallen fehen. Schwer und faft ohnmöglich ift es

zwar

zwar für jeden Staat, ganz vollkommen richtige Berechnungen über ausgehende und einkommende Zahlungen zu
machen, da der Ursachen so viele sind, welche falsche Angaben veranlassen. Aber gewiß ist es am wenigsten leicht, dergleichen Bilancen vom hiesigen Lande aufzustellen. Zum
guten Glücke verläugnen jedoch auch hiebey gegen uns Natur und Kunst die Gewohnheit nicht, daß ihre Kräfte mit
für die wohlthätig würken, welche das innere Wesen derselben, und den Zusammenhang ihres Hervorbringens nicht
ergründen. Dennoch hat es mannigfaltigen Nutzen, hierin so weit wie möglich immer tiefer einzudringen. Wir haben deshalb schon mehrmals Gelegenheit genommen, in
den Annalen die Ergiebigkeit einzelner Quellen zu zeigen,
woraus unser Land Ersatz für die großen Summen schöpfet
welche Bedürfniß, Mode und Vorurtheil von hier zu fremden Nationen führt.

Der neue Beytrag von dieser Art, den wir hier mit-
theilen, wirft Licht auf die beträchtlichen Vortheile, welche
die durchgehenden Frachtfuhren den hiesigen Landen einbrin-
gen, bey deren Beurtheilung jedoch nicht vergessen werden
muß, daß Haarburg weder der einzige noch der wichtigste
Ort im Lande ist, wo durchgehende fremde Güter umgela-
den und niedergelegt werden.

Ep.

Extract aus den Haarburgischen Kaufhausregistern, von den Kaufmannsgütern, welche in den 5 Jahren von 1782 bis 1786 durchpaßiret sind.

	Zu Wasser sind angekommen und zu Lande abgegangen			Zu Lande sind angekommen u. zu Wasser abgegangen			mithin sind überhaupt zu Haarburg durchpaßiret		
	Schiffpf.	Lyspf.	Orh.	Schiffpf.	Lyspf.	Orh.	Schiffpf.	Lyspf.	Orh.
1 de 1mo Mart 1782. ad ultimo Februar 1783.	18240	6	165	6942	2	165	25182	8	165
2 : 1783. - 1784.	21518	—	131	5244	13	131	26762	13	135
3 - 1784. - 1785.	17618	—	141	5343	4	141	22961	4	141
4 - 1785. - 1786.	14220	14	125	3930	13	125	18151	7	128
5 - 1786. - 1787.	17018	—	158	5003	—	158	22021	—	158
beträgt in 5 Jahren Summa	88615	—	720	26463	12	7	115078	12	127
Berechnet man die Oxhöfte auch nach den Gewicht zu Schiffpfunde, so betragen selbige à 1 Schiffpfund 15 Lyspfund	1260	—	—	12	5	—	1272	5	—
So sind dem Gewichte nach in den 5 Jahren an Kaufmannsgütern durch Haarburg gegangen	89875	—	—	26475	17	—	116350	17	—

Hievon hat das hiesige Land den in nachfolgender Berechnung aufgestellten Profit genossen.

Ohngefähre Berechnung, wie viel nicht nur die
Stadt Haarburg, sondern das hiesige ganze Land,
mit Einschluß der herrschaftlichen Caffen, bey der
Durchfuhr vorstehender 116350 Schiffpfund Kauf=
manns=Güter in den benannten 5 Jahren
einzunehmen gehabt.

	Rthlr.	gr.	pf.
1) In Ansehung des Zolles.			
Man nimmt an, daß jedes Schffpf. auf einer jeden Zoll=Städte nur 1 ggr. Zoll be= zahlen müssen und daß dies Gut durchs ganze Land im Durchschnitt gerechnet nur 3 Zoll=Städte zu pasiren gehabt, mithin von jedem Schffpf. überhaupt nur 3 ggr. Zoll ge= geben worden, so beträgt selbiger von obiger Quantität	14543	18	—
2) In Ansehung der Kaufhaus=Ge= bühren.			
Die haarburgischen Kaufhaus=Gebühren alles in allen (nemlich für das Auf= und Abwinden aus und in den Evern, das Aus= und Abwinden auf= und von den Wa= gen — das Pfünden oder Wägen derselbeu, und an Lager=Geld) betragen nicht mehr, als			
1) Wenn die Güter durch einen haar= burgischen Spediteur versandt werden			
a Schffpf. ——— 10 Pfennig			
Latus	14543	18	—

	Rthlr.	ggr	pf.
Transport	14543	18	—

2) Wenn Fremde solche durchsenden und
allhie keines Spediteurs sich bedienen,
a Schffpf. 1 ggr. oder 12 Pfennig.

Man nimmt an, daß von den durchge=
gangenen 116350 Schffpf. etwa der 10te
Theil durch fremde versandt worden, be=
trägt solches demnach

a. von 11635 Schffpf.
a 12 Pfennig 484 Rthlr. 19 ggr.

b. von 104715 Schffpf.
a 10 Pfennig 3636 Rthlr. 6 ggr. 10 pf.

	4121	17	6

3) In Ansehung der Schiffsfracht.

Die Haarburger Schiffer erhalten für den
Transport der Güter über die Elbe hin oder,
in den 6 Sommermonathen a Spf. 2 ggr.
und in den 6 Wintermon. a Spf. 3 ˈ

Man nimmt daher ein Mittel=Total, und
rechnet daß sie im Durchschnitt 2 ggr. 6 pf.
erhalten haben. Dies beträgt von 116350
Schffpf.

	12119	19	—

4) In Ansehung der haarburgischen Spediteurs.

Die Spediteurs erhalten an erlaubten
und wohlhergebrachten Speditions=Gebüh=
ren auf denen zunächstgelegenen Orten, als

Latus	30785	6	6

Zelle,

	Rthlr.	ggr	pf.
Transport	30785	6	6

Zelle, Hannover, Braunschweig, Hutbergen, und Bremen, a Schffpf. 4 ggr. nach weiter entlegenen Orten, als Cassel, Frankfurth, Leipzig, Nürnberg, a Schffpf. 6 auch wol 8 ggr. Weil aber je zuweilen Güter durchgehen, die an keinen der einheimischen Spediteurs gerichtet sind, sondern welche die fremden Fuhrleute in Hamburg selber annehmen, mithin denen Spediteurs in Haarburg nichts bezahlen; So rechnet man von obiger in 5 Jahren durchgegangenen Summa im Durchschnitt nur a Schffpf. 4 ggr. selbiges beträgt alsdenn

5) In Ansehung der Land-Frachten, die Theils von den einländischen Fuhrleuten dabey verdienet, Theils aber von den Ausländischen in hiesigen Landen bey der Durchfuhre verzehret werden.

Der Fuhrmann wird bey seinem Frachtfahren nie viel übersparen und reich werden, er lebet blos davon, und giebt seinen Verdienst den Wirthen und Handwerkern größtentheils baar wieder. Die Frachten die demnach in einem Lande verdienet werden, werden auch darin wieder verzehret, die

| | 19391 | 16 | — |
| Latus | 50175 | 22 | 6 |

L 4   Durch-

	Rthlr	gg	pf.
Transport	50175	22	6

Durchfuhr von Haarburg ab durch hiesige Lande gehet gemeiniglich über Zelle nach Braunschweig und Hildesheim, oder über Göttingen nach Caffel, oder über Verden nach Preußisch-Minden, auch nach Bremen.

Weil also die Frachten, die an den Gütern durch hiesiges Land verdienet werden, nur allhie in Anschlag kommen können, so rechnet man selbige im Durchschnitt a Schffpf. nur auf 1 Rthlr. 8 ggr. Denn daß so viel in hiesigen Landen gewiß daran verdienet werden, hat gar keinen Zweifel. Solche beträgt demnach von den durchgegangenen 116350 Schffpf.

	Rthlr	gg	pf.
	155133	8	—

Es hat also die Durchfuhr der fremden Kaufmannsgüter über Haarburg dem hiesigen Lande in benannten 5 Jahren wenigstens eingebracht

	Rthlr	gg	pf.
	205309	6	6

Dieses beträgt im Durchschnitt auf jedes Jahr 41062 Rthlr.

2) Nachricht von der Töpferarbeit zu Altenhagen im Amte Springe.

Die hiesige Töpfergilde bestehet gegenwärtig aus neun Meistern, welche ohngefehr 14 Gesellen und einige Lehrlinge halten. Sie verfertigen gelbes Zeug. Der Thon dazu wird

wird nahe vor dem Dorfe im Nesselberge gegraben, woraus die Töpfer ebenfalls das nöthige Brennholz bekommen. Weil die Töpfer und noch mehrere Einwohner in dem Gehölze des Nesselberges angebauet haben, so wird dadurch der Transport des Thons und Brennholzes sehr erleichtert.

Man kann im Durchschnitt gewiß annehmen, daß ein jeder Meister jährlich wenigstens 12 Ofens voll Töpferwaaren brennt. Der Werth eines jeden Ofen voll gebrannter Waaren wird auf 30 Rthlr. in Golde gerechnet, mithin ist der jährliche Verdienst eines jeden Meisters ganz zuverlässig auf 360 Rthlr anzuschlagen. Sämtliche 9 Meister verdienen folglich alle Jahre an baaren Gelde 3240 Rthlr.

Die dazu nöthige Glätte wird von Goslar geholet. Zu 5 Ofen ist 1 Tonne Glätte erforderlich. Die 9 Meister haben also zu ihren 108 Ofen voll Waaren ohngefähr 22 Tonnen Glätte nöthig.

Diese Glätte müssen aber die Meister überaus theuer bezahlen, welches daher kömmt, weil die Unternehmer der Glättefuhren den Töpfern creditiren, und sich hohe Procente geben lassen. Es gewinnen gedachte Unternehmer jährlich über 200 Rthlr. und weil sie nicht im Hannöverschen, sondern in der Grafschaft Spiegelberg wohnen, so gehen diese 200 Rthlr. jährlich für das Hannöversche verlohren.

Sehr wohlthätig wäre es daher für jene betriebsame Handwerker, wenn die den Kunstfleiß anjetzt so stark belebende öffentliche Vorsorge auch ihnen dereinst dadurch zu statten kommen könnte, daß der gesammten Gilde auf be-

stimm

ſtimmte Zeit die Glätte creditirt, und einem Landes=Ein=
wohner die Herbeyſchaffung derſelben aufgetragen würde.

An Abſatz der gebrannten Waaren fehlet es gar
nicht. Sobald ein Töpfer einen Ofen voll gebrannt hat:
ſo finden ſich ſofort Kaufleute ein, oder die Waare iſt bereits
lange vorher beſtellt. Beſonders werden nach Michaelis
anſehnliche Beſtellungen für das künftige Jahr gemacht.

Die Urſache dieſes leichten Abſatzes iſt, weil die Meh=
ſter gute Waaren verfertigen, und Altenhagen an der
Hamelnſchen Chauſſée lieget, ſo daß die Waaren bequem
noch Hameln gebracht, und in Schiffe eingeladen werden
können. Die ſämmtlichen Waaren werden in fremde Län=
der transportirt, und Altenhagen bekömmt alſo jährlich
aus fremden Ländern über 3000 Rthlr. baares Geld. Die=
ſes Geld circuliret hier, indem die Töpfer oft Tagelöhner
nöthig haben, und für das Fahren des Brennholzes und
Thons ein Anſehnliches ausgeben müſſen. Außerdem ver=
dienen die hieſigen Einwohner, welche Pferde halten, für
den Transport nach Hameln von den Handelsleuten vieles
Geld. Ich will nur 100 Fuhren im Jahre annehmen,
und eine jede Fuhr zu 2 Rthlr. rechnen: ſo bringet dieſes
auch noch 200 Thaler baares Geld ein.

Nur iſt es Schade, daß die Töpfer ſehr oft mit der
Bley=Colik geplaget, und wenige ihrer Kinder alt werden,
ſondern die meiſten frühzeitig ſterben.

Johann Heinrich Chriſtian Wagener,
zeitiger Prediger zu Altenhagen.

3)

3) Neue Garnbleiche zu Bennemühlen.

Der Gewinn, den die Veredlung unser Landes-Producte darbietet, ist durch die Anlage einer auf holländische Art eingerichteten Garnbleiche zu Bennemühlen, in der Amtsvoigtey Bissendorf des Fürstenthums Lüneburg, von den Herrn Kaufmann Louis in Hannover abermals erweitert worden.

Ein für den Zweck ganz vorzüglich brauchbares Wasser, welches nach den Urtheilen solcher Personen, die bey des zu untersuchen Gelegenheit gehabt haben, demjenigen an Güte völlig gleich kommen soll, womit die berühmten Haarlemmer-Bleichen benetzt werden, bestimmten die Wahl des Orts.

Es wurde dazu ein Raum von 40 Morgen unbebaueter, mehrentheils mit Haide bewachsener Länderey aussersehen, worauf 2 Dorfschaften Gemeinheits-Rechte hatten. Die Interessenten waren sehr abgeneigt, sich derselben zu begeben, und würden vielleicht die aus der Anlage erhaltenen großen Vortheile durch Beharrlichkeit in den erregten Widersprüchen ganz von sich gestoßen haben, wenn nicht die verdienstlichen Bemühungen des Herrn Amtsvoigts Elderhorst zu Bissendorf den glücklichen Erfolg gehabt, ihre Beschlüsse umzulenken.

Vor Jahres-Frist kahm die Anweisung zu Stande, und der Thätigkeit des Unternehmers gelang es, schon im jetzigen Frühling durch die vortreflich gerathene ausgelegte erste Bleiche alle davon gehegte Erwartungen vollkommen erfüllt zu sehen. Seine aus einem langjährigen beträchtlichen Garnhandel erworbene Kenntnisse und unermüdete Betriebs-

sam-

samkeit, verbunden mit andern zur Ausführung benöthigten Hülfsmitteln, gründen in dieser Anlage die zuverläßigste Hoffnung vieler sehr wichtigen Folgen. Die gegenwärtigen Vortheile zeigen bereits den großen Werth des Kunstfleißes, wenn man bedenket, daß der Bleichplatz, der vorher den Interessenten vielleicht kaum einige Thaler jährlich eingetragen haben mag, und ein ganz unbenutzter Quell, künftig so viele Hände beschäftigen, zu so mannigfaltigem neuen Erwerbe Gelegenheit geben, und für das Land einen Gewinn von mehrern tausend Thalern jährlich hervorbringen werden.

Nur nach dem Anschein der Oberfläche sind unsere weitläuftigen Halden von der Natur mit karger Hand zubereitet worden. Denn für Kunst und Fleiß halten sie noch viele Schätze verborgen, die nicht gleich den Reichthümern der stolzen Gebirge durch Benutzung an Ausbeute verlieren, sondern in umgekehrten Verhältnisse zunehmen. Heil unserm Zeitalter, wo man sich nicht mehr damit begnügt. dieses einzusehen, sondern von so vielen Seiten die würksamsten Kräfte in Bewegung setzet, um die gütige Natur der Beschuldigungen zu entledigen, die ihr Vorurtheil, falscher Eigennutz und Trägheit aufgebürdet hatten.

4) Schmelztiegel-Product zu Lutterberge.

Seit einem Jahre liefert der Einwohner Göbel zu Lutterberge im Amte Münden auf erhaltenen Landesherrlichen Vorschuß Schmelz-Tiegel, die nicht blos des völligen Beyfalls erfahrner Kenner am Harze gewürdiget sind, sondern auch ihren Aeußerungen nach der Waare dieser Art,

welche

welche zu Gros-Allmerode im Heßischen verfertiget und in die äußersten Gegenden von Europa verfahren wird, den Vorzug abgewinnen soll. Es kann also dieses neue Product einen ergiebigen Nahrungszweig erzeugen, wenn Kaufleute welche auswärtige Bekanntschaften haben, den Vertrieb der Waare befördern helfen.

5) Cratoische Spielkarten-Fabrik zu Lüneburg.

Der Kaufmann Herr Johann Friedrich Crato zu Lüneburg hat daselbst eine Fabrik von französischen Spielkarten angelegt. Schon die erste verfertigte Waare zeichnet sich durch vorzügliche Güte aus, und übertrift bereits andere, welche man bis jetzt zu den besten Gattungen gerechnet hat, daher dann nicht zu zweifeln steht, daß nach weniger Zeit die Producte dieser Fabrik, den höchsten Grad der Vollkommenheit erreichen werden. Die gewöhnlichen Figuren haben sämmtlich eine bessere Form erhalten, und auf den Karten, welche im Fürstenthume Lüneburg verbraucht werden, wie auch für andere Liebhaber, sind solche nach einem ganz neuen Geschmack umgebildet worden.

Das Groß zu 144 Spielen, mit Einschluß der im Fürstenthumie Lüneburg verordneten Stempel-Gebühren, welche 2 ggr. für jedes Spiel betragen, kostet 18½ Rthlr. Cassenmünze, den Louisd'or zu 4 Rthlr. 16 ggr. gerechnet. Auswärtige nicht im Lüneburgischen wohnende Käufer sind vom Stempel frey, und bezahlen daher das Groß mit 6½ Thaler gleicher Münzsorte. Dutzendweise wird das gestempelte Spiel zu 3 ggr. 6 pf. verkauft. Der Preis einzelner gestempelter Spiele ist 4 ggr.

Von

Von dem Ausschuß, der im Lande gar nicht debitirt werden soll, können auswärtige Liebhaber das Groß für 3½ bis 4 Rthlr. bekommen.

XII.

Miscellaneen.

1) Schilderung eines zu Bücken lebenden, verstand- und empfindungslosen Kindes.

Der Kothsasse Johann Henrich Müller zu Alten-Bücken, Amts Hoya, ist Vater eines Sohns, der Mitleiden und bemerkt zu werden verdient. Er ward den 8ten Jan. 1777. gebohren, und geht folglich jetzt schon ins 12te Jahr. Gleichwol zeigt sich bislang noch keine Spur von Menschenverstand, von menschlicher Sprache, ja nicht einmal von menschlicher Empfindung bey ihm.

In seiner ersten Kindheit hielten ihn seine Mutter, und alle die ihn sahen, blos für ein außerordentlich frommes Kind. Wenn ihm die Brust gegeben wurde, nahm er sie und sog, äußerte aber nie die geringste Begierde darnach, wie sonst bey Kindern gewöhnlich zu seyn pflegt. Er schlief mehrentheils, sobald man ihn auf sein Lager hinlegte, ungewiegt eben so gut als mit dieser Bewegung. Auch bey offenen Augen, hat er im eigentlichen Verstande zu reden, weder jemals geweinet noch gelachet, wol aber mancherley,

jedoch

jedoch mehrentheils einförmige Töne, bald lauter bald dumpfer, von sich hören laffen, und mit Händen und Füßen mancherley Bewegungen gemacht; übrigens indeffen federzeit wie ein Kloß stille gelegen.

So ist er nun in der ganzen Zeit seines Lebens, bis auf den heutigen Tag geblieben. An seiner ganzen körperlichen Figur findet man im geringsten nichts ungestaltenes. Seine Länge ist vor sein Alter schon ansehnlich, indem solche beynahe 4½ Fuß ausmacht. Seine Haare sind schwarz, seine Augen schwarzgrau, sein ganzes Gesicht etwas länglicht, hat aber mehr das Ansehen eines ältlichen Mannes, als eines Knaben. Zuweilen scheint es, als ob er einen Gegenstand sehr scharf ansehe; wenn man aber nur einigermaaßen genau auf ihn acht hat, so merkt man bald, daß alle Bewegung bey ihm so unwillkührlich als bey jeder leblosen Pflanze ist. Wird er auf die Beine gestellt, so läßt es, als ob er stehen könne; allein er sinkt gleich einem todten Körper darnieder, sobald er nur eine halbe Minute nicht gehalten wird.

Auf dem Stuhle sitzet er sehr feste, und ist noch nie herunter gefallen. Er bewegt sich zwar mit dem Oberleibe immer, nie aber feitwärts, sondern vor und rückwärts, daher läßt man ihn viele Stunden lang so sitzen. Die Hände bewegt er sodann unaufhörlich, nach verschiedenen Richtungen, öfters auch über den Kopf hinauf. Mehrentheils aber hält er die linke Hand vor den Mund, so daß er auf den Handknöcheln des Zeige- und Mittelfingers sauget, daher selbige auch ziemlich dick sind, ganz roth aussehen, und die

Haut

Haut davon ganz dünne ist. Bey dieser Richtung der Hand schlägt er oft stark und anhaltend, mit der Rechten gegen die Linke, so daß das Blut häufig zum Munde herausläuft, alsdann giebt er auch wol einen lauten aber einförmigen oft brüllenden Ton von sich.

Die Beine ziehet er sitzend gemeiniglich kreuzweise unter die Lenden, oder er greift sie mit den Händen, legt sie auf und über die Schultern weg, oder nimmt auch wol die Zehen und Knöchel der Füße in den Mund, und saugt darauf. Speise und Getränke müssen ihm in den Mund gesteckt und gegeben werden, und ob er gleich eine vollständige Reihe von Zähnen hat, so käuet er doch nie etwas, wenn es nicht sehr weich ist, sondern verschlinget es alles ganz, sollte es auch als ein Hühnerey groß seyn. Die gereichten Nahrungs- mittel fallen ihm durch den Hals, als durch eine hohle Röhre hinunter, ohne daß man wahrnehmen könnte, daß er irgend einen Geschmack hätte, indem man bemerket, daß er seine Excremente, die allemal unwillkührlich von ihm gehen, eben so gut verschlinget als andere Speisen, wenn z. E. an seinen unter sich gezogenen Füßen, davon etwas kleben geblieben.

Er ist mehrmals krank gewesen, welches seine Mutter daran merkt, daß er nichts von Speisen und Getränken hin- unterschluckt, sondern aus dem Munde wieder herausfallen läßt, unbeweglich stille liegt, und in wenig Tagen sehr mager wird; seine Besserung erfolgte aber immer ohne die geringste Arzeney von selbst, außer daß man ihm in den letztern Jahren, bey solchen Umständen, wol ein paar Eß- löffel voll Branntewein hinuntergeschüttet, welches ihm sichtbarlich geholfen.

Bey

Bey solchen Stilleliegen hat er sich einigemal am Rücken und am Creuze sehr wund gelegen. fast bis auf die Knochen; es ist aber immer von selbst wieder heil geworden. Eben so auch, da er sich ein paarmal ein Knie am heißen eisernen Ofen sehr heftig verbrannt, ist es doch ohne Salbe und Pflaster wieder zugeheilet.

Aus dieser möglichst genauen Beschreibung einer vegetirenden Menschengestalt, können vielleicht für Psychologie und Naturkunde wichtige Schlüsse gezogen werden.

Dem Angeführten setze ich nur noch hinzu, daß die Eltern eine Tochter haben, die jetzt beynahe 9 Jahr alt, und nach ihrem Alter völlig verständig, klug und fähig ist, so daß sie auch ihren Schullehrern durch ihre Aufmerksamkeit und Lernbegierde Freude macht.

Die Wartung jenes hülfsbedürftigen Geschöpfes wird den Eltern desto beschwerlicher, weil sie in sehr dürftigen Umständen leben. An der Schuld des trägen und dummen Vaters liegt die vorzüglichste Ursache hievon, und er für seine Person wäre wol keiner Unterstützung würdig. Mehr aber verdient solche die gute thätige Mutter. Ihre Wünsche sind äußerst mäßig. Sie würde sich schon sehr erleichtert fühlen, wenn ihr fremde Milde so viel zuwendete, daß der Natural-Herrendienst, der zwey Tage in der Woche vom Hofe geleistet werden muß, in Gelde bezahlt werden könnte. Hoffentlich dringt die Anzeige hievon zu menschenfreundlichen Herzen, die sich ein Vergnügen daraus machen, die Seufzer nach jener Wohlthat mitleidig zu stillen.

Bücken den 21sten Febr. 1788.

J. D. Mirau.

(Annal. 2r Jahrg. 3s St.)   M   2)

2) Tödtlicher Rath unberufener Aerzte.

Unter den vielen tausend Wegen, die zum menschlichen Leben hinausführen, ist der Gebrauch schädlicher Hülfsmittel
bey Krankheiten, gewiß keine der ungebahnteſten Straßen.
Alle noch ſo richtig berechnete Mortalitäts-Verhältniſſe würden ohne Zweifel ſehr falſch befunden werden, wenn es möglich wäre, die medicinische Pfuſcherey gänzlich zu verbannen.
Dieſes möchte nun zwar wol nie durch Warnungen, dagegen
aus belehrenden Beyſpielen bewürkt werden. So lange
indeſſen zu hoffen ſteht, daß dergleichen Exempel noch irgend
ein menſchliches Leben retten könnten, bleibt deren Bekannt-
machung Pflicht, wenn ſo wie in nachbarten Fällen, Urſache und Folgen ganz nahe zuſammentreffen und ihre Verbindung mit überzeugender Deutlichkeit einleuchtet.

Zu Steinkirchen im Alten Lande befiel im April
d. J. ein Mädchen von ohngefähr 20 Jahren mit dem kalten Fieber, welches ſich nach dem gewöhnlichen regelmäſſi-
gen Gang einen Tag um den andern einſtellte. Man rieth
ihr bey den nächſten Anfalle vielen bittern Brandtewein zu
trinken. und verſprach davon gute Hülfe gegen das Uebel.
Die Patientin folgte willig, überlebte aber nur eine Stunde
den gemachten Verſuch mit dem angerühmten Mittel, und
ward todt im Bette gefunden.

Unbegreiflicher als dieſe Würkung iſt es, daß ſchon
fünf Tage nachher an eben dem Orte derſelbe Mord wiederholt werden konnte.

Ein Schuſtergeſelle von gleichen Alter mit dem getödteten Mädchen, hatte wie jene ein Tertianfieber: Auch ihm
ward der Brandteweinstrank zur Vertreibung des Uebels

im

im Paroxismus empfohlen. Er nahm solchen und verschied wenige Stunden hernach. Zu spät suchte man ihn durch die Hülfe des dortliegenden Esquadron-Chirurgus Strumper zu retten. Der Tod hatte schon allen Beystand vereitelt, wie dieser herzugerufen wurde.

3) Aufwand auf einer im Octob. 1787. im Amte Bodenteich zu K.gefey erten Bauernhochzeit.

Die Verfasser der vor 170 Jahren publicirten Policey-Ordnung, hätten große Ursache ihre verlohrne Mühe und Arbeit zu bedauern, wenn sie nachstehendes Verzeichniß einer Hochzeits-Consumtion lesen sollten und sich der §§. 5. 7. und 8. dieses Gesetzes wieder erinnerten, wo verordnet worden:

> daß auf den Dörfern nur 30 Manns-und Frauens-personen zu den Hochzeiten eingeladen, auch nur drey Essen ohne Butter und Käse aufgetragen und gespeiset, die Hochzeit nicht länger als zwey Tage dauern, an jedem Tage nur einmal gespeiset und nicht mehr als zwey Stunden zur Zeit hierauf zugebracht werden sollten.

Ob es nun für unsere Zeiten noch nothwendig wäre, die Hochzeitsfeyer ganz genau nach dieser Policey-Etikette abzumessen, das scheint keiner Frage zu bedürfen. Nicht weniger aber hat es das Ansehen der Ohnleugbarkeit, daß es sehr nützlich seyn könnte, der Schwelgerey des Landmanns bey Hochzeiten und andern Festen, eine bessere Richtung zu geben. Er trägt nicht nur die Last der Schulden, sondern auch den Druck des Luxus aus mehrern Jahrhunder-

ten

ten. Wein, Kaffee, Taback und Pfeifen, stehen noch nicht sehr lange in den Registern der hochzeitlichen Ausgaben des Landmanns, und Brandtewein wenigstens mit sehr viel geringern Quantitäten als gegenwärtig. Die Unwirksamkeit der in der Policey-Ordnung ertheilten Vorschriften, möchten jedoch wol durch neue Gesetze nicht zu heben seyn. Beyspiel, Belehrung, gegönnte und versagte Vorzüge sind fast die einzigen Kräfte, womit man etwas nützliches gegen den Luxus ausrichten kann.

Zu der Hochzeit welche diese Bemerkungen veranlasset hat, wurde an Schlachtvieh und andern Consumtibilien verbraucht:

	Rthlr.	ggr.
2 Ochsen à 30 Rthlr. — —	60	—
8 Schweine 2 à 8 Rthlr.) 6 , 3 —)	34	—
8 Schaafe à 1 Rthlr. —	8	—
8 Gänse à 16 ggr. —	5	8
6 Enten à 4 ggr. — —	1	—
20 Hühner à 3 ggr. — —	2	12
1 Oxhoft Brandtewein — —	24	—
11½ Tonnen Bier — —	34	—
40 Quartier Wein — —	4	16
18 Hbt. Rocken à 15 ggr. —	13	9
12 — Weitzen à 1 Rthlr. —	12	—
Für Licht — —	4	—
Pfeifen und Taback — —	4	—
Kaffee, Zucker, Butter, Reiß ꝛc. —	12	—

Summa 218 Rthl. 21 ggr.

4)

4) Oeffentliche Beichte zu Benstorf und Oldendorf.

Die in den Annalen 2ten Jahrg. 2ten St. S. 171. beschriebene Einführung der allgemeinen Beichte zu Clausthal, veranlasset mich, einer ähnlichen in unserm Lande zu gedenken, die zwar nicht unter öffentlicher Autorität; aber doch mit Bewilligung zweyer Gemeinden von dem Prediger schon seit verschiedenen Jahren eingeführet worden — nämlich in beyden Gemeinen zu Oldendorf und Benstorf im Amte Lauenstein. Es wird mit der Beichte daselbst so gehalten, wie es im siebenjährigen Kriege bey allen Religunentern, soviel ich weiß, gebräuchlich war. Die Beichtenden versamlen sich des Sonnabends Nachmittags, wenn zur Beichte geläutet wird. Nachdem ein Gesang oder einige Verse gesungen worden, stellen sich die Beichtenden neben einander vor dem Altar herum. Der Prediger hält da eine kurze Rede, oder lieset ein Stück der Bibel und wendet es zur Erbauung an. Darauf verrichtet oder lieset er im Namen der Versammlung ein Bußgebet. Nach dessen Endigung thut er 3 oder 4 Fragen an die ganze Versammlung, welche von ihr mit einem deutlichen Ja beantwortet werden. Alsdann kündiget er ihnen die Vergebung der Sünden an, und lieset noch wol einen erwecklichen Vers aus einem Gesange. Die ganze Handlung wird mit dem Gesange einiger Verse beschlossen. Nachher gehet die Versammlung um den Altar und leget auf denselben die sonst in dem Beichtstuhle gewöhnliche Verehrung.

Eine solche allgemeine Beichthandlung hat nach dem Urtheil aller derer, die ihr beywohnten, weit mehr rührendes

des

bes und erweckliches als eine Predigt, und als eine Privat-
Beichte *).   Gladbach.

5) Abgestellte Frühmesse zu Zellerfeld.

Zu Zellerfeld geschah schon im Jahre 1782. der Vorschlag, die von dem Berghauptmann von Hackelberg ge-
stiftete Frühmesse am ersten Weynachtstage abzuschaffen,
und um die Stiftung nicht ganz aufzuheben, dafür einen
Frühgottesdienst im Sommer auf einen beliebigen Festtag
einzuführen.

So heilsam auch dieser Vorschlag, wegen der mit solchem Gottesdienst verbundenen Unordnungen, von jeder-
mann bereits damals gehalten wurde, so traten doch allerhand Bedenklichkeiten ein, welche die gänzliche Verlegung
dieser gottesdienstlichen Feyer auf einen andern Tag, nicht
sofort gestatten wollten. Alles was man zu der Zeit thun
zu können glaubte, war, daß man den bisher üblich gewesenen

---

*) In einer Landgemeinde des Fürstenthums Lüneburg,
wo der Prediger gleichfalls die Privatbeichte abzuschaffen versuchte, mißlang der Erfolg sehr durch die
dabey getroffene Einrichtung. Es sollte nemlich auf
Verlangen des Predigers, einer aus der Versammlung die gewöhnliche Beicht-Formul laut hersagen.
Dieses erweckte allgemeinen Widerwillen. Vorurtheil
war es zwar dabey, wenn der Auftretende sich als
den Lastträger aller Sünden der ganzen Gemeinde
betrachtete. Rücksicht verdiente hingegen wol die ge-
gegründete Besorgniß, durch Auslassungen und Zusätze lächerlich oder anstößig, und aus Furcht vor beyden in der Andacht gestört zu werden. Rathsam wird
es daher immer seyn, anderwärts wo gleiche gute
Zwecke gehegt werden, solche nicht auf ähnliche Art
zu vereiteln.   A. d. H.

fenen hymnum angelicum, der den Pöbel nur zur Neugierde
herbeylockte, wegließ; den Gottesdienst selbst aber um ei=
nige Stunden verschob, und ihn von 6 bis 7 Uhr Morgens
hielt, da er der Stiftung gemäß, bisher schon von 4 Uhr
an war gehalten worden. Jedoch wurde der gewünschte
Zweck dadurch nicht völlig erreicht. Als daher im Jahre
1785. auch das Bergamt, benebst dem Stadtmagistrate
auf die Ausführung obigen Vorschlages drang: so gab sol=
ches Veranlassung, denselben mit Genehmigung beydersei=
tiger Consistorien in der Maaße einzugehen, daß dieser
Frühgottesdienst auf Himmelfahrt verlegt, und das dadurch
zu ersparende Geld für die Erleuchtung der Kirche, an die
Armen verwendet werden sollte. In eben dem Jahre ist
auch mit dieser Einrichtung zum erstenmal der Anfang ge=
macht, und der Gottesdienst zeither mit Erbauung und
Andacht gehalten worden.

Freylich war zuvor der Unfug und die Ausschweifungen
des gemeinen Volks, besonders der hiesigen sowohl als
der Clausthalischen Bergleute dabey bisweilen arg genug;
indessen Gottlob! doch lange nicht so ärgerlich und häßlich,
als sie die Berliner Monathschrift in dem Heft vom
Januar 1784. Seite 56, und vom Junius desselben Jahrs,
Seite 561, beschreibt. Zieht man in Erwegung, daß der
Gottesdienst im December des Morgens um 4 Uhr gehal=
ten wurde; daß nicht allein die Einwohner von den beyden
Bergstädten Zellerfeld und Clausthal, sondern auch
oft von den benachbarten Orten, aus Neugierde und der
Seltenheit wegen getrieben, Haufenweise in die erleuchtete
Kirche stürmten, um Musik und die sonderbare Absingung
des alten hymni angelici von 4 Knaben, anzuhören; daß

M 4   die=

dieser Haufen größtentheils aus Leuten von der schlechtesten Classe bestand, die der Gewohnheit nach die Nacht herdurch mit Saufen und Schwärmen zugebracht hatten; daß man endlich die Predigt gewöhnlich nur einem Schulcollegen, oder Candidaten, folglich einem solchen aufzutragen pflegte, dein die Gemeine eben keine sonderliche Achtung und Ehrfurcht schuldig zu seyn glaubte: So wird man sich eben so sehr nicht mehr wundern, daß es dabey nicht stiller und ordnungsmäßiger zugegangen ist. Auch an andern Orten wo dergleichen Stiftungen existirt haben, und aus gleichen Ursachen abgestellet sind, dürfte es wohl nicht besser herge-gangen seyn.

Daß der Verfasser obgedachten Aufsatzes in der Berli-ner Monathschrift, Herr Rector Borheck zu Bielefeld, so heftig dawider geschrieben, und die Sache auf alle mögliche Art zu übertreiben gesucht, dazu scheint ihn Groll und Rachsucht gegen den hiesigen Stadtmagistrat unglücklicher-weise verleitet zu haben.

Wer mehr über diese ehemalige Frühmesse in der Christnacht nachzulesen wünschet, kann solches in dem 3ten Bande des Fabrischen geographischen Magazins, im 10ten Heft, Seite 245 finden, als woselbst der damalige hiesige Herr Superintendent Frank, jetzt zu Bardowiek, die bereits davon in diesem Magazin erschienene Erzählung des Herrn Borheck's, zur Genüge widerlegt, und die darin angetasteten Personen gerechtfertiget hat.

Mir ist es hier genug, dem Publico bekannt zu ma-chen, daß die durch den Herrn Rector Borheck auswärts

so berüchtigt gewordene hiesige Christmesse nunmehro wirklich abgeschaft, und dadurch allem Unheil auf die Zukunft
vorgebeuget worden sey.

6.

6) Amtsjubelfeyer des Herrn Consistorial-Raths Jacobi zu Zelle.

Legion ist der Name unsrer neuen Arten von Jubileen,
nach dem kürzlich gebrauchten Ausdrucke eines berühmten
Geschichtforschers, und jede Art von Feyer verdient die hier
in liegende Herabsetzung, wenn sie weiter nichts als das an-
deutet, was man sich bey einem Meilen-Zeiger am Schlusse
einer langen Reise denkt. Geringen Werth hat jedes Jubel-
fest, welches blos die Erinnerung giebt, daß jemand in gewissen Verhältnissen über achtzehntausendmal mit der Erde
um ihre Are herumgeschleudert worden.

Aber es erhöhet ein solches Fest die Menschheit, wenn
man siehet, daß Freuden die nur wenige nahe angehen,
auf tausende würken, wenn man wahrnimmt, daß das
große Publikum, welches aus so vielen durch Stand, Geschäfte, Denkungsart und Alter weit voneinander stehenden Gliedern zusammengesetzt ist, dennoch für gewisse Ge-
genstände einerley Sinn, gleichstimmige Gefühle zeigt.
Das Herz erhebt sich zur edelsten Bruderliebe bey der Beobachtung, daß ausgebreitete Theilnahme auch noch in Fällen
eintreten kann, wo man weder dem Glanze äußerer Vorzüge damit schmeichelt, um von den zurückfallenden Strahlen sein dunkles Selbst zu erleuchten, noch aus andern eigen-
nützigen Absichten mächtigen oder mit Reichthum angefüll-
ten Händen fröhnet. Es stärkt zur thätigsten Nacheiferung,

M 5 wenn

wenn das Bestreben nach Verdiensten öffentlicher Achtung
gewürdiget wird. Es erquickt die Mühseeligkeiten langer
für allgemeine Wohlfarth verwendeter Arbeiten, wenn ehrende Erkenntlichkeit ihnen folgt.

Die bey dem Amts-Jubelfeste des Herrn Consistorial
Raths Jacobi am 4ten May d. J. vorgekommene Feyerlichkeiten, wovon wir anjetzt eine kurze Beschreibung geben,
enthalten bey jener Voraussetzung hinlänglichen Grund, dazu
ihrem Andenken hier einen Platz zu widmen.

Das Allgemeine des Festes war von dem Stadt-Magistrat angeordnet, und die Direction der Ausführung dem
Herrn Hofgerichts-Assessor und Stadtsyndicus Stromeyer
übertragen worden. Die von dessen Vorsorge getroffenen
guten Anstalten genossen der vortheilhaften Unterstützung
des Militairs, welches unter der aufmerksamen Leitung des
Herrn Majors von Diepenbroik mit bescheidener Strenge
allen Unordnungen vorbeugte, welche jeder große Zusammenfluß von Menschen so leicht verursachet.

Am Mittage des vorhergehenden Sonnabends kündigte das bey Festen gebräuchliche Geläute die Bestimmung
des folgenden Tages an. Eine Wiederholung desselben am
Sonntag Morgen ladete zum Gottesdienste ein. Unter
diesem feyerlichen Schalle führte der Magistrat den Herrn
Consistorialrath zur Kirche. Voran giengen drey Kinder
des Herrn Pastor Echte, und bestreueten die Pfade des
Zuges mit Blumen. Am Eingange der Kirche empfingen
ihn die dabeystehenden Herrn Prediger. Sein Sitz war
auf dem Chor zwischen dem mit gegenwärtigen Herrn Abt
Chappuzeau und dem Herrn Consistorialrath Koppe.

In

In eben diesem Theile der Kirche hatten auch Ihr. Durchl. der Herzog Ernst von Mecklenburg, die Mitglieder der hohen Collegien nebst andern Landesbedienten, die anwesende Herrn Staabs-Officiere, sämmtliche Obrigkeiten des Orts, alle einheimische und auswärts hergekommene Herrn Geistliche, und die gegenwärtige Familie des Herrn Consistorialraths sich niedergelassen.

Nach dem Gesange: Wie groß ist des Allmächtigen Güte, ward eine von dem Herrn Cantor Henne dazu verfertigte und componirte Musik aufgeführt, und dann folgte die Jubelpredigt über den Text: 1 Cor. Cap. 4. v. 7. „Wer hat dich vorgezogen? Was hast du, das du nicht empfangen hast?

Hierauf verrichtete der Herr Pastor Echte vor dem Altare nach gehaltener Rede, die feyerliche Einsegnung des Herrn Consistorialraths unter dem Beystande seiner beyden Collegen, Herrn Schetelich und Thoerl. Eine andächtige die seligsten Gefühle erregende Stille, herrschte während diesem allen in der zahlreichen Versammlung von mehreren Tausenden, und gieng mit über zu dem Gedränge ausser der Kirche, wodurch das ehrenvolleste Geleite den Herrn Consistorial-Rath in seine Wohnung zurückbrachte.

Nach geendigten zweyten Gottesdienste, gab der Magistrat auf dem Rathhause, der dazu eingeladenen Gesellschaft von 86 Personen, worunter sich auch die beyden Herrn Geistlichen der catholischen Gemeinde befanden, ein festlich eingerichtetes Mittagsmahl.

Am Abend überbrachten die Zöglinge aus dem Erziehungs-Institute des Herrn Pastor Wichmann, ein von

Band

Band geflochtenes Denkmal ihrer Theilnehmung, worin der Schattenriß des Herrn Consistorial-Raths mit der Umschrift enthalten war:

Unverwelklich ist dein Kranz, unvergeßlich uns dein Bild.

Ueber dem Haupte des in ihre Mitte getretenen Greises, schwebte auf dem Arme der Mutter ein vierjähriges Kind des Herrn Pastor **Wichmann**, und ließ sanft aus seinen unschuldigen Händen einen Kranz darauf niederfallen, die übrige Jugend umschlang ihn mit Blumenketten und legte die Epheu Kronen womit sie bekränzet war, zu seinen Füßen nieder.

Einige Zeit nachher stellten sich die Studirenden aus der ersten Classe der Zelleschen Stadt-Schule mit einer Musik ein, welche von Fackeln begleitet wurde. Der Nachmittag des folgenden Montages, war zu feyerlichen Reden auf der Stadtschule angesetzt. Herr Rector **Münter** eröfnete diese Handlung mit einem lateinischen Glückwunsche, Herr Conrector **Grünebusch** redete darauf in eben der Sprache, **über den letzten Zweck des menschlichen Lebens**, und ein Studirender der ersten Classe, Namens **Brauer aus Nordheim**, legte seine und der übrigen Studirenden Glückwünsche, in einem deutschen Vortrage ab, nach ihm betrat der Herr Consistorialrath Jacobi das Catheder und sagte allen denen öffentlich herzlichen Dank, die ihn mit Merkmalen der Liebe und Achtung an dem gefeyerten Feste beehrt hatten.

Eine hierzu erbetene Gesellschaft versammlete sich demnächst auf dem Rathhause, und wohnte der rührenden Fa-

mi-

milten - Scene bey, welche für den Zeitpunct aufbehalten
war. Die gegenwärtigen Kinder des Herrn Consistorial-
Raths, schlossen um ihn mit den paarweise hereintretenden
Enkeln einen Krais, und ließen ihrem Stammvater von
einer Groß-Tochter einen Palmkranz überreichen, der auf
zwey Gedichten ruhete. Die dabey gehaltene Anrede endigte sich mit der Bitte um den väterlichen Seegen für alle
Nachkommen, und der ward ihnen aus dem Innersten des
Herzens in den wehmuthsvollesten Ausdrücken ertheilt. Die
ganze Versammlung feyerte mit tiefen Schweigen diese ge-
heiligten Augenblicke, aber laut redeten auf allen Gesichtern
die geheimen Bewegungen der Seele, welche der vorüber-
gegangene Auftritt erregt hatte.

Bey dem Schlusse der Abendmahlzeit endigten sich die
Feyerlichkeiten mit Absingung des Familien-Liedes, das der
bekannte Dichter Jacobi verfertiget, und der Herr Organist Beckmann zu Zelle in Musik gesetzt hatte.

Unter den 17 General-Superintendenten, welche seit
ter Reformation zu Zelle gestanden, ist nur noch ein einziger über 50 Jahr im Amte gewesen. Es war Christoph
Fischer, der nach 53jähriger Amtsführung im Jahre 1597.
starb. Man findet aber gar keine Nachricht von einer öffentlichen oder Privat-Jubelfeyer seines Dienst-Jubileums.

Herr Jacobi erreichte den Zeitpunkt im 77sten Le-
bensjahre, wovon 30 auf seiner jetzigen Stelle zugebracht
sind. Auch hierin ward ihm mehr als seinen Vorgängern
gewährt, deren blos ein einziger bis zum 29sten Jahre die
Zellesche General-Superintendentur bekleidet hat.

Die-

Diesen Nebenumständen, welche die gewöhnliche Seltenheit eines solchen Festes noch vergrößern, verdient vielleicht hinzugerechnet zu werden, daß **neun** Kinder und **siebenzehn** Enkel, folglich überhaupt 26 Nachkommen des Herrn Consistorial - Raths sich mit ihm am Leben befinden.

7) Blattern - Vorfälle.

Was für tiefe Eindrücke erlangte neue Kenntnisse bey Kindern zurücklaffen und wie stark solche auf ihre Entschliessungen würken können, dies bestätiget sich aus folgendem sonderbaren Beyspiele einer Blattern-Inoculation. Der 12jährige Sohn des Müllers auf einem in der Gegend von Zelle belegenen Dorfe, war durch das, was er von der Blattern-Inoculation gehört, so sehr für diese eingenommen worden, daß er seine Eltern wiederholt und sehnlich bat, bey ihm solche anzuwenden. Ihre Zweifel über die Ungewißheit des Erfolgs machten es ihnen zur Pflicht, seinen Wünschen entgegen zu seyn, reichten aber nicht hin diese zu unterdrücken. Ein ohngefährer Zufall stärkte ihre Lebhaftigkeit bis zum höchsten Grade, worin der Entschluß reifte, die Erfüllung davon ganz auf sich zu nehmen.

Das Kind verwundete sich bey dem Gebrauche einer Holz-Säge am Finger, lief eiligst zu einem in Blattern liegenden andern Kinde, suchte die größeste Blatter aus, die es dazu am schicklichsten hielt, öfnete solche, und bestrich mit dem hervorkommenden Eyter die Fingerwunde, ohne irgend etwas davon seinen Eltern zu entdecken.

Erst

Erst beym Eintritt des Fiebers zeigte es ihnen die Ursache desselben an, hätte sie aber beynahe zu Werkzeugen seines Todes gemacht. Stark erwärmende Bedeckungen auf dem Lager des Patienten, und fest verschlossene Stubenluft schienen den zärtlich besorgten Eltern das einzige Mittel zu seyn, ihren Sohn gegen die Gefahren zu sichern, denen er sich so kühn unterworfen hatte, bis endlich sein zunehmendes übles Befinden ihm auf gesuchten fremden Rath, wieder mehr Kühlniß und frische Luft verschaffte, und die Krankheit nahm hernach ein völlig beglücktes Ende.

Mit dieser Anzeige verbinden wir noch einige von Clausthal erhaltene, die dortige Blattern-Epidemie betreffende Zusätze, deren im zweyten Stücke der dießjährigen Annalen Seite 99. Erwähnung geschehen.

Sämtliche während jener Epidemie daselbst verstorbenen 185 Kinder, sind unter dem 9ten Jahre gewesen, und von denselben waren 180 unter dem 6ten. Zum höheren Alter gelangte Kinder starben nur fünfe, eins im 6ten, drey im 7ten und eins im 8ten Jahre. Die Anzahl aller Kinder unter sechs Jahren war um Johannis v. J. wie die Blattern kaum sich gezeigt hatten 1215, folglich fand über ⅐ der Kinder dieses Alters in den Blattern seinen Tod.

Daß von den Kindern über 5 Jahre so wenige gestorben sind, rührt wol daher, weil die mehrsten derselben die Blattern schon gehabt hatten, da solche im Jahre 1782. zum vorletztenmale zu Clausthal herrschten.

So

Sobald man den Ausbruch der vorigjährigen Epidemie bemerkte, wurden in verschiedenen Familien die Blattern den Kindern, und mit ihnen auch 2 erwachsenen
Personen inoculiret; beyde bekamen sie nicht, und eben
dieses Schicksal hatte ein zweyjähriges Kind, dem sie
zweymal vergeblich eingeimpfet wurden. Ueberhaupt ist
die Inoculation unter den Honoratioren zu **Clausthal**
schon lange nicht mehr fremd gewesen.

**8) Neue Anordnung wegen der Begräbnißplätze
in Einbeck.**

Obgleich schon seit geraumen Jahren zween Kirchhöfe
außerhalb der Stadt angelegt waren, so wurden doch
noch die mehrsten Verstorbenen nach alter Sitte auf den
Kirchhöfen in der Stadt, und die Angesehenen in den
Kirchen selbst beerdigt. Letzteres machte die Kirchen, besonders zu Sommerszeiten, zu wahren Infectionshäu-
sern. Seit drey Jahren ist aber diese überhaupt höchst
nachtheilige Gewohnheit, gänzlich abgeschaft, und es
werden nunmehro alle Todte ausserhalb der Stadt beer-
diget. Das Stift S. Alexandri hat zu diesem Behuf
noch einen neuen Kirchhof vor dem Osterthore am Chaus-
seewege nach Hannover angelegt, der über vier Morgen im Quadrat groß, und ganz mit einer fünf Fuß hohen Mauer, die mit Sollinger Platten belegt, einge-
schlossen ist, und in Golde auf 1223 Rthlr. 20 ggr. 4 pf.
zu stehen kommt.

Rg.

9)

9) Sonderbare Familien-Verbindung.

In Clausthal kommen durch eine Heyrath fünferley Kinder zusammen. Der Bräutigam heyrathete zuerst eine Witwe, die ihm von ihrem ersten Mann ein Kind zubrachte, und mit der er noch zwey Kinder zeugte. Die Braut hatte zuerst einen Mann, der ihr drey Kinder hinterließ, nach dessen Tode sie sich mit einem Witwer verehlichte, der ihr von seiner ersten Frau einige Kinder zubrachte, und mit ihr selbst Kinder zeugete. Braut und Bräutigam sind noch von solchen Jahren, daß sechserley Kinder durch sie zusammen kommen können.

10) Epidemie.

In den Monathen Februar und März hat im Lande Hadeln, vorzüglich aber in der Stadt Otterndorf und dazu gehörenden beyden Kirchspielen Oster- und Westerende, ein sehr gefährliches Fleckfieber gewüthet, woran gegen 100 Menschen gestorben sind.

XIII.

Preistabelle der nothwendigsten Lebensmittel in den verschiedenen Gegenden der hannöverschen Churlande, vom Januar, Februar und März 1788.

Bey nachstehenden Preisen ist auf alles das wieder Rücksicht zu nehmen, was in dem ersten Stücke der Annalen zweyten Jahrganges S. 179. theils wegen der Münzsorten, theils wegen des in einigen Provinzen auf dem Fleische ruhenden Licents angeführt worden.

(Annal. 2r Jahrg. 3s St.)   N   Jan.

	Rindfleisch		Kalbfleisch		Schweinefleisch
	bestes	geringes	bestes	geringes	
	Pfd.	Pfd.	Pfd.	Pfd.	Pfd.
	gg	pf	gg	pf	gg	pf	gg	pf	gg	pf
Münden	1	10	1	6	1	8	1	6	1	10
Göttingen	2	—	—	—	1	8	1	4	2	—
Northeim	2	—	—	—	1	2			2	—
Einbeck	2	—	1	10	1	2	1	—	2	—
Clausthal	1	8	—	—	1	—	—	10	1	—
Zellerfeld	1	8	1	—	1	—		10	1	8
Osterode	0	0	0	0	0	0	0	0	0	0
Hameln	2	—	1	8	2	—	1	8	1	10
Hannover	2	—	1	8	2	—	1	8	1	8
Zelle	1	10	1	4	1	10	—	—	1	8
Uelzen	1	9	1	6	2	—	1	—	1	9
Lüneburg	1	9	1	6	2	—			2	—
Haarburg	1	9	1	6	2	—	1	6	2	3
Winsen a. d. Luhe	0	0	0	0	0	0	0	0	0	0
Dannenberg	1	9	—	—	1	9	1	—	2	—
Lüchow	2	—	1	9	2	—	1	3	2	—
Lauenburg	0	0	0	0	0	0	0	0	0	0
Ratzeburg	1	9	1	6	2	—	1	6	2	—
Burtehude	1	6	1	3	1	6	1	3	2	6
Stade	1	6	—	—	1	3			2	—
Lehe	1	4	—	—	—	10	—	8	2	—

1788.

Hamelfleisch bestes Pfd		geringes Pfd		Rocken Höten			Weitzen Höten			Gerste Höter		Haber Höten		Land-Butter Pfund	
gg	pf.	gg	pf.	Rt	gg	pf.	Rt	gg	pf.	gg	pf.	gg	pf.	ggr.	pf.
1	8	1	6	—	16	—	—	18	8	10	8	7	8	2	8
2	—	1	6	—	14	4	—	18	c	10	4	7	2	4	—
1	6	—	—	—	16	—	—	22		10	f	8	—	3	—
0	0	0	0	—	14	8	—	20		16	4	7	4	4	—
1	4	1	2	—	16	—	—	22	8	12	—	8	—	4	—
1	4	—	—	0	0	0	0	0	0	11	4	—	—	3	—
1	6														
0	0	0	0	—	14	8	—	20	8	11	—	6	8	4	—
1	6			—	15	8	1	2	8	10	4	6	4	4	—
2	2	1	10	—	14	—	—	22	8	10	8	6	8	3	4
2		1	4	—	14	8	—	22	—	12	—	8	—	3	8
1	9	1	6		15	—	—	22	—	14	—	7	—	0	0
										10		5	6		
2					15	6	—	22	—	14	—	7	4	3	6
0	0	1	3	—	16	—	1	1	—	12	—	7	—	2	9
					17			23		11	6	8	—	2	6
0	0	0	0	0	0	0	0	0	0	0	c	0	0	0	0
2					3	6	—	22		10	—	8	—	3	3
2					13		—	17		10	—	8	—	4	—
0	0	0	0	0	0	0	0	0	0	0	0	0	0	0	0
1	8	1	6	—	9	—	1	2	—	13	—	8	6	3	—
1	6	1	3	—	14	—	2	0	—	0	0	6	3	2	6
1	6	—	—	—	17	6	1	—	—	14	—	6	—	2	6
2	—	—	—	—	14	8	1	—	5	11	2	6	8	2	4

	Rindfleisch				Kalbfleisch				Schweinefleisch	
	bestes Pfd.		geringes Pfd.		bestes Pfd.		geringes Pfd.		Pfd.	
	gg	pf.	gg	pf.	gg	pf.	gg	pf.	gg	pf.
Münden	1	10	1	8	1	8	1	6	1	10
Göttingen	2	—			1	4	1	—	2	—
Northeim	2	—	0	0	—	10	0	0	2	—
Einbeck	2	—	1	10	1	—		10	2	—
Clausthal	1	8	—	—		10		8	1	8
Zellerfeld	1	8	1	2		10 8	—	—	1	8
Osterode	0	0	0	0	0	0	0	0	0	0
Hameln	2	—	1	8	2	—	1	8	1	10
Hannover	2	—	1	8	2	—	1	8	1	10
Zelle	1	10	1	4	1	8	—	—	1	8
Uelzen	1	9	1	6	2	—	1	3	2	—
Lüneburg	1	9	1	6	1	9	—	—	2	—
Haarburg	1	9	1	6	2	—	1	6	2	3
Winsen a. d. Luhe	0	0	0	0	0	0	0	0	0	0
Dannenberg	1	9	—	—	1	6	1	—	2	—
Lüchow	0	0	0	0	0	0			0	0
Lauenburg	0	0	0	0	0	0	0	0	0	0
Ratzeburg	1	9	1	6	1	9	1	6	2	—
Buxtehude	1	6	1	3	1	6	1	3	1	6
Stade	1	6	—	—	1	3			2	—
Lehe	1	4	—	—	—	10	—	8	2	—

1788.

Hamel-fleisch bestes Pfd.		geringes Pfd.		Rocken Hbten			Weitzen Hbte			Gerste Hbten		Haber Hbten		Land-Butter Pfund	
gg	pf.	gg	pf	Rt	gg	pf.	Rt	gg	pf.	gg	pf.	gg	pf.	..	pf.
1	8	1	6	—	16	—	—	18	8	10	8	7	8	2	8
2	—	—	—	—	14	6	—	18	8	10	2	7	6	3	4
0	0	0	0	—	16	—	—	22	—	10	8	7		2	8
2	8	—	—	—	14	8	—	20	—	16	8	7	4	3	4
1	8	1	6	—	15	4	—	22	—	12	—	8	—	3	6
1	6	—	—	—	16	—	0	0	0	11	4	0	0	3	—
0	0	0	0	—	14	8	—	20	8	11	4	6	8	0	0
1	6	—	—	—	16	—	1	2	8	10	8	6	8	4	—
2	4	2	—	—	14	4	—	22	8	10	8	7	4	3	4
2	—	—	—	—	14	8	—	21	4	12	—	8	8	3	8
2	—	1	9	—	14	—	—	22	—	13	6	6	—	3	4
										9		5			
2	—			—	15	—	—	22	—	14	—	7	—	3	6
0	0	1	3	—	16	6	1	—	—	12		8	—	2	9
					16			22				6	6	2	6
0	0	0	0	0	0	0	0	0	0	0	0	0	0	0	0
2	—			—	13	6	—	22	—	0	0	8	—	2	9
0	0	0	0	0	0	0	0	0	0	0	0	0	0	0	0
0	0	0	0	0	0	0	0	0	0	0	0	0	0	0	0
1	9	1	6	—	19	—	1	2	—	13	—	8	—	3	—
1	6	1	3	—	14	6	—	20	—	0	0	6	3	2	3
1	6	—	—	—	16	—	—	22	6	14	—	6	—	2	6
2	—	—	—	—	14	8	1	—	5	11	10	6	8	2	4

| | Rindfleisch | | | | Kalbfleisch | | | | Schweinefleisch | |
| | bestes Pfd. | | geringes Pfd. | | bestes Pfd. | | geringes Pfd. | | Pfd. | |
	gg	pf	gg	pf.	gg	pf.	gg	pf.	gg	pf.
Münden	1	10	1	8	1	2	1	—	1	10
Göttingen	2	—			1	4	1	2	2	—
Northeim	2	—				10			2	—
Einbeck	2	—	1	10	—	10	—	8	2	—
Clausthal	1	8			1	2	1	—	1	6
Zellerfeld	1	8	1	2	1	—			1	8
			1		1	2			1	6
Osterode	0	0	0	0	0	0	0	0	0	0
Hameln	2	—	1	8	1	10	1	6	1	8
Hannover	2	—	1	8	1	10	1	6	1	10
Zelle	1	10	1	4	1	8	—		1	8
Uelzen	1	9	1	4	1	9	1	—	2	—
Lüneburg	1	9	1	6	1	9	—		2	—
Haarburg	1	9	1	6	1	9	1	6	2	3
Winsen a.d. Luhe	0	0	0	0	0	0	0	0	0	0
Dannenberg	1	9	—		1	6	1	—	2	—
Lüchow	0	0	0	0	0	0	0	0	0	0
Lauenburg	0	0	0	0	0	0	0	0	0	0
Ratzeburg	2	—	1	6	1	9	1	6	2	—
Buxtehude	1	6	1	3	1	9	1	6	1	9
Stade	1	6	—		1	3	—		2	—
Lehe	—	—	1	4	—	10		8	2	—

1 7 8 8.

Hamelfleisch bestes Pfd.		Hamelfleisch geringes Pfd.		Rocken Hbten			Weitzen Hbten			Gerste Hbten		Haber Hbten		Land Butter Pfund	
gg	pf	g	pf	Rt	gg	pf	Rt	gg	pf	gg	pf	gg	pf	gg	pf
1	10	1	8	—	24	—	—	18	8	11	4	7	8	3	4
2	—	—	—	—	14	10	—	18	6	10	8	8	9	3	—
2	—	—	—	—	16	—	—	22	—	10	8	8	—	2	8
0	0	0	0	—	14	8	—	20	—	16	4	8	—	3	—
1	8	1	0	—	16	—	—	22	—	12	—	9	4	3	6
1	8	—	—	0	0	0	0	0	0	11	4	0	0	3	—
0	0	0	0	0	0	0	0	0	0	0	0	0	0	0	0
1	—	—	—	—	16	—	1	2	8	10	8	6	8	4	—
2	—	2	2	—	22	8	—	15	4	11	4	7	4	3	4
2	2	1	4	—	14	8	—	21	4	12	—	8	4	3	4
2	—	1	9	—	14	—	—	22	—	14	—	7	—	0	0
										10		6			
2	—	—	—	—	15	6	—	22	—	14	—	7	—	3	6
0	0	1	3	—	16	6	1	—	—	12	6	8	—	2	9
					16			23		12		7		2.	6
0	0	0	0	0	0	0	0	0	0	0	0	0	0	0	0
2	—	—	—	—	14	—	0	0	0	0	0	0	0	3	—
					15										
0	0	0	0	0	0	0	0	0	0	0	0	0	0	0	0
0	0	0	0	0	0	0	0	0	0	0	0	0	0	0	0
1	9	1	6	—	19	—	1	2	—	12	6	7	6	3	—
1	6	1	3	—	16	—	—	22	—	13	6	7	—	2	6
1	6	—	—	—	16	6	1	2	—	13	—	7	6	2	6
2	—	—	—	—	16	—	1	—	5	12	6	7	4	2	4

XIV.

Fortſetzung des Verzeichniſſes der in den Chur-Hannöveriſchen Städten Gebohrnen, Geſtorbenen und Copulirten, vom Jahre 1787.

Hameln, gebohren 181, geſtorben 157, copulirt 60 Paar.

Lüchow, gebohren 75, geſtorben 61.

Dannenberg,*) gebohren 91, geſtorben 77, copu- lirt 24 Paar.

Hitzacker, gebohren 81, geſtorben 103, copulirt 21 Paar.

XV.

*) Dieſer Ort hat eine ſehr große ihm eingepfarrete Landgemeine, welches bey kleinen Oertern oft der Fall iſt, und daher einen unſichern Schluß von der Zahl der Gebohrnen und Geſtorbenen auf die Population giebt. Doch liegen auch manche Dör- fer ſo nahe, daß ſie für Vorſtädte gelten könn- ten.

XV.

Beförderungen und Avancements vom Jan. Febr. und März 1788.

Im Civilstande:

Bey den höhern Landes-Collegien und was damit in naher Verbindung stehet:

Bey dem Cammer-Collegio.

Der Herr Cammersecretair **Wahrendorf**, unter bisherigen Character bey der Cämmerey.

Der bisherige Herr Supernum. Cammerexpediente **Cordemann** zum würklichen Cammerexpedienten.

Bey dem Oberappellations-Gerichte zu Zelle.

Der vorherige Calenbergische Herr Hofgerichts-Assessor Friedrich Wilhelm Basilius von **Ramdohr** als Oberappellations-Rath auf der gelehrten Bank.

Bey dem Consistorio zu Hannover.

Der zum ersten Hof- und Schloßprediger, imgleichen zum General-Superintendenten der Grafschaft Hoya ernannte, vorhin Fürstl. Sächsischer Ober-Consistorial-Rath, Herr Doctor Johann Benjamin **Koppe**, als geistlicher Consistorial-Rath, und

Herr Hofgerichts-Assessor **Hartmann** zugleich als Consistorial-Assessor.

Bey

Bey dem Hofgerichte zu Hannover:

Der Freyherr, Herr Georg Ernst Carl Grote, als Auditor in der Rathsstube.

Bey dem Hofgerichte zu Zelle:

Der Herr Hof- und Canzley-Rath Crusen, als Assessor ordinarius.

Bey den Landes-Collegien zu Stade:

Die durch den Tod des Herrn Hofrath von Finckh erledigte Stellen, als eines Amtsadvocaten in den Herzogthümern Bremen und Verden, sodann Beysitzers im Elbzollgerichte zu Stade, und zwar erstere, dem Herrn Commissair Wehner, letztere aber, nachdem der Herr Regierungs- und Archivsecretair Haltermann, wie auch der Herr Oberamtmann Hofmeister zu Agathen-burg weiter fortgerückt, dem Herrn Cammerprocurator und Consistorialsecretair Wehber.

Bey dem Forst- und Bergwesen.

An die Stelle des Herrn Berg-Registrator Dörre, welcher unter dem Character eines Bergsecretairs das Bergsyndicat zu Clausthal versiehet, ist Herr Berg-Amts-Auditor Lunde hinwiederum zum Bergregistrator ange-setzet.

Bey landschaftlichen Stellen:

Der Herr Hofrichter von Berlepsch zum Landrath in der Calenbergischen Landschaft.

Bey

Bey städtischen Diensten:

Der Herr Doctor **Wendeborn** zum Burgermeister und Schatz-Deputirten der Stadt Münder.

Der bisherige Herr Burgermeister und Prätor **Adler** zum zweyten würklichen Burgermeister zu Stade, und zum Landrath des Herzogthums Bremen.

Der bisherige Herr Camerarius **Cammann** zum zweyten Prätor und statt dessen

Der Herr Canzley- und Hofgerichts-Advocat von **Allwörden** zum Camerario zu Stade.

Bey dem Postwesen:

Herr Friedrich Wilhelm **Silberbauer** zum Postverwalter in Bleckede.

Bey dem Medicinalwesen:

Der Herr Doctor und Landphysicus **Witte** zu Wittingen als Landphysicus in den Aemtern Lüchow und Wustrau.

*   *   *

Für den verstorbenen Leggemeister **Hübener** zu Uslar ist der alldort stehende bisherige Herr titul. Leggemeister **Suld** zum würklichen Leggemeister angesetzt.

Avan-

Avancement im Militair,

vom erſten Jan. bis zum Schluſſe des März 1787.

Beym Generalſtabe:

Der Herr Major von Spörken vom 1ſten Caval‧ lerie dem Leibregimente für den verſtorbenen Herrn titul. Oberſten und Flügel‧Adjudanten von Lenthe hinwie‧ derum zum Flügel‧Adjudanten.

A. Cavallerie.

vorh. Regt.	Regt. wohin die Verſetz. geſchehen	Anc. Datum 1788.
Generalität.		
Zu General‧Lieutenants:		
Der Herr General‧Major Friederichs	—	25 Febr.
‧ ‧ ‧ ‧ von Ramdohr	—	27 Febr.
Zu Generalmajors:		
Der Herr Oberſte Schmiedchen ‧	—	24 Febr.
‧ ‧ ‧ von dem Buſche	—	25 Febr.
‧ ‧ ‧ Graf v. Oeynhauſen	—	26 Febr.
Zu Majors:		
L. Garde. Dem Herrn Seconde‧Lieutenant Gra‧ fen von Bentheim‧Tecklenburg‧ Rheda, die nachgeſuchte Dimißion und den Character vom Major.		
4 Dem Herrn Lieutenant von Guſtedt unter Majors Character die erbetene Dimißion.		
L. Garde. *Zu Compagnien:*		
Der erſte Herr tit. Rittmeiſter von Bock	L.G.	

vorh.

vorh. Regt.	Regt. Verſetz.	wohin die geſchehen	Anc. Datum 1788.
	Der Herr Capitain a la Suite von Hardenberg.	10	
	Zu Rittmeiſters und Capitains:		
2. Garde.	Der älteſte Herr Premier-Lieutenant von Adelepſen zum dritten tit. Rittmeiſter.		L. G. 5. Febr.
2	Dem Herrn Lieutenant Musharð unter Rittmeiſters Character, und Lieutenants-Penſion; und		
7	Dem Herrn Lieutenant von Göben ebenfalls mit Lieutenants-Penſion und Capitains Character, die nachgeſuchte Dimißion.		
3	Dem Herrn Rittmeiſter von der Rettenburg, mit Beylegung der Gnadenpenſion, imgleichen		
4	Dem 2ten Herrn tit. Capitain Meyer mit Beylegung der Lieutenantspenſion, die nachgeſuchte Dimißion.		
	Zu Lieutenants:		
2. Garde.	Dem älteſten Herrn Seconde-Lieutenant Graf von Wallmoden-Gimborn, der Character vom Premier-Lieutenant.		L. G. 3. Febr.
	Der Volontair Herr Friedrich Siegmund von Rau, zum tit. Seconde-Lieutenant.		L. G. 2. Febr.
	Der Volontair Herr Carl von Schenk, zum tit. Seconde-Lieutenant.		L. G. 3. Febr.
2	Der älteſte Herr Cornet Stuðtmann zum tit. Lieutenant.		3 18 März

vorh. Regt.	Regt. wohin die Versetz. geschehen	Anc. Datum
		1788.
2	Dem ältesten Herrn Cornet von Burg wedel Lieutenants Character.	2	18 März
7	Der älteste Herr Fähndrich von Berger, zum tit. Lieutenant.	7	19 März
	Der Volontair Herr Georg von Zettwitz zum tit. Seconde-Lieutenant.	L. G.	25 März

Zu Cornets und Fähndrichs:

3	Der Cadet Herr Carl Johann von Bremer, zum tit. Cornet.	3	1. Febr.
2	Dem Cadet Herr Ernst Otto von Schrader der Character vom Cornet.	2	18 März
	Der ausgegangene Hofpage Herr Anton Ernst von Biela zum Fähndrich.	7	4. May
			1787.

B. Infanterie.

Generalität:

| Der Herr Generallieutenant von Ahlefeldt und | 26 Febr. |
| der Prinz Ernst von Mecklenburg Strelitz Durchl. sind zu Generals der Infanterie declarirt. | 27 Febr. |

Zu Generallieutenants.

Der Hr. Gen. Maj. von Stockhausen	23 Febr.
,, ,, ,, von Sydow	24 Febr.
,, ,, ,, von dem Busche	28 Febr.
,, ,, ,, Graf Taube.	29 Febr.

Zu Generalmajors:

| Der Herr Oberste von Dinklage | 27 Febr. |
| ,, ,, ,, von Hugo | 29 Febr. |

vorh. Regt.	Regt. wohin die Versetz. geschehen	Anc. Datum 1788.
	Zu Oberſtlieutenants:	
2	Dem Herrn tit. Oberſtlieutenant Zimmermann die vacante Oberſtlieutenance.	6
	Zu Majors:	
2	Dem Herrn tit. Major von Saffe die beym 2ten Bataillon erledigte Majorität.	2
	Zu Compagnien:	
10	Dem Herrn Capitain von Strahlendorf, die erledigte Grenadier-Compagnie.	10
	dagegen	
10	Deſſen untergehabte Musquetier-Compagnie dem Herrn tit. Capitain Grethen.	10
12	Dem würklichen Herrn Capitain von Scheele, die beym 1ſten Bataillon erledigte Compagnie des placirten Herrn Major von Saffe.	2
	Zu Capitains:	
6	Der Herr Lieutenant und Regiments-Quartiermeiſter Müller, für den vermißten, wahrſcheinlich ertrunkenen tit. Major und Regimentsquartiermeiſter Kolbe, hinwiederum zum Regiments-quartiermeiſter unter Capitains Character.	Geb. 4 Jan.
10	Dem älteſten Herrn Lieutenant von Puffendorf Capitains Character.	10	4 Febr
2	Der älteſte Herr Lieutenant von Barß zum 2ten tit. Capitain.	2	28 März

vorh. Regt.	Regt. Versetz.	wohin die geschehen	Anc. Datum
10	Dem Herrn Lieutenant von Wick, mit Beylegung der Lieutenants Gnaden penſion und des Characters vom Capitain die nachgeſuchte Dimißion.		1788.

Zu Lieutenants:

6	Dem Herrn Fähndrich Hagemann Lieutenants Character.	6	4. Febr.
10	Dem älteſten Herrn Fähndrich von Walthauſen der Char. vom Lieuten.	10	1. Febr.
2	Dem älteſten Herrn Fähndrich Her zog, Lieutenants Character.	2	28 März

Zu Fähndrichs:

6	Dem Geſr. Corporal Ludewig Behling der Char. vom Fähndrich.	6	5. Febr.
2	Dem Rangir-Sergeanten Theodor Peytmann, der Charact. vom Fähndrich.	2	28 März

C. Ingenieur-Corps.

Der Herr General-Major Duplat, zum General-Lieutenant   d. 26ſten Febr. 1788.

D. Landregimenter.

Der Herr Oberſte von Puffendorf vom Wendiſchen Landregimente iſt nach erfolgten Ableben des Herrn General-Major von Geyſo zum Chef des erledigten zelliſchen und diepholziſchen beſtellet, und ihm mit dem Prädicat vom Inſpecteur das Commando über ſämmtliche Land-Regimenter anvertrauet.

Der Herr Oberſtlieutenant von Quernheim vom 12ten Regiment von Linſingen zum Chef des erledigten Wendiſchen Landregiments.

Zu

Zu Obersten:

Dem Herrn Obersten und Chef des Göttingischen Landregiments Heider, ist mit Beylegung der Obersten Pension die nachgesuchte Dimißion ertheilt.

Zu Oberstlieutenants:

Dem Herrn Major und Chef des Calenbergischen Landregiments von Hugo, der Character vom Oberst: lieutenant   :   :   d. 25sten März 1788.

Zu Majors:

Dem Herrn Capitain Rücker beym hannöverschen Landregimente der Character vom Major d. 5. Febr. 1788.

Dem Herrn Capitain von König vom Calenber: gischen Landregimente mit Beylegung der Capitains: Gna: denpension und des Characters vom Major die nachge: suchte Dimißion.

Zu Compagnien:

Dem Herrn Capitain Gerber, Calenbergischen Landregiments die vacante Compagnie des verstorbenen Herrn Capitains von Hassebroick.

Dem Herrn tit. Capitain Junke vom 4ten Infan: terie: Regiment von Hugo, die vacante Compagnie des abgegangenen Herrn Capitain von König, beym Calen: bergischen Landregiment.

Dem Herrn tit. Capitain Schliekelmann des Hoyaischen Landregimente, die erlediate Compagnie des verstorbenen Herrn Capitains von Rohden im Diep: holzischen Landregimente.

Zu Capitains:

Der älteste Herr Lieutenant von Mansfeld beym Calenbergischen Landregimente zum titul. Capitain d. 6ten Febr. 1788.

Zu Lieutenants:

Dem Herrn Fähndrich Dittmer, beym Hannöverschen Landregimente, Lieutenants-Character d. 11. Jan.

Zu Fähndrichs:

Der ehemals im Pionnier-Corps gestandene Franz Ernst Vasmer zum Fähndrich beym Hannöverischen Landregimente   ,   ,   d. 11. Jan.

Der bisherige Sergeant beym 3ten Regiment von Reden, Hilmer Levin Schröder, beym Calenbergischen Landregimente zum Fähndrich   ,   d. 4. Febr.

Im geistlichen Stande:

Bey Stiftern und Klöstern:

Dem Herrn Hofgerichts-Assessor Hartmann zu Hannover ist mit der durch den Tod des Canonicus und Herzogl. Würtembergischen Herrn Geh. Raths von Mosheim im Stifte Beatä Mariä Virgini zu Einbeck eröfnete Präbende hinwieder providirt.

Bey dem Stifte Bardowiek ist nach Ableben des Herrn Amtmann Müller, Herr Commissair Doctor Kneissen Capitular, und Herr Advocat Reinbold Canonicus absens geworden.

Bey Kirchen.

Der Herr Consistorial-Assessor Saalfeld zum 2ten Hof- und Schloßprediger zu Hannover.

Der

Der Hr. Studioſ. Theol. Joh. Heinr. Schmidt
zum Paſt. zu Krummenteich im Lande Kehdingen, Freiſ
burgiſchen Theils.

Der Herr Candidat Miniſterii Friedrich Georg Ol-
bers, zum Paſtor nach Barmſtedt im Oſterſtadiſchen.

Der Hr. Paſt. Anton Heinr. Schaars zu Selſingen,
zum Probſt des Zeven- und Ottersbergiſchen Kirchenkreiſes.

Ertheilte Charactere:

Dem Herrn Factor Bauer zu Oſterwald, das Prädicat vom Oberfactor mit ſtehenden Amtſchreibers Range.

Dem Herrn Salzgegenſchreiber Bartels zu Salz-
hemmendorf, das vom Salzſchreiber.

Die bisherigen Herrn Bergſchreiber Eggers zu
Andreasberg, und Heinzmann zu Clausthal haben den
Character als Bergſecretarien erhalten.

*　　*　　*

Der Herr Oberzollinſpector Rahle zu Bleckede
Oberamtmanns-Rang.

Auf der Univerſität zu Göttingen haben die Doctor-
Würde erhalten:

1787. Nov. 10. Herr S-perint. Cludius zu Hildesheim
　　　　i. d. Theol.
1788. Febr. 14. Otto Huhn aus Curland i. d. Medicin.
　-　März 8. Sebaſtian Malacord aus Lüttich i. d.
　　　　Rechten.
　-　-　22. Peter Joh. Martin Zimmermann aus
　　　　Hamburg i. d. Medicin.

　　　　Bey

Bey dem Oberappellationsgerichte zu Zelle sind examinirt und immatriculirt worden:

Herr Moritz Casimir Remener als Advoc. und Notar.

   , Daniel August Hillefeld aus Hameln, als Adv.

   , Hieronimus Hermann Henrici aus Otternborf, als Adv. und Notar.

   , Joh. Friedr. Ubbelohde aus Hannov. als Adv.

   , Friedr. Wilh. Reinbold, aus Lüchow, als Adv.

   , Dav. Georg Rähle aus Wunstorf, als Adv.

   , Friedr. Sam. Thlemig aus Oederquert im Lande Kehdingen, als Adv.

Der Herr Advocat Georg Christoph Seelhorst als Notarius.

Herr Johann Justus Christoph Schönhütte aus Hebjershausen, im Göttingischen, als Notar.

   , Joh. Heinr. Christoph Sander aus Hannover, als Notar.

Außer Dienst sind getreten:

Der Herr Hof= und Canzley=Rath von Bremer zu Hannov. der als Cammergerichts=Assessor nach Wetzlar gegangen.

Herr Hofmedicus Marcard, welcher als Leibarzt, mit dem Character eines Etatsrathes in die Dienste des Bischofs von Lübeck und Herzogs von Oltenburg getreten.

XVI.

XVI.

Heyrathen.

Es find getrauet

Januar.

Den 15ten Herr Cammer-Registrator Bock zu Hannover mit der gewesenen Ehefrau des vormaligen Herrn Raths-
und Gerichtschulzen Haccius.

Den 23ften Herr Pastor Pfotenhauer, mit der ältesten
Dem. Tochter des Herrn Pastor Friedrich zu Jacobi-Dreb-
ber.

Den 24ften Herr Apotheker Gebler zu Walsrode mit
dem Fräulein von Sebo, ältesten Tochter des Herrn Obersten von Sebo zu Sindorf.

Den 25ften Herr Hauptmann und Pagen-Hofmeister
Lüder, mit Dem. Reinhardt, nachgelassenen Tochter weil.
Herrn Amtmann Reinhardt zu Scharzfels.

Den 29ften Herr Apotheker Brauer zu Diepholz, mit
Dem. Bara, hinterbliebenen Tochter des weil. Herrn Landphysicus Bara.

Februar.

Den 14ten Herr Pastor Sievert zu Wendhausen im
Hildesheimischen, mit des Kaufmann und Bürger-Deputir-
ten Herrn Gerig zu Northeim zweyten Dem. Tochter.

März.

Den 24ften Herr Hauptmann von Landsberg mit dem
ältesten Fräulein von Wurmb, Tochter des Herrn General-
Lieutenant von Wurmb.

To-

XVII.

Todesfälle.

Es sind gestorben

Januar.

Den 4ten Herr Oberseggr Reese zu Lüneburg.

Den 5ten Frau Zöllnerin Chappuzeau geb. Wahrendorf zu Hameln.

Den 28sten Herr Camerarius Warmers zu Lüneburg

Februar.

Den 2ten Herr Doctor und Landphysicus Löhr zu Lüchow, im 61sten Jahre.

Den 3ten Frau Abbatissin von Hohnhorst zu Wienhausen.

Den 5ten Herr Pastor Zimpel zum Bruch im Osterstadischen.

Den 5ten Herr Pastor Brauns zu Großen-Lengden.

Den 6ten Herr Amtmann Müller zu Schwarzenbeck.

Den 9ten Frau Pastorin Cramer geb. Klingsöhr zu Hammenstedt.

Den 14ten Herr Pastor Leue zu Lauterberg.

Den 14ten Frau von Voß zum Dykkamp.

Den 15ten verwitwete Frau Hauptmannin Gronau geb. Ulewin zu Zelle.

Den 17ten weil. Herrn Pastor Tittmann zu Großenrode hinterlassene Frau Witwe, geb. Weppen zu Northeim.

Den 19ten Herr Lands und Schatzrath von Frese genannt von Quiter zu Süd-Weihe.

Den 21sten Fräulein von Scharnhorst zu Stade.

Den 22sten Herr Rector Ortleben zu Hardegsen.

Den 22sten weil. Herrn Consistorialraths und Prof. Theol. Walch zu Göttingen nachgelassene Frau Witwe geb. Crome.

Den

Den 24ſten Herr Poſtverwalter Weber zu Lüchow, im
29ſten Jahre.

Den 27ſten verwitwete Frau Archiv-Secretairin Walter
zu Wienhauſen, im 91ſten Jahre.

Den 29ſten Fräul. von Luttermann zu Walsrode im
69ſten Jahre.

Den 29ſten Herr Gerichts-Amtmann Bodecker zu Ade-
lepſen, einer der brauchbarſten Oekonomen in daſiger Gegend;
was in ſeiner Jugend etwa durch Erziehung vernachläßiget ſeyn
mochte, erſetzte ſein offener Kopf und unternehmender Geiſt.

März.

Den 1ſten Herr Hauptmann von Rohden vom Diepholziſchen Landregiment.

Den 2ten Herr Commiſſair Saurmann zu Zelle.

Den 2ten Herr Factor Cramer von Clausbruch, auf
der Communions-Meßings-Hütte zum Ocker.

Den 2ten Herr Kramer-Amts-graoſſe und Stadtbürger-
Lieutenant Peter Glave zu Harburg.

Den 4ten Herr Hauptmann Reitemeyer vom Regiment
Prinz Friedrich.

Den 4ten Frau Ober-Factorin Gieſecke geb. Nehring
zu Goslar.

Den 4ten Frau Superintendentin Reidemeiſter geb.
Zwicker zu Ronneberg, 42 Jahre alt.

Den 15ten Frau Artillerie-Lieutenantin Zympher zu
Harburg.

Den 17ten Herr Advocat Hetzer zu Hannover.

Den 23ſten Frau Agentin Albarti zu Hannover.

Den 29ſten verwitwete Frau Ober-Bau-Commiſſairin
Müller geb. Beckmann, zu Göttingen.

Auſſer obigen Sterbefällen iſt noch anzuzeigen, der Tod
des am 11ten November v. J. zu Canton in China verſtorbenen Herrn Oberſten Reinbold, der als Chef des 14ten

D 4   In-

Infanterie-Regiments in Ostindien gedient, über die dasigen Hannöverischen Truppen das erste Commando geführt, und auf der Rückreise ins Vaterland sein Leben endigte.

XVII.

Berichtigungen:

1) Den General-Transsumt der Herzogthümer Bremen und Verden betreffend.

In dem Seite 164. und 165. des 2ten Stücks gelieferten General-Transsumt der Gebohrnen ꝛc. in den Herzogthümern Bremen und Verden, sind in Summiren verschiedene Fehler vorgegangen, deren Berichtigung wir hiemit nachholen:

	Summa		
	Knab.	Mädg.	S. tota
Lit. H. Wurster Präp. ist Anzahl der Gebohrnen — — —	118	114	232
— I. Osterstab. Präp. — —	175	190	365
— M. Ottersb. Zev. Präp. —	297	265	562
— N. Herzogth. Verden —	478	455	933
Der unehel. gebohr. Mädg. überhaupt	128		
Summa der gebohr. Knaben ist also	3067		
— — — Mädgen —	2929		

Summa tota 5996

Summa der Copulirten statt 1491. ließ 1419.

Die Anzahl der Gestorbenen ist Bremische Superint. überhaupt 591

Herzogthum Verden 725

Die Anzahl aller Gestorbenen ist 4933

Es sind gebohren, mehr Knaben 138
weniger gestorben in allen — 1063
weniger gestorben weibl. Geschlechts 549
1787. mehr gebohren — — 346
1787. weniger gestorben — — 129

Glücklicherweise sind die Folgen dieser Rechnungsfehler so groß nicht, wie sie bey dem ersten Anblick scheinen möchten. Uns

Uns ist es bekanntlich bey Lieferung solcher Listen nicht sowol
darum zu thun, aus den Verhältnissen der verschiedenen Zahlen untereinander Resultate herauszuziehn, welche in der Lehre
von der wahrscheinlichen Bestimmung der Mortalität neue Regeln gründen, oder alte bestärken könnten, als vielmehr vorzüglich darum, eine Uebersicht von dem wahrscheinlichen Popu-
lations-Stande der Provinz zu geben. Zu diesem Zwek ist das
wichtigste Datum immer die Summe der Gebohrnen und Gestorbenen. Nun aber sind jene nur um 10, und diese um 41 zu
geringe angegeben. Bey einer Summe von 5 bis 6000 kann
dies keine merkliche Differenz in der Zahl der wahrscheinlichen Population hervorbringen.

Dennoch ist und bleibt es bey solchen Listen immer die erste
Erforderniß, daß sie mit der Wahrheit so genau übereinstim-
men, wie möglich, und wir machen es uns daher auch zur
Pflicht, die entdeckten Versehen, welche in den Zusammenrech-
nen des obigen Transsumts dasmal begangen sind, hier ausführlich anzuzeigen, zugleich aber nehmen wir auch diese Gelegenheit wahr, noch ein paar Worte über die Zuverläßig-
keit der Populations-Listen im Allgemeinen zu sagen, nicht
um uns zu rechtfertigen, sondern um die Begriffe dererjeni-
gen, welche sich ein zu vollkommenes Ideal von der Genauigkeit solcher Tabellen gemacht haben, ein wenig herunter zu
spannen. Wir geben es gerne zu; der Abdruck einer Tabelle,
die beträchtliche Unrichtigkeiten enthält, ist nichts besser als
ein abgedrucktes Einmal Eins und nicht einmal so nützlich,
wie jenes. Allein man darf darum nicht gleich Listen solcher
Art ganz verwerfen, und alle folgende für unrichtig annehmen, wenn einmal zufälligerweise in einer Zahl von 5 — 6000
eine Unrichtigkeit von 10 — 40 paßirt, denn soll ein Fehler
von dieser Größe die ganze Authenticität einer Tabelle über
den Haufen werfen, so — wir getrauen es uns gegen die
ganze Zunft der Statistiker zu behaupten — sind alle Popu-
lations-Tabellen von ganz Europa creditlos. Man glaube

O 5   doch

doch ja nicht, daß alle die Küster und Wehemütter und Prediger und Obrigkeiten und Redacteurs und Transsumteurs sich so aufs Haar genau einander in die Hände arbeiten, wie die Verfertiger der verschiedenen Theile einer englischen Taschen-Uhr; daß nicht hier oder da ein Rädchen überschnappe, oder ein Theil sich an dem andern reibe und dadurch in seinem Gange stocke! Die Tabellen der Gebohrnen und Gestorbenen sind keine Uhren welche Secunden zeigen, sie werden von dem Bevölkerungs-Zustande vielleicht nie die kleinsten Zahlen, die Einer, die Zehner und nicht einmal die Hunderte völlig richtig angeben. Darum sind sie doch brauchbar genug, so lange es nur darauf ankömmt, den Bevölkerungs-Zustand eines Landes darnach zu berechnen, wobey es ganz unnachtheilig ist, wenn man ihn nie so genau herausbringt, daß an Zahlen von mehreren hunderttausenden, einige hundert fehlen oder überschießen.

Verlangt man etwas zur Probe unserer Behauptung? Wir wollen selbst die Chur-Hannöverischen Listen nehmen; eben weil sie die vollkommensten sind, die wir kennen; eben weil die Weisheit und Bestimmtheit ihrer Vorschriften sie als musterhaft darstellen. Und dennoch sind sie — nicht durch Schuld ihrer innern Einrichtung, sondern nach der Unvollkommenheit aller menschlichen Dinge gewiß nicht immer bis zur kleinsten Zahl vollkommen richtig. Wir haben schon anderwärts erwähnt, daß an etlichen Orten des Landes die Todtgebohrnen unter den Verstorbenen wieder mit aufgezählet werden, an andern nicht: das macht allein im Bremischen, darnach man den einen oder andern Grundsatz befolgt, ein Plus oder Minus von 244. Allein es sind weit mehr Mängel, die in Local-Verhältnissen zum Theil ihren Grund haben, wovon man am höchsten Orten und bey der besten Redaction wol schwerlich etwas ahnet. Wir wollen nur etwas zum Beyspiel aus einer Untersuchung anführen, wovon einer unter uns selbst Theil genommen hat; aus einem Orte wo man es

sich möglichst angelegen seyn ließ, den Vorschriften aufs genaueste nachzukommen, und eben daher alle Jahre sorgfältig nach den Mängeln forschte, die noch etwa in den Listen vorhanden seyn könnten. Hier entdeckte man, nachdem sie schon mehrere Jahre eingeschickt waren, unter andern folgendes:

1) Verschiedene Eltern hatten in dieser Stadt, wo keine Parochien sind, ihre Kinder in 2 Kirchenbücher (etwa weil sie zwey verschiedene Beichtväter an zwey verschiedenen Kirchen hatten) einschreiben lassen, und alle diese Kinder waren nun doppelt in der Zahl der Gebohrnen.

2) Einige eingepfarrte Dörfer pflegten auf einem ihnen angewiesenen Kirchhofe ihre Todten selbst (ohne Zuziehung von Todtengräbern) zu beerdigen. Von diesen war nichts zur Anzeige und in die Kirchenbücher gekommen.

3) Verschiedene in Gefängnissen gestorbene Inquisiten und etliche todtgefundene Kinder waren skeletirt oder letztere zur künftigen Recognition in Weingeist aufbewahrt, und eben dadurch auch in die Kirchenbücher nicht eingetragen worden. Dieser letzte Fehler scheint zwar nur eine Kleinigkeit zu machen, kann doch aber aufs Ganze schon beträchtlich werden.

Wir könnten noch ein mehreres anführen; zur Probe mag dies genug seyn! Wie, wenn man nun im Lande herum reiste und alle tief in Local-Verhältnissen versteckte, zum Theil in Mißverständnissen auch in den Personen der Officianten begründete Unrichtigkeiten aufforschte? welche Anzahl von Fehlern möchte da zum Vorschein kommen! Wer es bedenkt, wie viel tausend einzelne Angaben und Annotationen, schon in einem Lande nur von mittlerer Größe dazu gehören, und wie viele hundert verschiedene Calculatoren dazu beytragen müssen, um die Total-Summen herauszubringen, der wird nie eine gänzliche Unfehlbarkeit derselben verlangen.

Wir

Wir wiederholen übrigens nochmals unsere Versicherung, daß wir hiedurch jene Listen nicht nun den Credit ihrer Nützlichkeit bringen wollen, sie geben doch fürs Große immer einen sehr brauchbaren Maaßstab der Population. Selbst Zählungen des Volks sind ja niemals ganz genau richtig, und oft Mängeln ausgesetzt, die in die Tausende gehn! Man muß nur alle menschliche Dinge nehmen, wie sie sind und seyn können; wegen möglicher zufälligen Fehler nicht gleich solchen Tabellen allen Werth absprechen, und übrigens sie ihrer Vollkommenheit so nahe zu bringen suchen, wie es thunlich seyn will. Letzteres zu bewürken, wenigstens aufmerksam darauf zu machen, dazu könnten diese geringen Bemerkungen vielleicht auch einige Veranlassung geben.

2) Die Population zu Clausthal betreffend.

Bey der S. 162. befindlichen Angabe der Getauften in Clausthal ist anzumerken, daß ausser denen im Orte gebohrnen Kindern, noch 18 von Buntenbock, welches daselbst mit eingepfarret ist, die Taufe erhalten haben. Bringt man mit diesen 8 Todtgebohrne zugleich in Anschlag, die nicht mit aufgeführet worden; so kommen in der Clausthaler Gemeinde 304 Geburten heraus.

Auf die am obigen Orte in der Note geschehene Anfrage wegen der unehelichen Kinder, ist uns folgende authentische Nachricht mitgetheilt worden.

Uneheliche Kinder wurden in der Clausthaler-Gemeinde gebohren:

Im Jahr 1778	—	24
1779	—	18
1780	—	22
1781	—	29
1782	—	11
1783	—	25

Im

Im Jahr 1784 — 25
           1785 — 17
           1786 — 17
           1787 — 28

Das Borkenſchälen fieng an gegen das Ende des Februars 1783, und hörte auf gegen das Ende des Octobers 1786.

Hiernach beurtheile man nun die in der Gattererſchen Anleitung zu den Harzreiſen ſtehende Anecdote, von den vielen Schwängerungen welche bey jenem Geſchäfte vorgefallen ſeyn ſollen.

Mit den obigen Berichtigungen, ſind noch nachſtehende zu verbinden.

S. 96. 3. 20. 21. lies: als er ſeine Gefahr erkannt, und ſich chriſtlich vorbereitet hatte.

S. 97. 3. 4. ſtatt am 5ten l. am 4ten.

S. 97. 3. 6. ſtatt ſeiner Arbeit l. Arbeit.

S. 115. bey der Zahl der Eyer die zum Bickbeeren-Transport von 1783. gebraucht ſind, ſtatt 43. l. 13.

Zu S. 172. iſt noch anzumerken, daß die Stadt Clausthal zwar zwey Kirchen habe, aber nie in beyden zu gleicher Zeit Gottesdienſt gehalten werde. Der ganze Ort macht mit Buntenbock nur eine einzige Gemeinde aus.

Inn-

Innhalt des dritten Stücks,

welches die stehenden Artikel von den Monathen Januar, Februar und März 1788. enthält.

VII.

Annalen

der

Braunschweig = Lüneburgischen Churlande,

herausgegeben

von

Jacobi und Kraut.

Zweyter Jahrgang.
Viertes Stück.

Hannover,
gedruckt bey W. Pockwitz jun.
1788.

I.

Inhalt der allgemeinen und Special-Verordnungen, welche vom April bis zum Schlusse des Jahrs 1787. in den Braunschweig-Lüneburgischen Churlanden publicirt sind.

39.

Gemeiner Bescheid der Königl. Churfürstl. Justitz-Canzley zu Hannover, die Insinuation der erwürkten Decrete, Mandate und anderer Verfügungen betreffend, vom 3ten April 1787.

Inhalts dieses Bescheides ist wahrgenommen worden, daß in denen vor obigen Gerichte anhängigen Rechtssachen, besonders bey deren anfänglichen Behandlung die an auswärtige mit legitimirten Anwälden noch nicht versehene Partheyen zu insinuirende Bescheide, nicht immer ordnungsmäßig durch die angesetzten Canzley- und Neben-Boten, oder auf ein vorgängiges Rescriptum de insinuando, der Gegen-Parthey insinuirt, sondern verschiedentlich den Unterbedienten oder Aemtern, oder anderen Untergerichten zur Behändigung zugestellt sind.

Weil

Weil nun aber deren darüber ertheilte Insinuations-Documente in solchen Fällen nicht als gültige Zeugnisse über die geschehene Insinuation angenommen werden können; so geschieht durch obigen Bescheid, den Partheyen, Advocaten, Procuratoren, und allen welche bey erwehnten Gerichte Recht suchen und erwarten, die ernstliche Auflage, sich bey Insinuirung der ausgefertigten, ihrer Seits erwürkten Decrete, Mandate und sonstiger Verfügungen, hinführo keines anderen als des vorgeschriebenen gesetz- und verfassungsmäßigen Modi zu bedienen. Es soll daher, wenn man etwa nicht gemeint ist, zu solchem Zweck einen geschwohrnen immatriculirten Notarium zu requiriren, entweder das Geschäfte den darauf vereideten Canzleyboten überlassen, oder bey zu weiter Entfernung der keinen gerichtlichen Anwald habenden Gegenparthey behufige Verordnung an die Unterobrigkeiten erbeten werden.

Widrigenfalls will man Gerichtswegen, die obigen zuwider unternommene Insinuationen als ungültig und nicht geschehen erachten.

40.

Ausschreiben des Königl. Churfürstl. Commerz-Collegii zu Hannover, an die Aemter und geschlossene Gerichte des Fürstenthums Calenberg, wegen anzuziehenden Leinsaamens, vom 17ten April 1787.

Erwehntes Ausschreiben hat zum Zweck, theils den Unterthanen des genannten Fürstenthums Anweisung zu geben, wie guter Leinsaamen anzuziehen sey, theils solche zu ermuntern, diese Anweisung auszuüben, damit nicht nur der

Miß-

Mißwachs an Flachs vermindert werde, den der verfälschte auswärtige Saame zur Folge hat, sondern man auch die für dessen Ankauf weggehende ansehnliche Geldsummen dem Lande erspare.

Gedachte Anweisung, welche die Aemter und Gerichte, da wo es der Absicht am angemessensten seyn würde, bekannt machen und vertheilen sollen, enthält im Wesentlichen das, was in unten stehenden Auszuge angeführt wird.

Zur Aufmunterung der Unterthanen, sich nach derselben zu richten, soll in jedem Amte und Gerichte demjenigen Landwirthe, der von der einjährigen Erndte den mehrsten zur Saat vollkommen tauglich und untadelhaft befundenen Leinsaamen auf eigenem Acker geerndtet haben wird, eine Prämie von fünf Thaler in Cassenmünze gezahlt werden. Diese Prämie gilt für die Jahre 1787 und 1788. *). Nach deren Ablauf soll den Umständen gemäß fernere Entschliessung darüber erfolgen, ob mit gedachter Prämien-Bewilligung länger fortgefahren werden möge. Adeliche Gutsbesitzer, Pächter, herrschaftliche Bediente und Prediger, können zu deren Erlangung nicht concurriren, sondern nur solche Landwirthe, die mit eigener Hand den Acker bauen. In jedem Jahre empfängt nur einer aus jedem Amte und Gerichte die Prämie. Sie wird auf obrigkeitlichen Bericht alsbann gezahlt, wenn durch ein obrigkeitliches Attestat und das Zeugniß zweener anderer eingesessener Hauswirthe des Falles, welcher zur Prämie sich qualificirt, und

nas

*) Durch ein Ausschreiben vom 13ten Febr. 1788. ist diese Prämie auch auf das Jahr 1789. ausgedehnt worden.

A 3

namentlich die Quantität und Güte des geerndteten Saat-Leins, mittelst Einsendung solcher Atteste und Zeugnisse an Königl. Commerz-Collegium erwiesen worden.

Anweisung für den gemeinen Mann, um guten zur Saat tauglichen Lein-Saamen selbst an-zuziehen.

1) Die Ursache, weshalb bisher im Allgemeinen der einländische Leinsaame zur Saat untauglich gewesen, liegt daran, daß man den Flachs nicht gehörig reif werden lassen.

2) Wenn man vollständigen reifen Saamen erndtet, solchen gehörig aufbewahrt und nicht gleich im ersten, son-dern im zweyten Jahre wieder aussäet, so wächst der Er-fahrung nach, unter übrigens gleichen Umständen eben so guter und langer Flachs davon, als von neuen Tonnen-Lein.

3) Um vollständigen reifen Saamen zu erhalten, muß der Flachs so lange in seinem Wachsthume gelassen, und nicht eher aufgezogen werden, als bis man siehet, daß die Stengel gelblich, die Knoten braun, und die darin befind-liche Saamen-Körner bräunlich zu werden anfangen.

Stellen, welche sich zu stark gelagert haben, zieht man besonders auf, der übrige Theil des Flachses, der nicht liegt, muß bis zu obiger Reife stehen bleiben.

4) Es kommt sehr viel darauf an, daß der Flachs bey trockenem Wetter aufgezogen, und unter Dach gebracht werde, sonst erhitzen sich die Knoten leicht, werden schimm-lich, und der Saame verdirbt.

Bey unerwarteten Regen im Aufziehen hält man mit der Arbeit inne, und läßt die aufgezogenen Risten so lange

auf

auf dem Felde liegen, bis sie wieder abgelaufen und trocken sind.

5) Wenn der Flachs trocken zu Hause gebracht und auf gewöhnliche Art abgezogen worden; so werden die vorher geworffelte und eingemachte Knoten auf einen luftigen Boden gebracht, so dünne als es der Raum gestattet, auseinander gebreitet, und so lange täglich ein paarmal mit der Harke umgezogen, bis sie völlig trocken sind.

6) Das Trocknen an der Sonne ist nicht so gut, weil die Knoten zu schnell trocknen, und der darin befindliche Saame nicht so vollständig wird, als wenn er im Schatten langsam in den Knoten nachreifet.

7) Der Saame aus den Knoten von den nachgewachsenen Halmen, welche gewöhnlich in der Repe sitzen bleiben, tauget nicht zur Saat, und muß also zu anderem Gebrauche bestimmt werden.

8) Wenn die Knoten auf den Boden durch und durch völlig getrocknet sind, so können sie in Haufen gebracht werden.

9) Nöthigenfalls kann man schon im folgenden Frühjahr hievon das Erforderliche zur Saat ausdreschen und gebrauchen. Es giebt aber besseren Flachs, wenn die Knoten ein Jahr übergelegen haben.

10) Der Lein-Saamen erhält sich in den Knoten 3, 4 und mehrere Jahre zur Saat. Es ist daher rathsam, in ergiebigen Jahren Vorrath zu sammlen. Der länger gelegene Saame läuft jedoch etwas später als der zweyjährige.

A 4

11)

11) Das Dreschen geschiehet erst dann, wenn der Saame ausgesäet werden soll. Bey den Worfeln, sondert man den vordersten Saamen von den hintersten, der nur zum Oelschlagen taugt, und säet jenen nach vorgängiger Reinigung aus.

Der nemliche Saame darf aber nicht immer auf das nemliche Land gebracht, sondern es muß damit abgewechselt werden. Die Landwirthe verschiedener Gegenden im Lande, müssen ihr selbst gezogenes gutes Saat-Lein gegen einander umtauschen, oder sonst das Saat-Lein verändern.

12) Nach obiger Vorschrift gezogener und behandelter Leinsaamen muß nichts dicker, sondern eher noch etwas dünner gesäet werden, als der Tonnen-Lein, weil der Flachs sonst zu dichte zu stehen kommt, sich zu früh lagert, und alsdann kein Saame davon zu hoffen ist.

Das Land zu solchen Lein muß hinreichend gedünget werden, damit die Pflanze gehörige Kraft und Nahrung zum Ansetzen des Saamens erlange. Das Unkraut ist bey Zeiten auszujäten, damit es in dem dünne stehenden Lein nicht überhand nehme, und den Pflanzen die Nahrung raube.

13) Bey dem früh gesäeten Lein ist man des Reif-werdens eher versichert, als bey den spät gesäeten. Es wird daher angerathen, daß an den Orten, wo der Lein durchgehends erst um Johannis gesäet wird, man sich nach und nach an eine frühere Saat gewöhnen, und wenigstens einen Theil früher säen möge, zumal alsdann, wenn die eine Saat fehl schlägt, noch Hofnung bleibt, daß die andere gerathe.

41.

41.

Ausschreiben der Königl. Regierung zu Stade,
wegen ordnungsmäßiger Einsendung der
Berichte von vorgefallenen Brandschäden,
und der ausgeschriebenen Beytragsgelder,
vom 20sten April 1787.

Durch dieses Ausschreiben werden sämtliche Obrigkeiten,
Beamte und Gerichtspersonen der Herzogthümer Bremen
und Verden erinnert, die Berichte von vorgefallenen
Brandschäden, wie auch die ausgeschriebenen Beytragsgelder, den Verordnungen und Ausschreiben vom 20sten Jan.
1759. 29sten Octbr. 1764. 1sten Jul. 1775. und 28sten
Decbr. 1781. gemäß, gehörig einzusenden.

Geschiehet die Anzeige von vorgefallenen Brandschäden
erst nach Ablauf der verordneten ersten sechs Wochen; so
soll der Brandbeschädigte mit seiner des verassecurirten
Quanti halber habenden Forderung nach der Verordnung
vom 26sten Jan. 1759. bey der Brandcasse präcludirt seyn,
jedoch ihm der Regreß an den Obrigkeiten, Beamten und
Gerichtspersonen vorbehalten bleiben, in deren Districte
der Brandschaden sich zugetragen hat, maaßen nach dem
Ausschreiben vom 29sten Octbr. 1764., diejenige Obrigkeit,
welche sich mit solcher Anzeige verspätet hat, gehalten ist,
dem Brandbeschädigten die zukommende Vergütungsgelder
ex propriis zu bezahlen.

42.

42.

Regierungs-Ausschreiben an die Licent- Accise-
und Impost-Commissarien im Fürstenthume
Lüneburg', die Aufbewahrung ihrer Ma-
nual-Dienst-Acten betreffend, vom 21sten
May 1787.

In obigem Ausschreiben wird verordnet, daß die Licent-,
Accise- und Impost-Commissarien des Fürstenthums Lüneburg, die Acten von denen in ihren Commissariats-Di-
stricten vorgekommenen und bestraften Defrauden in solcher
Verfassung aufbewahren sollen, daß selbige dereinst vollständig dem Nachfolger überliefert werden können, damit diese
sich hieraus von ihren Dienstverrichtungen hinlänglich zu
unterrichten, im Stande seyn mögen.

43.

Verordnung wegen Verlängerung des Eröfnungs-
Termins der Jagden, in den Koppel-Jagd-
Districten der Fürstenthümer Göttingen und
Grubenhagen.   St. James den 25sten
May 1787.

Besage dieses Edicts, ist in mehreren Gegenden der Fürstenthümer Göttingen und Grubenhagen zeither verschiedentlich darüber Beschwerde geführt worden, daß bey
der in manchen Sommer wegen eintretender Witterung
verspätet werdenden Erndte, durch frühzeitige Ausübung
der Koppel-Jagden bey noch nicht eröfneten Feldern beträchtlicher Schade und Verderb an den Feldfrüchten verursachet werde.

Dem

Dem abzuhelfen wird dann verordnet, daß in den Koppel-Jagd-Bezirken der Fürstenthümer Göttingen und Grubenhagen, denen zur Jagd Berechtigten nicht zeitiger als jährlich vom 1sten September an die Jagd auszuüben verstattet seyn, mithin künftig die ordnungsmäßige Hegezeit in den besagten Jagd-Bezirken bis zum ersten September jeden Jahrs fortdauren solle.

Uebrigens behält es bey dem sonstigen Innhalt und den Vorschriften der Landes-Verordnung vom 10ten Junii 1777. *) in allem sein Bewenden, auch soll diese Verordnung nur auf die Fürstenthümer Göttingen und Grubenhagen Anwendung finden.

44

Regierungs-Ausschreiben, die Abstellung der Uebertragung der Nonvalenten bey dem monathlichen Firo, in den Fürstenthümern Calenberg und Göttingen betreffend. Hannover den 2ten Julii 1787.

Besage dieses Ausschreibens ist beliebt worden, die nach Vorschrift der Verordnung vom 20sten May 1766, und der

Der

*) Nach oben angezogener Verordnung, war die Hegezeit in den Koppel-Jagden vom 1sten März bis zum 24sten August bestimmt. S. Willich Auszug der Landesgesetze 2r Band S. 313. Da sowol diese als die neue Verordnung blos auf Koppel-Jagden gerichtet sind; so ist wegen der privativen Jagden das Edict vom 17ten Octbr. 1679. zum Grunde zu legen, Cal. L. C. Cap. 6. Nro. 105. p. 303. zufolge welchem in den privativen Jagden nur vom 1sten März bis letzten Junii, die Beobachtung der Hegezeit erforderlich ist.

Declaration vom 22sten Febr. 1768. *), bisher üblich ge-
wesene Uebertragung der Nonvalenten bey dem monathlichen Firo, zu Abhelfung der daraus entstandenen Beschwerden, und Erleichterung der minder vermögenden Contribuenten, bis auf weitere Verordnung abzustellen. Zu dem
Ende soll gestattet seyn, daß nöthigenfalls der 25ste Theil
desjenigen Quanti in jeder Commune abgesetzt werde, welches nach der vorhandenen Personen-Zahl, ausschließlich der
eximirten Armen, am Firo aufkommen sollte.

Die Absicht hierbey geht blos auf die zur Uebertragung
bisher berechtigt gewesenen Nonvalenten. Es sollen deshalb

1)

---

*) Für Nonvalenten erkennen obige Verordnungen die-
jenigen, bey denen keine media executionis zu finden,
die aber dennoch bey öffentlichen Armen-Cassen nicht
mit unter denen aufgeführt stehen, welche von Armen-
Geldern regulariter ganz oder zum Theil unterhalten
werden. Die von solchen Nonvalenten zurückblei-
bende Summe, wurde in den Städten im Monath
September auf die Kopfzahl der am Orte wohnenden
Personen, wovon das Firum beyzutreiben stand, sol-
chergestalt repartirt, daß die unter Magistrats-Ju-
risdiction stehende Unfreye, auch von den übrigen
Unfreyen, die Freyen aber, nemlich Königl. Bediente
und sonstige Canzleysäßige von Freyen übertragen
werden müssen. Auf dem Lande geschah die Uebertragung und Repartition der Nonvalenten alle halbe
Jahr, im September und März. Es wurde aber
die daraus erwachsene Summe daselbst nicht nach der
in der Commune vorhandenen Kopfzahl, sondern
nach der jeden Orts hergebrachten Sammlungsart
repartirt. S. Willich Auszug der Landesgesetze
1t Th. S. 763 und 764.

1) alle diejenigen, welche vermögsam, und bey denen media executionis vorhanden sind, nach wie vor unter der Verpflichtung bleiben, das monathliche Firum zu gesetzter Zeit zu berichtigen, wenn sie aber aus Unordnung oder Nachläßigkeit in Rückstand gerathen, dazu executive angehalten werden. Wegen Einlieferung der Restanten-Verzeichnisse an die Obrigkeiten, und Eintreibung der Rückstände, ist daher die Beobachtung des Verordneten, aufs neue anbefohlen worden.

Auch soll es nach der Verordnung vom 4ten Aug. 1775. §. 1. Nro. 5. dabey sein Verbleiben behalten, daß die jeden Orts einregistrirte Anzahl der exirnirten Armen unter keinerley Vorwand überschritten oder vermehrt werden darf.

2) Ist es der pflichtmäßigen Untersuchung und Ermäßigung jeder Orts-Obrigkeit überlassen, ob der 25ste Theil ganz oder nur zum Theil erfordert werde, um die Nonvalenten allda vom Fixo zu befreyen. Es sollen aber dieselben mit aller möglichen Einschränkung verfahren, und sorgfältig dahin sehen, daß niemand, als wer es würklich bedarf, auch nicht länger als er es bedarf, zu diesem Erlaß angesetzt, und nach veränderten Umständen darunter abgewechselt, und andere Bedürftige angesetzt werden. Es müssen zugleich über dergleichen zum Absatz notirte, höchstens auf den 25sten Theil des bisherigen Quanti in der Commune hinansteigende Nonvalenten Rückstände, der Fixi-Receptur jeden Orts, obrigkeitliche Atteste ertheilt werden, welche den einzusendenden Fixi-Register im Originale beyzufügen sind.

3) Hat die Einrichtung mit dem 1sten des Monaths Julius 1787. ihren Anfang genommen, und nur ratione

futuri ſtatt finden, keinesweges aber auf die bis dahin vor,
handene Reſte ausgedehnt werden ſollen.

45.

Interpretirendes Regierungs-Reſcript, wegen
Erhebung der Unzuchtsbrüche von todtge,
bohrnen Kindern. Hannover den 31ſten
Jul. 1787.

Durch erwehntes, auf eine Anfrage der Kloſterbeamte zu
Jlfeld erlaſſene Reſcript, hat Königl. Regierung zu Han,
nover, die Verordnung vom 22ſten Febr. 1735. *) dahin
interpretirt, daß die erfolgte Niederkunft mit einem un,
ehelichen Kinde, es ſey übrigens lebendig gebohren, oder
todt zur Welt gekommen, die Erhebung der Unzuchtsbrü,
che an dem Ort der Niederkunft begründe.

46.

Ausſchreiben der Königl. Regierung zu Stade,
wegen einiger bemerkten Unzuläßigkeiten
bey der Beſchreibung und dem Einſenden
der Tobacks-Acciſe-Aequivalentgelder in
den Herzogthümern Bremen und Verden,
vom 27ſten Aug. 1787.

Es haben nach dem Eingange dieſes Ausſchreibens, gegen
mehrere erlaſſene Verordnungen, und namentlich die vom
29ſten

---

*) Obige Verordnung ſteht in den Cal. Land. Conſt.
C. 2. Nro. 130. pag. 779. und enthält, daß in den
Ländern des Chur, und Fürſtl. Braunſchw. Lüneb.
Geſamthauſes, die Unzuchtsbrüche, von der Scuprata
und

29ſten Decbr. 1781. einige Quartals-Verſchlags-Commiſſarien dadurch gefehlt, daß die Mannſchafts-Rollen nur von einem des Diſtricts unterſchrieben, und oftmals erſt ſpät im Jahre atteſtirt worden, verſchiedene Einnehmer hingegen von der Seite geſetzwidrig gehandelt, daß ſie die aus ihren Diſtricten zu erhebende Tabacks-Acciſe-Aequivalents-gelder, nebſt den verordneten ſummariſchen Verzeichniſſen, ſehr ſpät an die Caſſe eingeliefert, auch zum Theil ſich Botenlohn, nicht weniger für Wege; weil ſie das Geld ſelbſt nach Stade zur Caſſe gebracht, beſondere Bezahlung zu gute gerechnet.

Dieſes abzuſtellen wird unter Beziehung auf ältere Vorſchriften, durch ermeldetes Ausſchreiben abermals verordnet,

1) daß ſowol die ausführlichen Mannſchaftsrollen, als auch die ſummariſchen Verzeichniſſe von beyden Quartals-Verſchlags-Commiſſarien unterſchrieben und atteſtirt, und

2) die Mannſchaftsrollen alle Jahr aufs ſpäteſte innerhalb 14 Tagen nach Neujahr von den Quartals-Verſchlags-Commiſſarien an Königl. Regierung zu Stade eingeſandt,

3) die Gelder ſelbſt aber, ſamt den ſummariſchen Verzeichniſſen von den Einnehmern wenigſtens vor Ablauf der erſten 4 Wochen nach Neujahr jedesmal an die Caſſe in Stade eingeliefert werden ſollen.

4)

und Stupratore da erhoben werden ſollen, wo die Niederkunft geſchehen, oder das Kind die Welt zum erſten beſchrien hat.

4) Da nicht verlangt wird, daß die Einnehmer die Gelder an die Casse selbst hereinbringen, sondern sie solche mit der Post oder den bestellten Landesboten hereinzusenden haben; so dürfen sie sich für Wege nichts zu gute rechnen, vielmehr sollen sie sich blos dasjenige an der einzusendenden Summe kürzen, was sie allenfalls erweislichermaaßen an Post- oder Botengelde dafür ausgegeben haben.

5) Wegen des bisherigen Mißbrauchs, und weil überhaupt nur wenige Fälle seyn können, in welchen es nöthig wäre, besondere Boten zum Ansagen zu gebrauchen, indem die Zeit der Hebung an sich bestimmt ist, und falls der Einnehmer etwa einen gewissen Hebungstag ansetzen will, solche in den Dörfern durch die wöchentlich zum Amte oder Gerichte kommenden Eingesessenen, oder auch zu gleicher Zeit, wenn der Einnehmer den Tag zur Bezahlung der Contribution ansetzet, bekannt gemacht werden kann, falls aber zu der bestimmten Zeit jemand sich mit der Bezahlung der Abgabe nicht einfinden sollte, mithin durch einen Boten daran erinnert werden müßte, das Botenlohn von solchem Säumigen selbst zu fordern ist; so wird den Einnehmern befohlen, dergleichen Botenlohn nicht ferner in Ausgabe zu bringen, oder falls wider Vermuthen solches Botenlohn vorgekommen seyn sollte, welches der Casse zur Last fallen könnte, die Ursache davon namentlich anzuzeigen.

Bey der General-Receptur ist verfügt worden, daß, wenn unzulässiges Porto und Botenlohn wieder in Ausgabe gebracht werden sollte, solches nicht paßiren, mithin die dafür abgesetzte Summe den Einnehmern zur Last gebracht wer-

fetzte Summe den Einnehmern zur Laſt gebracht werden
ſolle. Auch müſſen die Quartals-Verſchlags-Commiſſarien bey Atteſtirung der ſummariſchen Verzeichniſſe darauf achten, daß in ſelbigen dergleichen Abzüge nicht gemacht werden.

47.

Landesherrliche Verordnung, die Richtigkeit des
   Garn-Haſpels und der Fadenzahl, imgleichen die Güte des Kaufgarns in der Grafſchaft Hoya und Diepholz betreffend. St.
   James den 7ten Sept. 1787.

Dieſe aus 12 §§. beſtehende Verordnung, kömmt bis
zum Schluſſe des 8ten §. wörtlich mit derjenigen überein,
die unterm 30ſten März 1787. für das Fürſtenthum Lüneburg erlaſſen, und unter Nr. 38. in dem erſten Stück
des zweyten Jahrgangs der Annalen auszugsweiſe geliefert worden. So ferne alſo deren Innhalt dorther erſe-
hen werden kann, wird es hievon keiner Wiederholung
bedürfen. Folgende eigenthümliche Zuſätze der angeführten Hoyaiſchen Verordnung ſind aber allhier noch zu bemerken, welche in nachbenannten §§. ſtehen.

8) Wenn bey den halbjährlich anzuſtellenden Vi-
ſitationen ſich ein unrichtiger Haſpel finden läßt, ſo ſoll
ſolcher dem Innhaber abgenommen, deſſen Umänderung
auf ſeine Koſten von Obrigkeitswegen veranſtaltet, und
demnächſt dem Eigenthümer zurückgegeben, überdem aber
dieſer in eine Geldſtrafe von 24 mgr. genommen werden,
wovon die Hälfte den Policey- oder Gerichts-Bedienten
für ihre Bemühung zu verabreichen iſt.

(Annal. 2r Jahrg. 48 St.)   B   9)

9) Den Spinnern, welche sich überhaupt eines ebenen Gespinnstes zu befleißigen haben, wird bey Strafe
von achtzehn mgr. zum erstenmal, und im Wiederholungs-
fall bey willkührlicher Ahndung gänzlich untersagt, Garn
von verschiedener Güte und Feine, oder wohl gar Flächsen und Heben-Garn in ein Stück zusammen zu haspeln.

10) Ein jeder Wirth oder Wirthin, die durch ihre
Kinder und Gesinde, oder auch durch Fremde Kaufgarn
spinnen lassen, müssen für die Richtigkeit desselben einste-
hen, indem ihnen oblieget, solches vor dem Verkaufe,
nach der Länge, Faden- und Bindezahl zu untersuchen,
und soll ihnen deswegen bey befundener Unrichtigkeit,
überall keine Entschuldigung zu statten kommen, sondern
die dafür zu erlegende Strafe von ihnen selbst gefordert,
und an ihnen vollzogen werden.

11) Die Strafe für die Garnhändler, welche wissentlich unrichtiges Garn ankaufen, bleibt nach der Verordnung vom 24sten Jun. 1779. *) festgesetzt.

Jeder Garnhändler ist schuldig, wegen des angekauf-
ten Garns für seine Leute und Gesinde einzustehen. Auch
sollen die Garnhändler, wenn sie ausserhalb der Graf-
schaften Hoya und Diepholz gesponnenes Garn ankaufen, für die Richtigkeit desselben haften, und gereicht ihnen dieserwegen nichts zur Entschuldigung.

12)

*) Wegen obiger Strafe ist nachzusehen Annal. 1ster
Jahrg. 16 Stück S. 6. die Note.

12) Den Schutz-Juden soll der Garnhandel nicht anders verstattet werden, als wenn sie sich deshalb zuförderst an Königliche Landes-Regierung gewendet, von selbiger nach Befinden dazu Conceßion erhalten haben, und demnächst gehörig beeidiget worden sind,

48.

Regierungs-Ausschreiben, die Contributions-Rückstände im Herzogthum Bremen betreffend. Stade den 21sten Septbr. 1787.

Weil die mehrsten Districte mit ihrer Contribution von vielen Monathen in Nachstand gerathen sind, so ist das Ausschreiben vom 30sten Decbr. 1782, als eine in allen seinen Puncten auf das genaueste zu befolgende Vorschrift in Erinnerung gebracht worden. Insonderheit aber werden die Quartals-Verschlags-Commissarien angewiesen, die Contributions-Einnehmer ihres Districts zu unmangelhafter Wahrnehmung ihrer Dienst- und Eides-Pflichten besser anzuhalten, da es außer Zweifel, daß in vielen Districten die Anhäufung der Contributions-Restanten den Contributions-Einnehmern zuzuschreiben sey.

Solche sollen daher von neuem und auf das ernstlichste angewiesen werden, die Contribuenten zu allmonathlicher Berichtigung der currenten Contribution anzuhalten.

Die bis dahin gebliebenen Restanten sollen separat verzeichnet, und die unverhoft hinzukommenden neuen

B 2   Re

Reſtanten ebenmäßig beſonders aufgeführt werden. Es muß aber zuvor in ſolchen Fällen von den Einnehmern an die Quartals, Verſchlags, Commiſſarien eine Anzeige ge, ſchehen, und von denſelben ermäßiget werden, in wie ferne etwa mit Sicherheit eine kurze und nicht über die einmal ertheilte Friſt zu erſtreckende Nachſicht zu geſtatten ſey. Dieſes und welchergeſtalt darunter dem jederzeit in Perſon mit vorzufordernden und bey unausbleiblicher Strafe zu erſcheinenden Reſtanten Bedeutung geſchehen ſey, ſolches iſt in dem abzuhaltenden und einzuſchickenden Protocolle, unmangelhaft bemerklich zu machen.

In Anſehung der alten Rückſtände will man es ge, ſchehen laſſen, daß mit den Contribuenten wegen derer allmähligen Abbbauung, nach dem Erheiſchen der den Quartals, Verſchlags, Commiſſarien am beſten bekannten Umſtänden; und hiernach von ihnen ad Protocollum zu beſtimmenden monathlichen Abtrags, Quanto in die Ge, legenheit geſehen werde. Die Contributions, Einnehmer ſind desfalls unter Ertheilung eines Extracts aus dem Protocolle mit gemeſſener Inſtruction zu verſehen, wie bey denen nicht eingehaltenen Terminen ſofort mit der ſtrengſten Execution ordnungsmäßig zu verfahren.

Diejenigen Einnehmer, welche ſothaner Inſtruction nicht gehörig nachkommen, auch in monathlicher Bey, treibung der currenten Contribution, und monathlichen Ablieferung des eingehobenen ſich ſaumſelig finden laſſen, ſind an Königl. Regierung unverweilt zur Anzeige zu bringen.

49.

49.

Regierungs = Ausschreiben wegen der Kriegerfuhren in den Herzogthümern Bremen und Verden. Stade den 26sten Octbr. 1787.

Dem Eingange des obigen Ausschreibens zufolge, ist der Verordnung vom 12ten Jan. 1784. bey den Kriegerfuhren nicht von allen Obrigkeiten nachgelebt worden, indem sie theils Kriegerfuhren gestellet, ohne das ein den Verordnungen nach erforderlicher Fuhr-Befehl produciret, oder über die etwa eilig erforderte Fuhr die Regiminal-Genehmigung nachher nachgesucht wäre; theils sind die der Rechnung beygefügte Belege nicht vidimiret, theils auch die Berechnungen davon gar nicht eingesandt, oder wann daran erinnert worden, ist entweder blos eine Anzeige der geleisteten Fuhren ohne alle Berechnung, oder doch wenigstens keine nach der Verordnung eingerichtete Rechnung eingeschickt.

Weil dergleichen Unordnungen nicht ferner zu gestatten, so werden nicht nur alle wegen der Kriegerfuhren vorhin ergangene Verordnungen in Erinnerung gebracht, sondern es ist auch aufs neue folgendes verordnet worden. Es soll

1) jedes Amt oder Gericht in Zukunft bey 10 Rthlr. Strafe, welche widrigenfalls ohne Nachsicht beygetrieben werden sollen, in jedem Jahre vor Ablauf des Februars die Berechnung der in dem letztverflossenen Jahre in seinem Bezirke geleisteten ordinairen Kriegerfuhren, und zwar so eingerichtet, wie es am 12ten Jan. 1784. vorgeschrieben worden, einschicken, und falls keine Fuhren vorgefallen, solches wenigstens berichten.

B 3

2)

2) Keine Fuhr darf gestellet werden, wenn nicht ein vom Königl. Ministerio oder der Königl. Regierung in Stade ausgefertigter Fuhrbefehl produciret wird, auch sind nicht mehrere Pferde zu geben, als worauf der Fuhrbefehl lautet. Trägt es sich zu, daß ohne einen solchen Befehl eine eilige Fuhr von der Art, daß sie nach den bekandten Principiis in der Kriegerfuhren-Rechnung gut zu thun, oder auch mehrere Pferde, als in dem Fuhrbefehle vorgeschrieben worden, gestellet werden müssen, so soll sofort darüber zur Ratification an Königl. Regierung in Stade berichtet werden. Widrigenfalls werden solche Fuhren oder die mehreren gestellten Pferde aus der Rechnung ausgeworfen, und den Obrigkeiten zur Last gebracht, die sich die Versäumniß haben zu Schulden kommen lassen.

3) Die in den Rechnungen angeführten Fuhren müssen mit gehörig allegirten und numerirten Belegen, und zwar entweder mit den Originalfuhrbefehlen, oder mit beglaubten, wenigstens auf einem halben Bogen geschriebenen Copeyen derselben, oder auch mit denen ex post ertheilten Regiminal-Ratificationen bescheiniget werden. Die Vergütung solcher nicht gehörig bescheinigten Fuhren, wird ohne alle Nachsicht den Obrigkeiten auferlegt.

50.

Reglement wegen Schau- und Siegelung der in Lüneburg verfertigten Friesen. Hannover den 29sten Octbr. 1787.

Zur tüchtigen Verfertigung der Friesen, welche im Fürstenthume **Lüneburg** verwebt worden, ist besonders in der

Stadt

Stadt **Lüneburg,** als dem Hauptorte solcher Frieswe-
berehen, eine Schau- und Siegelung aller daselbst fabri-
cirten Fries-Waaren angeordnet, und zu solchem Ende
folgendes festgesetzt worden.

1) Sollen alle und jede Friesen, welche in der
Stadt **Lüneburg** verwebt werden, bey dem Wollen-
weber-Amte zur Schau gebracht, und daselbst vorschrift-
mäßig gesiegelt, auch ohne vorhergehende Schau- und
Siegelung bey einer Geldstrafe von vier Rthlr. für jeden Contraventions-Fall, weder angeschnitten noch verkaufet werden.

2) Zu Schau- und Siegelmeistern müssen dero Behuf zwey ansäßige Meister aus dem Lüneburgischen Wol-
lenweber-Amte angestellt seyn, die der Wollen-Manufa-
cturen und des Frieswebens wol kundig, und einander
nicht zu nahe verwandt noch verschwiegert sind, wie auch
darneben noch ein dritter, der im Fall einer von den übrigen Schaumeistern selbst verfertigte Friesen zur Schau
bringt, für selbigen zur Schau und Siegelung eintreten
kann.

3) Diese Schau- und Siegelmeister sollen nach
Maasgabe ihres abgeleisteten Eides ihr Amt treu und
fleißig, ohne alle Partheylichkeit und Ansehn der Person,
auch ohne alle Nebenabsicht, auf ihren oder der ihrigen
Privat-Nutzen verrichten. Wer dawider handelt, so
nicht allein seines Amts verlustig seyn, sondern auch daneben in eine willkührliche Geld- oder Gefängniß-Strafe
vertheilet werden.

B 4

4)

4) Die Schau⸱ und Siegelung geschiehet wöchent⸱
lich alle Montage des Nachmittages auf der Walkmühle,
und muß dabey jedesmal diejenige Magiſtratsperſon mit
gegenwärtig ſeyn, welcher von Königl. Regierung die
Direction des Schau⸱Amtes übertragen worden.

5) Die Frieſen, welche zur Schau gebracht wer⸱
den ſollen, müſſen Vormittages auf die Walkmühle ge⸱
liefert werden, damit das Zuſammenholen derſelben nicht
aufhalte. In jedem Stücke iſt der Name des Meiſters,
und die Nummer des wievielſten Stücks es von ſeinen
nach der Schau⸱Ordnung verfertigten Frieſen ſey, einzu⸱
würken.

6) Alle verfertigte Frieſen ſollen zweymal zur Schau
gebracht werden. Das erſtemal wenn ſie aus der Walke
kommen und gerauhet ſind, das andremal wenn ſie ge⸱
färbt und völlig zum Verkauf aufgeſtutzt ſind. Bey der
erſten Schau wird über alle erforderliche Eigenſchaften
eines guten Frieſes, ſowohl über Spinnerey und Webe⸱
rey, als auch über das Walken und Rauhen, und bey
der zweyten Schau über die Güte der Färberey geur⸱
theilt.

7) Bey jedesmaliger Schau wird ein Siegel oder
Stempel von einer Plombe aufgeſetzt. Bey der erſten
Schau ein kleiner, mit einem halben Monde bezeichne⸱
ter Stempel, welcher an dem inwendigen Ende des
Stücks befeſtiget wird. Bey der zweyten Schau der
Hauptſtempel, beſtehend in einer größeren bleyernen run⸱
ben Platte, der das urſprüngliche Amtszeichen der Wol⸱
lenweber, nemlich einen Löwen mit der Umſchrift:

Schau⸱

Schau-Amt der Lüneburgischen Wollenweber enthält. Auf dem Revers dieses Hauptstempels wird die Breite des Stücks und die Länge desselben mit Zahlen bemerket.

8) Finden sich bey der Schau solche offenbare Fehler, die ein Stück ganz verwerflich machen, so sollen die Schaumeister solches mit einem O bestempeln, und es soll dann dem Meister als schlechte Waare zurückgeben, der dafür, daß er so schlechte Waare zur Schau gebracht, 4 ggr. Strafe in in die Amts-Casse erlegt. Es darf solch Stück auf keine Weise bey 4 Rthlr. Strafe im Lande verkauft werden.

9) Die bey der Schau bemerkten Fehler, werden zur Besserung des Meisters auf folgende Art bestrafet:

  a) für eine einfache Blatte, so über eine halbe Elle lang, 2 ggr.

  b) für eine gedoppelte Blatte, sie sey kurz oder lang, 4 ggr.

  c) für ungleiche Spinnerey, 1 bis 2 ggr.

  d) für ungleiche Weberey, 1 bis 2 ggr.

  e) für schlechte Walke, die jedoch noch von der Art ist, daß die Waare dem ohngeachtet noch wol paßiren könnte, 2 bis 4 ggr.

  f) Wenn die Waare nicht gut gerauhet worden, 2 bis 4 ggr.

Bey jedesmaliger Schau wird ein richtiges Buch geführet, und werden darin die gesetzten Strafen genau

bes

bemerket. Sämmtliche Schaumeister unterschreiben daſſelbe jedesmal nach geendigter Schau, heben die Straf-gelder ein, und liefern ſie dem aominiſtrirenden Alter-mann ab, um dieſelben in die Amtsrechnung einzufüh-ren, welche alljährlich bey den Amtspatronen abgelegt wird. Das erforderliche Bley, und andere zur Schau gehörige Bedürfniſſe, werden einſtweilen aus der Amts-Caſſe angeſchaffet, und wenn die Caſſe mit den erforder-lichen Ausgaben nicht ausreichen ſollte, wird wegen deren Erhaltung, und in welcher Maaße ein jeder dazu zu con-curriren ſchuldig ſey, weitere Verfügung geſchehen.

10) So lange das Amt der Wollenweber nicht durch mehrere Meiſter verſtärkt wird, wollen die jetzt ernannte Schaumeiſter die Schau- und Siegelung unentgeltlich verrichten. Sobald jedoch ein anderes beliebt werden ſollte, wird die Taxe, wie viel für jedes Stück ein oder zweymal zu ſchauen, erlegt werden ſolle, beſonders be-ſtimmt werden.

11) Sollte der Fall vorkommen, daß die Schau-meiſter untereinander ſtreitig würden, ob das zur Schau gelieferte Stück Waare, für Kaufmannsgut paßiren könne, oder verworfen werden müſſe; ſo wird der gegen-wärtige Amtspatron den Streit durch einen wohlerfahr-nen Kaufmann und Tuchhändler entſcheiden laſſen.

12) Die Stempel und Siegel ſollen jederzeit bey derjenigen Magiſtratsperſon in Verwahrung ſeyn, wel-cher die Oberaufſicht auf das Schauamt übertragen wor-den, und nicht anders als in deren Gegenwart von den Schaumeiſtern gebraucht werden.

13)

13) Bey der Schau- und Siegelung können die Amtsmeister, wenn sie wollen, mit gegenwärtig seyn, so wie auch einem dasigen Kaufmann oder Gewandschneider, welcher auf seine Rechnung Friesen bey den Meister verfertigen lässet, freystehet, der Schau- und Siegelung für seine Person mit beyzuwohnen.

14) Wenn ein Wollenweber bey der Schau entweder den Schaumeistern oder andern Mitmeistern durch anzügliche Reden und Handlungen Beleidigungen zufügt, oder Gelegenheit zum Streit giebt, so soll derselbe von den Amtspatronen in gebührende Strafe genommen, oder nach Beschaffenheit der Umstände gar an das Untergericht zur Belegung mit Leibesstrafe abgeliefert werden.

51.

Landesherrliches Edict, die sogenannte Franzosen-Krankheit des Rindviehes betreffend. Hannover den 5ten Novbr. 1787.

Nach dem Eingange dieses Edicts haben wiederholte und genaue Untersuchungen der Aerzte und Naturforscher ergeben, daß wenn sich bey dem Schlacht-Viehe, nachdem es aufgehauen worden, gewisse kleine Gewächse, Geschwülste, Blasen von verschiedener Größe und Figur, einzeln oder zusammen, vereinigt oder traubenförmig, vorzüglich in der Höhle der Brust, an dem Ribbenfelle, an der Lunge, dem Zwergfelle, zuweilen auch jedoch nur selten an anderen Theilen des Körpers finden, die gemeiniglich etwas Flüßiges enthalten, wobey jedoch übrigens das Thier ganz gesund und gut gemästet befunden wird,

auch

auch bey selbigem vor dem Schlachten keine äußerliche
Kennzeichen irgend einer Krankheit zu bemerken gewe=
sen, der beschriebene Zufall keinesweges eine der menschli=
chen Gesundheit schädliche Beschaffenheit mittheile, es
zum Genuße untauglich und ekelhaft, oder gar unreine
mache; sondern vielmehr von einer vorzüglich guten Nah=
rung und Mästung des Viehes, vornemlich wenn diese
zu geschwinde geschehen, und von einem daher entstande=
nen Ueberflusse der Fett=Theile herrühre, wie dann auch
der Zufall gewöhnlich nur bey dem feistesten und gesun=
desten Viehe gefunden werde.

Hiermit ist die Bemerkung verbunden worden, daß
in den mehrsten auswärtigen Ländern, das Fleisch von
solchem Viehe jederzeit ohne alles Bedenken, oder irgend
einigen Schaden der menschlichen Gesundheit genossen
werde; in verschiedenen benachbarten deutschen Staaten
aber, in welchen bisher das Vorurtheil geherrscht, als
wenn solches Vieh von einer bösartigen Krankheit ange=
steckt wäre, sey solchem Vorurtheile, oder wenigstens des=
sen schädlichen Folgen, durch Landesherrliche Belehrung
und Verordnung abgeholfen worden.

Weil nun auch dergleichen Vorurtheile an manchen
Orten Sr. Königl. Majestät deutschen Landen, im
Schwange gegangen, selbige aber den Landleuten, Vieh=
mästern, Viehhändlern und Knochenhauern, sehr schäd=
lich gewesen, und oftmals den Ruin ihrer Wirthschaft
verursachet haben, indem ein solches Stück Vieh an ver=
schiedenen Orten dem Abdecker überlassen, und das dafür
bezahlte Geld dem Käufer von dem unschuldigen Ver=

käufer

käufer zurückgegeben werden müssen, der eine solche Beschaffenheit des Viehes vor dem Schlachten nicht wissen können;

' So ist, um den nachtheiligen Folgen jenes gänzlich ungegründeten Vorurtheils abzuhelfen, folgendes für gesammte Churlande mit Aufhebung desjenigen verordnet worden, was etwa dagegen in den Knochenhauer-Gildebriefen oder Artikeln eines oder andern Orts bestimmt, oder sonst hergebracht seyn mögte.

Wenn ein Stück Rindvieh, mit gesundem Ansehen, Munterkeit und ohne Widerwillen gegen das Fressen gezeigt zu haben, geschlachtet, und das Fleisch bey dem Aufhauen von natürlicher guter Beschaffenheit, gesunder Farbe und gutem Geruche befunden wird, dabey sich aber obbemerkte Beschaffenheit an den inneren Theilen, jedoch nicht in der Substanz des Fleisches oder der Eingeweide selbst, ereignet: so soll solches Stück Schlacht-Vieh nicht ferner für unrein erklärt, noch dem Abdecker überliefert, noch der Verkäufer angehalten werden, dem Käufer das dafür erlegte Geld herauszugeben, sondern damit wie mit jedem andern Schlachtviehe, es sey nun zum feilen Verkauf oder zur eigenen Consumtion, verfahren werden.

Es ist jedoch ein jeder Fleischer oder Knochenhauer, oder wer sonst ein Stück Rindvieh schlachtet, bey welchem nach dem Aufhauen erwähnte Beschaffenheit angetroffen wird, bey schwerer Strafe verbunden, der Obrigkeit des Orts sofort davon Anzeige zu thun, und soll diese ex officio, mithin unentgeltlich, eine Besichtigung des Stück

Viehes

Viehes durch zwey eidlich verpflichtete sachkundige Männer, oder wenn die Umstände zweifelhaft sind, durch einen Physicus oder erfahrnen Vieharzt ungesäumt veranstalten, worauf sobann, wenn sich nach geschehenen Rapporte keine bedenkliche Umstände oder Spuren irgend einer andern Krankheit finden, und nachdem das Stück Vieh von dem traubenförmigen, aus den innern Theilen abzulösenden und wegzuwerfenden Auswüchsen und Blasen sorgfältig gereiniget worden, der freye Verkauf oder die eigene Consumtion eines solchen Schlachtviehes zu verstatten ist.

52.

Consistorial-Ausschreiben, wegen der den beurlaubten Unterofficieren und Soldaten zu ertheilenden Zeugnisse, über die Ausübung der Religions-Pflichten. Hannover den 4ten Decbr. 1787.

Da in dem neuen Dienst-Reglement für sämtliche Chur-Braunschweig-Lüneburgische Truppen verordnet ist, daß die beurlaubte Unterofficiere und Soldaten, von dem nächsten Prediger ihrer Religion, zu dessen Kirche sich jene während Urlaubs gehalten haben, ein Zeugniß über die fleißige Ausübung der Religions-Pflichten mit zurückbringen sollen;

So wird mittelst obigen Ausschreibens den Special-Superintendenten aufgetragen, die ihnen untergebene Prediger dahin anzuweisen, daß sie denjenigen, welche sich desfalls bey ihnen melden, und von welchen sie hinlängliche Kenntniß haben, das von ihnen begehrte Zeugniß, unter

dem

dem Urlaubspaffe mit folgenden Worten unentgeltlich ertheilen:

    Die fleißige Ausübung der Religions-Pflichten
    attestiret

(Ort, Tag.)   N. N.
                           Pastor hieselbst.

53.

Consistorial-Ausschreiben, wegen der den einquar-
tirten Truppen anzuweisenden Kirchen-Stel-
len. Hannover den 4ten Decbr. 1787.

Hiedurch ist den Kirchen-Commiffarien aufgegeben wor-
den, dafür zu sorgen, daß an solchen Orten, wo keine
Garnison-Kirchen sind, der bequartirten Mannschaft oder
den zu der Kirche gewiesenen Truppen eigene angemeffene
Stellen eingeräumet werden, wenn bis jetzt kein besonderer
Stand für selbige vorhanden gewesen.

Die Kirchen-Commiffarien sollen sich hierüber mit dem
Regiments- oder Compagnie-Cheff vernehmen, und eine
nach jeden Orts Locali auszumittelnde Uebereinkunft treffen, bey vorkommenden Bedenklichkeiten aber, davon zuförderst an Königl. Consistorium zu weiterer Verfügung
berichten.

54.

Regiminal-Verordnung von Untermauerung der
Grundlagen der Gebäude, in den Herzogthümern Bremen und Verden. Stade
den 14ten Decbr. 1787.

Innhalts obiger Verordnung ist bemerkt worden, daß
an vielen Orten die Grundlagen unter den Gebäuden nicht

in

in gehöriger Höhe von der Erde untergemauert werden. Gegen diesen Fehler im Bauen, welcher oftmalige Reparationen nothwendig zur Folge hat, und daher den Unterthanen sowohl unnöthiger Weise öftere Reparationskosten, als auch den Forsten unnöthige Holz-Abgaben zuziehet, und überhaupt den ohnehin immer seltener und kostbarer werdenden Vorrath von Bauholz, ohne Noth sehr vermindert, sind nachstehende Vorschriften ertheilt.

Es sollen in Zukunft in den Städten sowohl als auf dem Lande, bey vorzunehmenden neuen Bauen oder vorfallenden Grund-Reparationen sämtlicher sowohl Haupt-als Neben-Gebäude die Grundhölzer wenigstens auf zwey Fuß Höhe von der Erde mit Steinen untergemauert werden. Dabey wird den sämtlichen Obrigkeiten anbefohlen, nicht nur die Unterthanen und Einwohner bey allen vorfallenden Gelegenheiten, besonders auch wenn selbige um Bewilligung von Bauholz nachsuchen, zu Befolgung dieser Verordnung ernstlich anzuweisen und anzuhalten, sondern auch die Stadt-Flecken-Amts-und Gerichts-Unterbediente nachdrücklich zu erinnern, daß sie bey den in ihrem Bezirk vorfallenden neuen Bauen oder Grund-Reparationen vorhandener Gebäude darauf achten, daß dieser Verordnung pünctlich nachgelebet werde, nicht weniger die Zimmer-und Mäuerleute, welche derselben entgegen handeln sollten, zur wirklichen Bestrafung anmelden.

Wenn in Ansehung der Städte, der Marsch und vorzüglich in Ansehung des Mohrgrundes, der sich noch nicht gehörig gelagert hat, solche Umstände eintreten, welche die Befolgung der obigen Vorschrift verhindern; so wird den
Magi-

Magistraten in den Städten, und den Obrigkeiten auf dem Lande überlassen, in solchen einzelnen Fällen, nach unter⸗ suchten und richtig befundenen Ursachen, von gegenwärti⸗ ger Verordnung entweder ganz oder zum Theil zu dispensiren, welche Dispensation jedoch nicht ohne erhebliche Ursachen er⸗ theilt werden darf.

Wird die Verordnung verabsäumet, so sollen die Obrig⸗ keiten selbst deswegen zur Verantwortung gezogen werden, daß sie über selbige nicht gehalten haben.

55.

Verordnung wegen Einführung einer allgemeinen Gleichheit des Haspels in den Herzogthü⸗ mern Bremen und Verden. Stade den 14ten Decbr. 1787.

Obige Verordnung ist im wesentlichen demjenigen gleich⸗ lautend, was des angeführten Gegenstandes wegen im Ca⸗ lenbergischen vorhin verfügt worden. (S. Annalen 1t Jahrgang 16 St. S. 2.) Um uns daher einer überflüßi⸗ gen Wiederholung zu enthalten, machen wir nur dasjenige daraus bemerklich, was entweder eine wirkliche Abwei⸗ chung in sich fasset, oder als specielle Vorschrift zu betrach⸗ ten ist.

§. 2. Der Anfangsbuchstabe von dem Namen des Drechslers, der die Umänderung besorgt, oder neue Haspel macht, wird auf das vorderste Kammrad eingebrannt.

§. 3. Zur ersten Visitation sind sechs Monate nach Publication angesetzt.

Für

Für einen gesetzwidrig eingerichteten Haspel erlegt der Eigenthümer 24 ßl. oder 18 mgr. Strafe. Die Hälfte hiervon fällt an die Policey- und Gerichtsbediente, die andere Hälfte aber an des Orts ordentliche Obrigkeit, welche die Visitation veranstaltet hat.

§. 5. Von der Geldbuße, worinn diejenigen genommen werden sollen, welche vorschriftswidrige neue Garns Haspel verfertigen oder verkaufen, erhält der Denunciant ein Drittheil, die andern zwey Drittheile aber fallen der ordentlichen Obrigkeit zu, unter welcher der Contravenient stehet.

§. 8. Die Hälfte des Werths von betrüglich gehaspeltem Kaufgarn, den der Leineweber, welchem solches nach der Confiscation überlassen wird, dafür bezahlt, wird dem Gerichtsbedienten oder Denuncianten zugebilliget, die andere fällt der ordentlichen Civil-Obrigkeit als Strafgelder zu.

§. 12. Ebenfalls genießet solche auch die Hälfte der Strafgelder, welche auswärtige Garn-Aufkäufer und Packenträger erlegen müssen, bey denen erkauftes Garn angetroffen wird. Die andere Hälfte bekömmt der Denunciant.

56.

Regierungs-Rescript, den Gebrauch der alten unbeeidigten Hebammen im Fürstenthum Lüneburg betreffend. Hannover den 21sten Decbr. 1787.

Dieses an Königl. Amt Medingen auf dessen Anfrage erlassenes Rescript verordnet, daß vorerst den Unterthanen nicht

nicht simpliciter der Gebrauch der alten unbeeidigten Hebammen zu verbieten sey, auf jeden Fall aber diejenigen, welche ohne alle gegründete Ursachen, sich mit Hintansetzung der neuen beeidigten Hebammen, aus Vorurtheil und Eigensinn, der alten unbeeidigten und nicht gehörig unterrichteten Hebammen bedienen, den neuen Hebammen die hergebrachte Gebühr unweigerlich entrichten sollen.

II.

Louise Dreyfuß.

Ein Beytrag zur Seelenkunde.

Louise Dreyfuß, die Frucht unehelichen Beyschlafs, wurde im Jahr 1764. im Gefängnisse zu Ahlden, von einer hernach zum Zuchthause verurtheilten Inquisitin gebohren. Von ihrem zweyten Jahre an gab man solche bey dem dasigen Gerichtsdiener in Kost und Erziehung, woselbst sie 13 Jahr bis zur Confirmation blieb.

Während dieser Zeit soll sie etwas eigensinnig gewesen seyn, auch wol bey Gelegenheit Kleinigkeiten genommen haben. So oft sie hierüber oder anderer Ursachen wegen gezüchtiget worden, hat sie selten geweint, sich vielmehr sehr störrisch und eigensinnig, sonst aber mehr Munterkeit als ein stilles Temperament gezeigt, auch ein gutes Religions-Erkenntniß erlangt gehabt.

Seite

Seitdem diente sie innerhalb 3¾ Jahren an vier verschiedenen Orten, woselbst man mit ihr zufrieden gewesen, und sie hauptsächlich nur deshalb wieder bald gehen lassen, weil ihre Kräfte zur Hausarbeit zu schwach befunden worden. Die einzige sich auszeichnende That, welche sie unterdessen begangen, besteht darin, daß wie sie die Kuh eines ihrer Brodtherren zu Hause holen sollen, und diese in einem Sumpfe steckend angetroffen, sie solche dergestalt geschlagen, daß Haut und Haar darnach weggegangen.

Zuletzt trat sie bey dem Einwohner Oelffen zu Düshorn in Dienst, der sie nicht lange zu behalten gedachte, weil sie, wenn ihr etwas geheissen worden, immer trotzig und eigensinnig, auch im Hause mutsch gewesen. Answärts war sie lustiger, und erlaubte man ihr eben deshalb gerne mit ihrem Spinnrade auszugehen.

Dieses geschah auch am 4ten April 1783., als die Dreyfuß des Nachmittages bald nach Tsche, sich zum Spinnen in ihres Nachbars Sanders Haus verfügte. Hier traf sie nebst andern Spinnerinnen namentlich Magdalena Wolters an. Anfangs scherzte sie mit derselben. Diese Unterhaltung artete aber bald in Ernst aus, und es kam zum heftigen Wortwechsel. Die Wolters warf der Dreyfuß eine Speckschwarte zu, welche diese ergrif, und jener das Gesicht damit rieb. Hierdurch aufgebracht gab die Wolters der Dreyfuß den Schimpfnahmen Puckfaut. Letzte nannte erstere dagegen Otje und Sinnekussen. Die übrigen Spinnerinnen bemüheten sich, den Streit beyzulegen, und bewürkten auch wenigstens eine Stille.

Am

Am Abend beym Weggehen soll aber die Wolters den der Dreyfuß beygelegten Schimpfnahmen wiederholt haben. Hierauf rief letztere die Worte aus: „Kum du Düfel. eck will dick kolt maken" (Komm du Teufel, ich will dich kalt machen) und begleitete solche mit dem Schwure: „der Teufel sollte sie holen, wenn sie es nicht thäte." Einige Anwesende stellten ihr die Abscheulichkeit dieser Aeußerungen und die Folgen des Mordes vor. Sie erwiederte aber gleichgültig, „das mache nichts, eines Todes könne sie nur sterben."

Etwa 6 oder 7 Tage nach diesem Vorfalle war die Dreyfuß wiederum mit verschiedenen anderen Mädchens des Dorfes in der Brammerschen Spinnstube versammlet. Bey ihnen fand sich auch Johann Sander, der Halbbruder der Magdalena Wolters ein, mit der sich die Dreyfuß vor einigen Tagen gezanket hatte, und neckte diese vorzüglich. Sie forderte ihn daher im Scherz heraus aufs Freye. Sander entfernte sich indeß, kam jedoch bald mit einem Eimer voll Waffer zurück, und wartete an der Hausthür, um die Dreyfuß zu begießen. Als sie sich nun nicht herauswagte, goß er nach ihr auf der Diele, verfehlte sie aber, und gieng weg, einen anderen Eimer voll Waffer zu holen. Während der Zeit lief die Dreyfuß davon, und suchte in dem Wolterschen Hause Schutz, floh daselbst auf eine Kammer, wurde aber von Sander dahin verfolgt, und bemühete sich dieser sie zu begießen, als er sie antraf. Die Dreyfuß rief dessen Mutter zu Hülfe, welche auch herbey eilte, und ihrem Sohne den Eimer wegnehmen wollte. Seine Halbschwester

Mag:

Magdalena Wolters suchte die Mutter daran zu hindern. Es gelang ihr aber nicht, und wie sie dieses sah, gieng sie nach dem benachbarten Hause des Brodtherrn der Dreyfuß. Von hier ab rief sie dieser, welche noch vor dem Wolterschen Hause stand, zu: „sie möchte statt Lärm zu machen, nur nach Hause gehn und spinnen, denn sie spinne ja nicht einmal ein Stück, und haspele die Binde nicht voll."

Die Hausfrau, bey der sie diente, hörte solches aus ihrer Stube mit an, und befragte die Dreyfuß bey ihrer Rückkehr nach Hause: warum sie die Binde nicht voll haspele? Diese erwiederte unwillig: sind sie denn nicht voll?

Einige Tage nachher fiel das Gespräch im Brammerschen Hause wieder auf die Wolters; nun sagte die Dreyfuß in der Spinnstube; sie wolle der Wolters einen Knick geben, den sie ihr lebelang behalten sollte, und wetzte zu dieser schrecklichen That in Gegenwart der übrigen ihr Taschenmesser auf dem Tischfuße.

Am Sonnabend den 12ten April schlich sie sich des Abends um 5 Uhr in das Woltersche Haus, und legte sich auf den Stall. Um halb 12 Uhr, als sie merkte daß alles zu Bette war, gieng sie herunter in die Wohnstube, und von da in die ihr bekannte Schlafkammer, woselbst die Witwe Wolters, deren Tochter Magdalena mit noch einer dritten Person zu Bette lagen, entschlossen, wenn solche sämtlich fest eingeschlafen wären, den Mord mit ihrem bey sich habenden Taschenmesser zu vollbringen. Die Witwe Wolters, welche das Knarren der

Thür

Thür gehört, blieb indeß noch wachend. Ihr Sohn der
sich im Wirthshause aufgehalten, kam um 11 Uhr zu
Hause, und fragte seine Mutter, ob sie die Hinterthür
zugemacht? er habe sie offen gefunden, und vermuthe
daher fast, daß Diebe im Hause wären. Man beschloß
deshalb Licht anzuzünden. Indem hiervon gesprochen
wird, wirft sich die Dreyfuß aufs Bette, giebt sich nach
geschehener Anrede zu erkennen, und wendet vor, sie
hätte sich verspätet, und die Thür zum Hause ihres Brodtherrn, wie sie hineingewollt, schon verschlossen gefunden.
Sie bittet daher um Herberge für die Nacht. Dies
wird ihr bewilliget, und nun legt sie sich bey der Witwe
Wolters in den geräumten Platz der Magdalena, die
sich zur Sandern gebettet, und schläft bis an den folgenden Morgen gegen zehn Uhr, ohne jener, die in dem
Bette neben ihr ruhet, das geringste Leid zuzufügen.
Nach dem Aufstehen verweilt die Dreyfuß noch eine
Stundelang im Wolterschen Hause, ohne die Tochter
wieder zu sehen, weil diese zur Kirche gegangen war.
Auf anhaltendes Bitten der Sander's genießt sie einige
Cartoffeln, das ihr angebotene Butterbrodt aber kann
sie nicht herunter bringen, weil sie schon am vorhergehenden Tage, als ihr der Gedanke angekommen, die Wolters zu ermorden, eine so quälende Angst überfallen, daß
sie sich ihrer nicht zu erwehren gewußt.

Um 11 Uhr verläßt sie das Woltersche Haus, und
legt sich in eine zum Hofe gehörende Scheure auf Haide
nieder. Hier leidet sie große Angst, und nimmt ihre Zuflucht zum Gebete, ohne aber Wirkung davon zu empfin-

C 4   den.

den. Auf einmal entschließt sie sich, den vorhin mißlungenen Mord, an dem jüngsten Kinde ihres Brodtherrn
Oelfken auszuführen. Sie wählt dieses hiezu, weil sie
der Mutter darüber nicht gut gewesen, daß solche sie wegen des beschuldigten falschen Haspelns zur Rede gestellt,
und desfalls zu klagen gedrohet. Auch mochte sie das er-
mordete Kind selbst nicht leiden, indem solches der Mutter alles angebracht, und diese darnach gehört. Sie
glaubte überdem, „weil sie sich einmal verschworen
„gehabt, einen Menschen zu tödten, der Wolters
„aber nicht ankommen können, so wäre es gleich
„gut, wenn sie nur einen andern umbrächte, und
„würde sie der Teufel abholen, wenn sie ihren
„Schwur nicht erfüllte.“

Sie verfügt sich daher des Nachmittages gegen 3
Uhr aus der Wolterschen Scheure hinweg in das Oelfki-
sche Haus, und legt sich auf den darin befindlichen Kuhstall, wo sie etwa zwey Stunden schläft. Um eilf Uhr
des Nachts geht sie herunter in ihre Kammer, und legt
statt der gewöhnlichen, bessere Kleider an, um ihrem
Vorgeben zufolge, sich gleich nach vollbrachtem Morde
bey dem Amte als Thäterin anzugeben.

Um 12 Uhr verläßt sie ihre Kammer, in einer Verfassung, wie sie angegeben, die es ihr eben so leicht gemacht haben würde, sich selbst als das getödtete Kind
umzubringen.

Sie geht zu der Butze, worin zwey Kinder ihres
Brodtherrn schlafen, mit dem Vorhaben, das jüngste
desselben, ein Mädchen von ohngefähr 6 Jahren zu ermorden.

morden. Sie setzt sich vorne in diesem Behältnisse nieder, und wie sie merkt, daß das Kind schläft, legt sie demselben die eine Hand auf dem Kopf und schneidet mit der andern ihr gewöhnliches Taschenmesser durch die Kehle des Kindes, woran es, ohne einen Laut von sich zu geben, verstirbt.

Die Mörderin wirft nach vollbrachter That das Messer, weil es ihr zuwider ist, in den Kuhstall, legt sich wieder auf den Stall, wo sie vorhin ihr Lager gehabt, verliert die bisherige Angst, und schlummert etwas ein. Es entsteht darauf Lerm im Hause, indem der Bruder der Entleibten etwa um zwey Uhr aus dem Wirthshause zurückkömmt. Er weckt durch seine Ankunft die in der Butze schlafende ältere Schwester auf. Diese fühlt beym Erwachen die Wärme des vergossenen Bluts der Getödteten, glaubt, daß selbige krank sey, und sich übergeben habe. Sie ruft ihren Bruder desfalls an, und dieser weckt wiederum die Eltern. Man entdeckt durch herbeygeholtes Licht den traurigen Vorgang. Das Wehklagen der Eltern und Geschwister bringt die Nachbarn aus dem Schlafe, und so versammlen sich in kurzem viele Menschen. Die Thäterin hört auf dem Stalle alles was vorgeht mit an, unter andern auch, daß der Verdacht von der begangenen Mordthat wegen ihrer Abwesenheit auf sie fällt.

Gegen fünf Uhr Morgens, nachdem es wieder im Hause ruhig geworden, verfügt sich die Mörderin von dem Stalle herunter in den Hof, und von da auf den Weg nach Fallingbostel, um sich beym Amte anzugeben,

weil

weil ſie nicht entkommen können, die That gethan, und gehört, daß man ihr ſolche beygemeſſen.

Nahe vor dem Dorfe begegnet ihr ein Einwohner aus Fallingboſtel, der ſie darauf anſpricht, wohin ſie wollte? Anfangs erwiedert ſie: ſie wiſſe es noch nicht, ob ſie nach Fallingboſtel oder Walsrode wolle. Als er ſie aber an den Arm faßt und mitgehen heißt, ſagt ſie ihm, ſie hätte die vergangene Nacht nicht viel Gutes gethan, und auf Befragen, ob ſie dem Oelſkſchen Kinde den Hals abgeſchnitten, folgt die ganz freymüthige Antwort: ja, das hätte ſie gethan.

Am Nachmittage wird ſie auf Befehl der gegenwär=tigen Obrigkeit in die Stube geführt, und ihr der mit ei=nem Tuche bedeckte Leichnam des ermordeten Kindes ge=wieſen. Sie erſchrickt hierüber ſo wenig, als ſie eine an=dere Rührung von ſich ſehen läßt, tritt vielmehr mit einer ruhigen Stirn herzu, betrachtet das Kind, und erwie=dert auf Befragen: Das iſt das Kind, welchem ich die vergangne Nacht den Hals abgeſchnitten habe.

Während der Unterſuchung findet die Dreyfuß Ge=legenheit aus der Haft zu entkommen. Sie nimmt nebſt wenigen Kleidungsſtücken, auch ihre Bibel, Geſangbuch und Catechismus mit, und geht, um der Strafe zu ent=fliehen, über Dorfmark und Idenbruch nach Hamburg zu, in der Abſicht daſelbſt Dienſte zu ſuchen. Jenſeits Iden=bruch wird ſie müde, die Beine fangen ihr an wehe zu thun, und als ſie vor Angſt nicht weiter kommen kann, kehrt ſie wieder um, auf den Weg nach Fallingboſtel zurück.

In

In Dorfmark trift sie bey dieser Gelegenheit eine Frau an, von der sie befragt wird, wo sie hin gewesen. Sie erwiedert, daß sie zu Fallingbostel ausgebrochen sey und weggewollt hätte, weil sie aber nicht weiter kommen können, denke sie nach Fallingbostel zurück. Sie bittet zugleich, ihr den rechten Weg zu zeigen; ohnerachtet aber dieses geschieht, besorgt dennoch die Dreyfuß solchen zu verfehlen und ersucht daher hinter ihr herkommende Leute, der Voigtschen zu sagen, sie möchte doch jemand schicken, der sie wieder nach Fallingbostel brächte, welches dann auch ihrem Wunsche gemäß befolgt wird.

Beobachtern der Menschheit ist schon jede nur geringe Entfernung von der Bruderliebe, diesem edelsten Triebe, dieser Grundstütze alles Erdenglücks, äußerst merkwürdig. Aber unendlich vermehrt sich für sie die Wichtigkeit solcher Vorfälle, wenn darin alle Spur des Gefühls jener Pflicht ganz vertilgt ist, wenn ihre Verleugnung bey einem Geschlechte wahrgenommen wird, dem sonst sanfte Empfindungen als ein Vorzugsrecht eigenthümlich zu seyn scheinen; Wenn dieses sich in einem Alter zeigt, wo der Reiz zu allgemeiner Theilnahme am lebhaftesten und stärksten zu würken pflegt; wenn dadurch kein wahres oder falsches äußeres Glück erreicht werden kann, sondern die Absicht blos auf Befriedigung verborgener innerer Vorstellungen und Neigungen gerichtet ist.

Darum verdient dann auch die Geschichte der obigen Mordthat in mannigfaltiger Rücksicht vorzügliche Aufmerksamkeit. Ohne aber hier die Frage der Imputabilität zum Vorwurfe einer Untersuchung zu machen, sollen

blos

blos einige pſychologiſche Muthmaßungen über das Entſtehen des vorgetragenen Blutdurſtes angeführt werden *).

Ein außerordentlich hoher Grad von Unempfindlichkeit ſcheint der Urſtof zu ſeyn, woraus die Rachbegierde
der Dreyfuß ſich bis zum erſten Mord-Entſchluſſe hinauf
ſchnellte, Starrſinn lenkte ſolchen nach mißlungenen Verſuche auf einen anderen Gegenſtand, und Aberglaube
half ihn endlich mit vollführen.

Schon in der Kindheit war die Dreyfuß ſo fühllos,
daß ſie bey erhaltenen Züchtigungen ſelten weinte, während der ganzen Inquiſition hat ſie kaum ein einzigesmal
in Rührung gebracht werden können, und ſelbſt der er-
ſchütternde Anblick des von ihrer Hand erblaßten Kindes
machte keinen erweichenden Eindruck auf ſie.

Hätte

*) Ein etwas ähnliches, aber den Umſtänden nach
nicht völlig gleiches Beyſpiel, von einer aus Rach-
ſucht entſtandenen Mordluſt, die an einer unſchul-
digen Perſon geſtillt worden, findet ſich in der Berliner Monathsſchrift Novbr. 1787. S. 443.
u. ſ. w. welche ein Soldat Namens Habermann
ausgeführt. Die Erzählung ſagt nicht, daß er körperliche Angſt, wie die Dreyfuß, gehabt. Die That
geſchah übrigens gleichfalls mit dem gewöhnlichen
Brodmeſſer, der Thäter war äußerſt ruhig nach
der Handlung. Er ſah den blutigen Leichnam ohne
Rührung. Er ſagte, er hätte ſo was thun müſſen, und erklärte dieſes dadurch, weil er den Vor-
ſatz gehabt, den Jock zu ermorden, ſo ſey es Beſtimmung für die Unſchuldige geweſen, die der Mord
getroffen, da er zuvor gar nicht hieran gedacht.

Hätte sich indessen mit ihrer Unempfindlichkeit nicht
Starrsinn und Aberglaube vereinbart, so würde dennoch
die erhizte Rachbegierde durch den ersten fehlgeschlagenen
Versuch des vorgesetzten Mordes abgekühlt seyn. Im Ge:
gentheil aber gewann das Verlangen nach der That nur
bestomehr Festigkeit, und sie suchte sich der Ausführung
davon auf eine Art zu versichern, die weniger Ungewiß:
heit unterworfen war, als eine Wiederholung des ersten
Unternehmens. Sie empfand Angst so lange ihr Ent:
schluß noch Vorhaben blieb, und verlor diese gleich nach
vollendeter That. Nirgend zeigen sich Spuren der Wan:
kelmuth, seit der ersten Drohung bis zum Anlegen des
voraus gewetzten Messers. So bestätigt dann auch die:
ses Beyspiel, daß den Verbrechern oft die Ausführung
nicht sehr schwer fällt, wenn die That erst einmal beschlos:
sen worden. Würde bey Criminal:Verhören mehr dar:
auf inquirirt, so hörte man wahrscheinlich auch häufiger
übereinstimmende Geständnisse mit der Aussage des zu
Wurzen hingerichteten Mörders Kramer, der bey sich
die Bemerkung gemacht, daß wie er den Entschluß gefas:
set, den Fuhrmann, den er ermordet, zu erschlagen, und
diesen Gedanken nur ein einzigesmal gedacht habe;
so wäre es ihm gewesen, als sey ihm ein Stein vom Her:
zen gefallen. *) Sehr wichtig ist es daher für Gesetzge:
ber und Erzieher, dem ersten Entstehen des Vorsatzes zu
Uebelthaten entgegen zu würken.

Die

*) S. Journal von und für Deutschland 1785. viertes
St. pag. 314.

Die Furcht vor der Ahndung des Teufels, wenn das gegebene Wort ihm nicht gehalten würde, womit die Dreyfuß den begangenen Mord entschuldigte, gleichet ganz den Begriffen, welche zu den Zeiten der Hexen-Verfolgungen im Gange waren. Höchst traurig ist es, daß mit dem Einsturze der Scheiterhaufen, die diesen Unglücklichen errichtet wurden, von der Gewalt der bösen Geister über den Menschen, keine aufgeklärte Begriffe allgemein geworden sind!

Das Urtheil der Richter über die erzählte Mordthat, theilte sich zwischen zweyerley Meinungen. Eine Hälfte erkannte den Mord von der Beschaffenheit, daß Todesstrafe eintreten könnte. Die andere hingegen bezweifelte bey dem Beschlusse und der Ausführung der That, das Daseyn eines so freyen Vernunft-Gebrauchs, daß der Mörderin die begangene Handlung völlig in dem Maaße zugerechnet werden dürfte, welches vorausgesetzt zu werden pflegt, wenn man am Leben straft.

Weil nun nach der hiesigen Verfassung weder der Buchstabe des Gesetzes, wie in England tödtet, noch auch unsere Gerichte gewohnt sind, mit französischem Leichtsinne Blut zu vergießen; so ließ man der milderen Meinung den Vorzug, und ward von Königl. Landes-Regierung, die hierauf gebauete Verurtheilung zur lebenswierigen Zuchthaus-Strafe bestätiget.

Er=

III.

Erfahrungen vom Hanf-Bau: und zwar, wie derselbe im Herzogthum Bremen als ein ergiebiger Nahrungs-Zweig getrieben wird; und durch Wahrnehmung einiger Vortheile, noch gebessert werden könnte.

Der Hanf, Cannabis sativa. LINN. ist zwar eine ausländische Pflanze, die aus Indien zu uns gekommen ist, sich aber bey uns einheimisch gemacht hat und einen beträchtlichen, und überaus nützlichen Nahrungszweig abgiebet. Diese Pflanze gehöret in die 22ste Classe des Linnäischen Pflanzen-Systems; oder unter die Plantas Divecias, der dritten Art, mit Staubfäden, bey welchen die Fortpflanzungs- oder Geschlechts-Werkzeuge niemals auf einem und eben demselben Stamme zugleich, sondern auf besondern Stämmen, oder Stengeln, in ganz getrenneten Haushaltungen wachsen und wohnen. Männliche und weibliche Pflanzen wachsen indessen vermischt durch einander. Gemeiniglich pflegt die Anzahl der männlichen Pflanzen, welche mit ihrem Saamenstaube die weiblichen Pflanzen befruchten müssen, die wenigste zu seyn. Doch nicht allezeit.

Diese bekannte, einstämmige und holzigte Pflanze, nach ihrer Gestalt ganz genau zu beschreiben, wäre wol etwas überflüßiges. Wenn wohlaufgegangener, wohlgerathender Hanf zum Wachsthum gedeyhet, und mit seinen geraden Stängeln und schönem Laube bereits ziem-

ziemlich in die Höhe gewachsen kann man die männli=
chen und weiblichen Pflanzen auf keine Weise von ein=
ander unterscheiden. Aber nach etlichen Wochen schie=
ßen die männlichen Pflanzen voraus in die Höhe, und
zeigen an feinen Gipfel=Aestchen viel kleine Knötchen,
welche sich nicht ganz öffnen, zu einer kleinen, vierblät=
trigen, kelchlosen, gelbgrünen Blüte werden, die drey
Staubfäden in sich fasset. Wenn die Blüte reif ist, ver=
flieget bey Sonnenschein und etwas Winde dieser
Staub *) als ein rothgelber Dampf, fällt auf die weib=
lichen Pflanzen herunter und befruchtet sie. Die weib=
lichen Pflanzen haben zwar auch grüne vierblättrige
Blütchen im Gipfel; (Calicem monophyllum, altero
latere hiantem) diese sind aber so geringe und versteckt, daß
sie nicht ein jeder mit unbewaffnetem Auge sehen kann:
wol aber die kleinen Narben und Staubwege, in wel=
che der Saamenstaub eindringet. Ist der männliche
Staub verflogen, und die Fructification geschehen, wach=
sen die weiblichen Pflanzen geschwinde über die männli=
chen Pflanzen hinaus. Letztere werden an Laub' und
Stengel gelb, und würden vermodern und ohne weite=
ren Nutzen seyn, wenn sie nicht zwischen den weiblichen
Pflanzen hervorgesucht, behutsam ausgeraufet, und zu
feinem Hanfe bereitet und genutzet würden. Die weib=

lichen

---

*) Diese Stäublein sind noch nicht der Saame selbst,
sondern die Hülle desselben. Wenn man ein solches
Stäublein aus der Narbe der Staubwege nimmt
und unter eine starke Vergrößerung bringet, siehet
man, daß dies Stäublein berste, und viele glänzende
Küglein in sich enthalte.

lichen Pflanzen werden um immer ſtärker und länger, und nach etwa vier Wochen und drüber, zeigen ſich die Hanfs körner ſehr häufig in einzelnen kleinen Kelchhülſen, ein jedes Korn einzeln. Doch davon und vom reifwerden, reden wir in der Folge.

Der Hanf iſt eine jährige Pflanze, (Planta annua) deren Wurzel (wenigſtens in unſerm Climate) im Winter nicht leben bleibet und im Frühlinge, alſo nicht wies der zu fernerer Dauer Schößlinge treibet, alſo völlig abſtirbt und jährlich aus dem Saamen muß gewonnen werden. Auf die Tüchtigkeit ſolches Saamens muß vorz züglich mehr als bey andern Nahrungs-Pflanzen geſet hen werden. Der Saame von dieſen bleibt faſt von allen (wenige ausgenommen) länger als ein Jahr zur Ausſaat brauchbar: allein der Hanf-Saame, ſo groß und grobkörnigt er auch iſt, wird, wenn er ein Jahr überliegt, und nicht im nächſten Frühlinge geſäet wird, ganz untüchtig, und keimet kein einziges Korn. Zwar verlieret er wenig oder nichts, am Gewicht und an Größe, und die Mehl-Subſtanz bleibet, welche den Keim zuerſt nähren ſollte: aber bey Zergliederung eines ſolchen überjährigen Hanfkorns bemerket man durch ein mäßiges Vergrößerungsglas, daß ſowohl der Stamm-als Wurzel-Keim ganz weggetrocknet ſey. Indeſſen weiß ich nicht anders, als daß ſolcher untüchtige Hanfs ſaame noch zum Vogelfutter und auch zum Oelſchlagen (womit man ſich hier nicht abgiebt) noch einigermaßen brauchbar ſey. Das übelſte hiebey iſt, daß man ſolchen alten überjährigen, unfruchtbaren Saamen, von neuen,

(Annal. 2r Jahrg. 4s St.)   D   frucht

fruchtbaren Saamen faſt gar nicht unterſcheiden kann. Dann, wie ſchon erwehnet, verliert er wenig am Gewicht, wandelt die Farbe nicht, und bleibt eben ſo grau und ſchön, als der gute neue Saame. Gleichwohl kann eine recht geübte Hand zur Noth fühlen, daß der alte übergelegene Saame nicht ſo glatt und hart ſeye als der neue. Uebrigens fehlts an Betrügern nicht, welche ſolchen untauglichen Saamen vor neu verkaufen, oder doch wenigſtens zur Verlängerung der Maaße, vielen alten untauglichen Saamen unter den neuen miſchen; welches erſt bey der Ausſaat ſich zeiget. Guter neuer Hanf-Saamen iſt inzwiſchen hart und glatt im Gefühl; grau, und nicht gelblich oder blaßweiß von Farbe, und nicht ſehr groß körnicht. Saame der nicht fruchtbar und reif geworden, (wovon weiter unten ein mehreres) und der entweder gar nicht, oder nur ſparſam läuft, verräth ſich ſelbſt durch weißgrüne blaſſe Körner, die zuweilen ſehr groß ſind, und auch durchs Gewicht. Von recht gutem neuen Saamen muß das Bremer Viertel 20 Pfund oder doch wenigſtens 18 Pfund wiegen.

Anmerkung. Fünf Bremer Viertel ſind drey braunſchweigiſche Himten, oder hieſiger herrſchaftlicher Korn-Maaße. Alſo müßte in ſolcher Proportion der Braunſchweigiſche Himten Hanf-Saat 33⅓ Pfund und relative der ſchlechtere 30 Pfund wiegen.

Diejenigen verfahren am ſicherſten, welche bey dem Worsſein ihres ſelbſtgezogenen Saamens den Vorſprung, oder die vorausſtiegenden beſten Körner abnehmen, und zur Ausſaat des künftigen Jahres verwahrlich beylegen. Ein

Bre-

Bremer Viertel ſolcher wegen ihrer Güte am weiteſten vor,
ausfliegender Hanfkörner hat bey mir wohl 23 bis 24 Pfund
gewogen. Hieſelbſt ſind noch einige Anmerkungen von
Erheblichkeit.

a) Der Hanfſaame, der im Sandlande gezogen iſt,
keimet und wächſet zwar im Kleylande, auch im Lehm,
und Moorgrunde, und der in dieſen Erd-Arten erzogene
Saame auch im Sandlande. Aber es hat doch, wenig,
ſtens im erſten Jahre keine rechte Art. Die Pflanzen
wachſen nicht zugleich und in gleicher Länge auf, und der
Saame wird auch nicht zu gleicher Zeit reif: und man thut
ſehr wohl, wenn man Saamen nimmt, der in derſelben
Erdart gezogen worden. Ein gut beſtelltes Stücke Hanf,
welches gedeyhen will, muß ohne Lücken und Vorauswachs
(hier ſagt man Evendragtig) ſeyn, und ſo lange bis die
Pflanzen drey bis vier Fuß hoch ſind und dann erſt die
männlichen Pflanzen vorauswachſen, ſo eben ausſehen, als
wenn es abgeſchoren wäre.

b) Es iſt überaus vortheilhaft, wenn man tüchtigen
Hanf-Saamen aus einerley Lande mit einem etwas ent,
fernten Einwohner deſſelben Orts, auf deſſen Redlichkeit
und Aufmerkſamkeit auf guten Saamen man gewiß zurech,
nen darf, tauſchen oder kaufen kann. *)

c)

---

*) Ein Königl. Beamter im Herzogthum Bremen, dem
die Vortheile des Commerzii, der Landes-Cultur,
der Landwirthſchaft, und überhaupt der Wohlſtand
der Landes-Unterthanen ſehr am Herzen liegt, hat
ſchon ſeit einigen Jahren beträchtliche Verſuche ge,

macht,

c) Man kann ohne allen Nachtheil des Wohlgera=
thens, drey, vier bis fünf Jahr hintereinander daſſelbe
Land zum Hanfbau nützen; wenn es jedes Jahr neu bemi=
ſtet wird. Aber man würde ſich dadurch eines großen Vor=
theils berauben. Der Hanf macht das Land ganz rein,
auch von den am allermeiſten wuchernden Unkräutern. So=
gar die Quecke (Triticum repens) und auch das Hundegras
(Triticum gramen caninum) wird gänzlich vertilget: und
kann

macht, wieferne es zur Verbeſſerung des hieſigen
Hanfbaues erſprießlich ſeyn könnte, wenn fremder
Hanf=Saamen theils aus näheren, theils weit entfern=
ten Gegenden anhero gefördert, und zur Ausſaat
verwendet würde. Dieſer ſo wohlgemeinte und
wohl überdachte Anſchlag iſt zwar bisher noch nicht
ganz nach Wunſch gelungen. Theils kann der an=
geſchaffte fremde Saamen nicht mit gehöriger Vor=
ſicht gezogen, theils mit überjährigem Saamen,
entweder vermengt oder ganz verwechſelt geweſen
ſeyn, obgleich der fremde Saamen, beſonders der
Rigaiſche, den hieſigen einheimiſchen am Gewichte
weit übertraf, auch hin und wieder, vorzüglich vor
dem einheimiſchen, an Güte, und Menge gerieth.
Theils iſt wol die größte Hinderung von den Vor=
käufern des einheimiſchen Saamens entſtanden, wel=
che damit im Großen handeln, und beſorgt ſeyn muß=
ten, daß die Einfuhr des fremden Saamens, ih=
rem Handel mit einheimiſchen Saamen nachtheilig
werden möchte. Viele Einwohner, in der Aemtern
Oſterholz, Lilienthal und angelegenen Grenz=Orten,
bringen ihren ſelbſtgezogenen Saamen bey ganzen
Fudern nach der Geeſt, und verkaufen denſelben ge=
gen Roaken zu gedoppelter Maaße, nemlich zwey
Hinten Rogken für einen Hinten Hanf=Saamen.
Woraus der Mittelpreis des Hanf=Saamens beur=
theilt werden kann.

kann man solches gereinigte Land zu den besten Gartenfrüch-
ten, und im Großen zu Gerste, Rogken und Sommer-
Weißen nutzen, die darin vortreflich gedeyhen.

Nun kommts auf die rechte Zeit der Aussaat, und
gute Zubereitung des Landes an, wenn man sich einer
wohlgerathenen Hanf-Erndte erfreuen will.

Der Hanf ist aus einem warmen Clima gebürtig, und
kann durchaus keinen Frost vertragen: man muß also die
Zeit abwarten ihn auszusäen, bis wahrscheinlich kein Nachtfrost mehr zu besorgen ist. Vor älteren Zeiten gab der sogenannte alte Maytag den Zeitpunkt. Aber seit etwa 16
Jahren ist solches immer noch zu früh gewesen: und das
nahe Ende des Maymonaths abzuwarten, ist immer siche-
rer; obgleich hernach eine spätere Erndte auch ihre Unbequemlichkeiten hat. Das Erdreich das man wählt, es sey
Moor, Kley oder Sand, muß keine sumpfigte Lage haben;
So wie gleichwohl dürre Hügel nur kurzen, wiewol feinen
Hanf, und gar wenig Saamen liefern.

Dem Lande muß durch etwas tief gegrabene, andert-
halb Fuß breite Furchen (Grüppen) ein schleuniger und
richtiger Abzug des Regenwassers beschaffet werden, und
dasselbe, ehe man es umgräbt, fein ausgetrocknet, doch auch
nicht zu dürre, wie Asche geworden seyn. Trifft man denn
eine auf einige Tage anhaltende trockene Witterung, ist
es überaus vortheilhaft. Der Landmann sagt, der Hanf-
saame wolle drey bis vier Tage in der Erde wühlen, und
wenn es ihm den ersten, zweyten und dritten Tag stark auf
die Aussaat regnet, wünscht er sich gewiß seinen ausgestreue-

ten

ten Saamen wieder in den Sack. Auflockern solches dicht geregneten Landes ist nachtheilig.

Das Land muß bey völlig trockener Witterung nicht etwa nur umgepoltert oder uingeschaufelt, sondern wenigstens 15 Zoll tief, fein und eben umgegraben, und der Mist wohl untergebracht werden. Auf einem weiten Raume kann solches zur Noth mit dem Pfluge geschehen, aber das Umgraben mit der Hand ist vortheilhafter.

Die rechte wahre Masse vom Mist (dessen austrocknen man sorgfältig vermeiden muß) ist diese, wenn wol verfaulter Mist, vornemlich Rindermist, der fast kein Stroh mehr zeiget, drey bis vier Finger dicke auf dem Boden liegt, daß man das Erdreich nicht mehr sehen kann. Trüge man mehreren Mist auf, würden die Stengel gar zu stark, und der Hanf grob und hart werden, oder bey gar dichter Aussaat der Hanf zwar dünne, aber zu lange Stengel bekommen, und in starkem Regen sich lagern und verfaulen. Erfahrung muß hierbey zur Lehrmeisterin werden.

Sobald ein mäßig Stück Land umgegraben, muß man mit der Einsaat eilen, damit der Saame in das noch frische Erdreich (frische Furche) falle. Einige Einwohner haben die sonst nicht üble Gewohnheit, am späten Abend zu säen, damit der Thau auf den Saamen falle, und harken die Aussaat frühmorgens ein, ehe die Sonne den Thau wegnimmt. Aber alsdann verschleppen die Vögel vielen Saamen. Es kommt vornemlich darauf an, daß eine geübte Hand den Saamen nicht zu dicke und zu dünne, auch eben ausstreue. Wer indessen Rogken

recht

recht gut zu säen verstehet, ist auch geschickt zum Hanf-
säen. Die Maaße des Einfalls, muß wie die beym Rogken seyn: zu seinem Hanf etwas dichter. Am allerbesten
ist, daß der Saame sofort eingeharket werde, bis aller
Saame bedecket ist; und zwar eben und leicht, ohne Zu-
sammenschieben der Erde. Es ist hierbey von großem Nutzen, wenn der Arbeiter seine Harke (Rechen) auf einer so
langen Stange befestiget; daß er, indem er in den Furchen,
die zur Ableitung des Regenwassers gezogen sind, stehet und
gehet, die ganze Fläche überall abreichen und ebnen könne,
ohne nur mit einem Fuße auf das gesäete Land zu treten.

Gätens (ausweedens) bedarf der Hanf ganz und
gar nicht. Er vertilgt alle Arten von Unkraut, wenn er
Wachsthum und Gedeyhen hat. Wer ein Stück Land
zum Garten einrichten will, und bestellet es vorher mit
Hanf, wird daher großen Nutzen davon spüren.

Nach sieben oder acht Wochen gewinnet die männliche
Pflanze einen Vorzug im Hervorwachsen, und zeiget, wie
oben schon erwähnet, kleine gelbe Blüten, die mit einem
gelben Staube angefüllet sind, die den männlichen Saamen
enthält, (Pollen) welcher wohl und völlig absterben, und
die weiblichen Saamen befrüchten muß. Regnet es viel
und lange, wenn dieser Saamenstaub reif ist, entstehen
viele taube Saamenkörner; und wer diese männlichen
Pflanzen zu früh ausraufet, ehe der Saamenstaub wohl
verflogen, hat hernach nichts als taube und unfruchtbare
Saamenkörner zur Ausbeute. *)

Ans-

*) Hierin verstoßen überaus viele Einwohner zu ihrem
großen

D 4

Anmerkung. Es finden sich an andern Orten, beson=
ders auf der Geest Einwohner, welche auch Hanf
bauen,

großen Nachtheil. Sie erwarten das Abstäuben der
männlichen Pflanzen nicht, bis solches würklich und
völlig geschehen ist, und raufen (luhken) denselben
zu früh, um sich mit andern Erndte=Geschäften zu
fördern, oder wohl gar aus einem übel verstandenen
Ehrgeiz, mit andern Nachbarn zugleich, damit fertig
zu seyn. Wenn ich solchen Leuten vor einigen Jah=
ren ein besseres lehren, ihnen von dem zwiefachen
Geschlecht der Pflanzen, und von der besondern Ve=
getation und Fructification des Hanfes, und auch des=
sen nahem Geschlechtsverwandten, des Spinaths, der
Weide, des Hopfens ꝛc. etwas aufs deutlichste vorsagen
wollte: schien ihnen solches unbegreiflich. Vorur=
theile haben so wie der Aberglaube, bey den Landleu=
ten sehr tiefe Wurzeln geschlagen. Endlich fand ich
doch bey einigen Eindruck und Ueberzeugung. Ich
vermochte dieselben, auf einem abgelegenen guten
Flecke Landes, wohin in der Folge kein Saamenstaub
von anderm Hanf zur Fructification verfliegen und
reichen konnte, zur gehörigen Zeit wohl ausgesuch=
ten Hanf=Saamen zu säen. Als nachher die klei=
nen Blüt=Knoten des männlichen Hanfs zuerst sicht=
bar, und nur völlig kenntlich waren, mußten sie
dieselben mit eigenen Händen ausraufen, und bey
Seite schaffen. Als sich nun ferner zu gehöriger
Zeit die Hülsen der Saamen bey den weiblichen
Pflanzen öffneten, mußten sie auch diese selbst raufen
und dröschen. Nun wurden sie überzeugt, da sich
zwar viel Saame fand, der aber überall taub und
unfruchtbar war. Es wäre in Wahrheit zu wün=
schen, daß die Jugend auf dem Lande, in den Thei=
len der Naturlehre, die ihnen faßlich sind, und in
die Landwirthschaft einen nahen Einfluß haben, zu
einiger Aufklärung gelangen möchte. Von den ge=
wöhnlichen, und in hiesigen Gegenden oft sehr ein=

fäl=

bauen, ohne aber Saamen zu erzielen. Diese raufen
den Hanf samt und sonders, wenn die männliche
Pflanze reif ist, um das Land noch zu andern Herbst-
früchten, vornemlich den ihnen so unentbehrlichen Rü-
ben zu nutzen. Diesen könnte es gleichgültig seyn,
ob der Saamenstaub völlig verflogen oder nicht, da
er zu keiner Befruchtung dienen soll. Aber diese müssen gleichwohl die völlige Reife der männlichen
Pflanze und das Gelbwerden derselben abwarten,
weil der Nutz-Bast von der weiblichen Pflanze nicht
eher brauchbar ist.

Wenn nun der männliche Saamenstaub völlig verflogen ist,
scheinen sich diese Pflanzen unter die weiblichen Pflanzen zu verkriechen, und werden gelb am Stengel und am
Laube, und dann ist es Zeit diese auszuraufen. (ut dicunt
zu luhken). Diese Arbeit muß mit großer Vorsicht und
also geschehen, daß die noch wachsenden weiblichen Pflanzen
nicht gestöret, nicht geknickt, und an der Wurzel beleidiget
werden. Man ziehet deswegen eine jede männliche Pflanze
einzeln und behutsam aus der Erde, und fasset sie in die
linke

fältigen Dorfschulmeistern ist dergleichen nicht zu erwarten. Mir sind aber doch wohldenkende Prediger
bekannt, die nach ihren wöchentlichen Privat-Cate-
chismus-Uebungen, über faßliche Sätze aus der Na-
turgeschichte, auch wol über neue oder vorhin schon
wichtige Landesverordnungen, mit der Jugend cate-
chetische Unterredungen anstellen, und viel gutes stiften. Vielleicht giebt die vom Herrn Conrector Frö-
bing in Hannover angekündigte Bürger-Schule
hiezu mehr nützliche Veranlassung.

D 5

linke Hand. Diese Arbeit scheint der Gesundheit nachtheilig, und solche Personen, deren Natur zu Flüssen geneigt ist, können nicht dabey aushalten, und geschwollene Köpfe sind die Folgen. Ohne Zweifel rühret solches von der starken Ausdünstung des Hanfs und von dem etwa noch übrigen aufgerührtem und noch verfliegenden Saamenstaube her.

Solchen oft zu feiner Leinewand diensamen, ausgerauften männlichen Hanf nennet man hieselbst:

Gälje-Hanf. Einige leiten dieses Wort von dem obersächsischen Worte Gälte oder unfruchtbar her. Ich bin der Meynung, daß es von der gelben (Gälen) Farbe herstamme, welche diesen Hanf zum ausraufen kenntlich macht. Den in der linken Hand gesammleten Hanf, legt man nach und nach in den gezogenen Abzugsfurchen zusammen, bis eine solche kleine Garbe daraus wird, die man nur so eben mit beyden Händen umspannen kann. Diese Garbe wird zweymal, und zwar unterhalb der Gipfel und oberhalb der Wurzeln mit dünnen, aber festen Strohbändern gebunden; und dann heißt eine solche Garbe eine Schaate. Es ist alsdenn mehr nützlich als nachtheilig, wenn diese gewonnene Hanfgarben ein oder zwey Tage zum trocknen hingestellt werden: dann aber muß alles in die Rotte (nobis Raate) geleget werden. Dieses Wort bezeichnet deutlich, daß eine Art der Fäulniß an dem Hanf müsse bewirket werden, damit sich die Rinde oder der Bast, welcher eigentlich den Hanf ausmacht, von dem Holzstengel willig ablösen lasse.

Diese

Diese Rotte geschiehet auf eine zwiefache Weise:

Die erste Art heißt die trockene Rotte, oder die Thau-
Rotte.

Die zweyte Art nennet man die Wasser-Rotte, oder
naffe Rotte.

Die trockene Rotte oder Thau-Rotte beſtehet
darin: wenn man die Garben des Hanfs auf einen trockenen Gras-Anger, oder auf eine ganz kurz bewachſene Halb-
fläche bringet, daſelbſt nach abgelöſeten Strohbändern, in
langen Reyhen dünne und ohne Verwirrung auf der Erde
ausbreitet; (ſpreedet) und ſo lange liegen läſſet, bis theils
der Thau, theils der Regen ſo viel Fäulung zwiſchen der
Rinde und dem Holzſtengel gewirket daß der Baſt oder
eigentliche Hanf ſich willig und völlig von dem Holzſtengel
ablöſen läſſet.   Eigentlich findet dieſe Art den Hanf zu rotten, nur alsbann ſtatt, wenn das Waſſer zu weit entfernet,
oder gar untauglich iſt.   Z. E. hartes Brunnenwaſſer oder
Moorwaſſer, welches letztere oft gar ſchwarz färbet.   Fällt
indeſſen zuweilen ein Gewitter-Regen und wird die rechte
Zeit und Periode nur eben hinlänglicher Fäulung zwiſchen
Baſt und Holz getroffen, hat dieſe trockene Rotte auch ihren Nutzen, und der Hanf wird vorzüglich weiß.   Verfehlt
man hier aber die rechte Zeit des Aufnehmens, iſt großer
Verluſt dabey.   Nimmt man den Hanf zu früh auf, giebts
harte Arbeit beym Zubereiten.   Dann wird der Hanf,
wie man ſagt: Knippstheerig, das heißt: viele kleine
Splitter und Holztheilchen bleiben beym Brechen feſthän-
gen und können nicht anders, als durch ein mühſeliges
Scha-

Schaben weggebracht werden, wobey aber viele Zeit und
vieler Hanf verlohren gehet. Läßt man den Hanf in der
trockenen Rotte zu lange liegen, daß die Fäulung zu stark
wird, machts den Hanf sehr mürbe, und macht ihn fast
unbrauchbar. Weil alsdenn die Bearbeitung übrigens weit
leichter wird, ist das Gesinde sehr geneigt dazu, den Hanf
über die Zeit liegen zu lassen; wobey aber der Hauswirth
den Schaden hat. Noch ist anzumerken, daß bey einer
langsamen trockenen Bleiche, der Hanf gerne einen grünen
Grund behält, der nachher in der Leinen-Bleiche ungerne
weichen will.

Die nasse Rotte oder Wasser-Rotte hat allemal
gewissere und sichere Wirkung, und verdient den Vorzug.
Sie bestehet darinnen, daß man die mit dünnen aber festen
Strohbändern zusammengebundene Hanf-Schaaten (Garben) ohne losbinden auf eine gefügte Zeit ins Wasser legt,
dadurch die erforderliche Fäulung oder Auflösung zu bewir-
ken, daß sich das Bast vom Holze völlig absondern lasse.
Diejenigen, welche hiebey nicht alle gehörige Vorsicht beobachten, vermindern und stöhren gleichfalls die Vortheile,
die vom Hanfbau erwartet werden können: und gleichwohl
hat man von dieser Nachläßigkeit nur gar zu oft unange-
nehme Beyspiele. Stillestehendes Wasser beschleunigt
die Rotte schleunig und sehr geschwinde: ist aber nur alsdann brauchbar und nützlich, wenn es ganz rein von Mo-
der im Grunde, frey von Unrath, Wasserkräutern, Frosch-
Laich und dergleichen gehalten werden kann. Aber dieses
kann nicht leicht geschehen; und wenn der eingelegte Hanf
nicht genau zur rechten Zeit wieder ausgehoben wird, ist die

Fäu-

Fäulung zu sehr in den Hanf selbst gedrungen, und derselbe
mürbe geworden. In einem beschlossenen Fischteiche oder
Fischbehälter würden die mehresten Fische abstehen. Die
Art und Weise, die ich in einer dreyßigjährigen Erfahrung
am zuverläßigsten und bequemsten gefunden habe, ist folgende:

Man wählet einen gerdumigen Feldgraben, der einen
Wasserzug hat, macht denselben an einer bequemen und er-
sehenen Stelle so weit als nöthig, volle acht Fuß breit, lässet
diesen Raum noch zwey Fuß tiefer ausgraben als er vorhin
war, dann so viel gelben, noch besser weißen Sand hinein-
bringen, daß die Grundfläche zwey Fuß tief Sand zum
Grunde habe. Ein solches zur Hanf-Rotte zubereitetes
Becken kann auf sehr viele Jahre gut bleiben; wenn es
jährlich einmal von Schlamm und Wasserkräutern gereiniget
wird. Daselbst werden die Hanf-Schaaten (Garben) la-
genweise dicht an und auf einander geleget, und zwar in einer solchen Masse, daß dieselbe durch eine aufgelegte Beschwerung stets, wenigstens einer Hand hoch, mit Wasser
überflossen sey. Viele Einwohner beschweren diese Masse
mit Erdsoden, welche den Hanf aber sehr verunreinigen.
Besser ist es, wenn man Pfähle und Latten wie Leitern zu-
sammenfüget, dieselbe auf den Hanf leget, und mit Feld-
steinen beschweret; freylich aber solchen Vorrath von Pfählen,
Latten und Steinen nach dem Gebrauch zu fernerer mehr-
jährigen Benutzung verwarlich aufhebet. Ein solcher in
die Wasser-Rotte gelegter Vorrath von Hanf verdienet nun
eine große, ja genauere Aufmerksamkeit, als bey der Thau-
rotte. Die Folgen der Nachläßigkeit sind schon dort angegeben.

geben. Am vierten Tage ist es gemeiniglich schon Zeit, den Hanf aus dem Wasser zu heben, oft schon am Abend des dritten Tages ist es nothwendig. Fünf bis sechs Stunden machen hier schon einen bemerkenswerthen Zeitraum. Je wärmer die Witterung, je eher ist diese Rotte vollendet, und reif. Hier ist noch zu merken, daß die feineren und dünnern Hanfstengel später in der Rotte fertig werden, als die stärkern: und daher ist es fast nöthig, beym einlegen der Hanfstengel in die Rotte, dieselben zu sortiren, und in zwey besondern Abtheilungen in die Rotte zu bringen, um den gröbern und holzreichern Theil eher aus dem Wasser zu heben.

Ist nun dieser Hanf vor tüchtig zum ausheben gefunden, wird nach abgehobener Beschwerungslast, mit fordersamer Arbeit, eine Schaate nach der andern im Wasser abgespület, (ausgewaschen) herausgezogen, und vorerst auf dem Ufer ordentlich hingeleget. Wenn der hervorgezogene Hanf-Vorrath zwey oder drey Stunden also gelegen, daß das darin noch verhaltene Wasser ablaufen können, fördert man denselben auf einen trockenen Grasanger, wo das Regenwasser einen Abzug hat, löset die Strohbänder ab, und breitet die Stengel, ohne Verwirrung in langen geraden Reyhen dünne von einander, wie oben bey der Thaurotte angegeben ist. Wenn diese ausgebreitete Hanfstengel einige, oft wenige Tage gelegen, (es kommt hiebey auf trockene Witterung und Sonnenschein an) und man bemerket, daß dieselbe völlig trocken und dürre werden, läßt man Vormittags, vermittelst einer untergeschobenen glatten und leichten Stange, die ausgebreiteten Reihen umschlagen,

damit

damit die an der Erde gelegene Seite von aller noch an=
hangenden Feuchtigkeit frey werde: dann, ehe die feuchte
Abendluft sich einstellet, den ganzen Vorrath, mit möglich=
ster Vermeidung aller Verwirrung aufheben, in großen Ge=
bünden zusammenbinden, und bis zu weiterer Bearbeitung
in einem luftigen und trockenen Gebäude in Verwahrung
bringen. Nun richtet der Landwirth sein Auge auf den
noch wachsenden weiblichen Saathanf, der hier **Splett=
hanf** heißt, weil er in der ersten Zubereitung nicht gebro=
chen werden kann; sondern mit der Hand zerspaltet (ge=
splettet werden muß, um den Bast und das Holz von
einander zu sondern.

Dieser weibliche Hanf (Saathanf, Spletthanf)
wächset indessen noch immer frisch fort, und gewinnet dicke,
und oft über acht Fuß hohe Stengel. Einzeln stehende
Pflanzen werden oft so dicke als Spazierstöcke, wohl 10 Fuß
hoch, und schieben viele Aeste, deren Saame aber mehren=
theils taub ist. Davon hat man schlechten Nutzen.

Die vielen dicht an einander wachsenden Hanfstengel
zeigen einzelne Laubgipfel, und in denselben die dicht an ein=
einander gefügten kleinen Kelchhülsen, worinnen ein jedes
Saamenkorn einzeln verborgen ist.

Etwa in der Mitte des September=Monats, nachdem
nemlich die Aussaat früher oder später geschehen, muß man
wohl darauf achten, ob etwa die kleinen Kelchhülsen an=
fangen zu bersten, daß man durch den Riß das nackende
Saamenkorn sehen kann. Geschiehet dieses, muß man
sofort möglichst bey trockener Witterung zum aufraufen der

Hanf

Hanfstengel schreiten, obgleich selbige noch an allen Theilen frisch und grün sind. Wollte man voreilig seyn, (und das sind leider viele) und das Aufbersten der ersten Saamenhülsen nicht abwarten, würde viel vom Saamen unreif bleiben, wie solches vieljährige Erfahrung gezeiget hat. Wollte man dagegen warten, bis alle Saamenhülsen geborsten, würden die ersten und besten Körner theils ausfallen, theils ein Raub, der oft in ganzen Schaaren herbeyfliegenden Sperlinge und Hänflinge werden. Das erste Aufbersten vieler Hülsen giebt also den ernsthaften Wink mit dem Ausraufen nicht zu zögern: und solches muß alsdann mit der grösten Vorsicht, mit Vermeidung alles Rüttelns und Schüttelns geschehen. Halberwachsene Kinder, wie auch Personen, die schwach an Kräften und klein von Statur, sind zu dieser Beschäftigung ungeschickt. Der Arbeiter ziehet mit einem ebenen und festen Zuge einen jeden einzelnen Hanfstengel nur eben aus der Erde, stellet ihn in die linke Hand aufrecht, bis die Hand voll ist, so daß die Wurzeln auf der Erde ruhen. Dann fasset er die Stengel fest in der Mitte zusammen, hebet sie gerade in die Höhe, daß er einen zur Hand stehenden, etwa Ellen langen, mit der rechten Hand ergriffenen Stab zwischen die Wurzeln schieben, und durch sanftes hin und herklopfen, die an den Wurzeln etwa noch hängende Erde, völlig absondern könne. Dann wird diese abgeklopfte Handvoll gelinde auf die Erde hinterwärts geleget, und damit fortgefahren, bis eine Garbe entstanden, die zwo starke Mannshände nur eben umspannen mögen. So unbedeutend diese kleinen Handgriffe auch scheinen möchten, ist deren genaueste Beobachtung

tung, doch von großem Nutzen. Wenn also der Vorrath geraufet ist, wird eine Garbe zweymal gebunden. Zu diesem Binden verwendet man den nachgewachsenen feinen schlotterigen Hanf, der sich oft häufig auf dem Grunde findet, und hieselbst Unterschlag genennet wird. Ist dessen nicht genug vorhanden, muß man Strohbänder zu Hülfe nehmen. Sind die Garben gebunden, legt man ganz behutsam derselben je drey und drey etwas geschränkt unter den Gipfeln zusammen, umbindet daselbst diese drey Garben etwas locker mit einem starken Strohseil, richtet sie in die Höhe, und stellet sie, wie einen Dreyfuß, mit weit auseinander gebreiteten Wurzelfüßen hin, damit sie durch Luft und Sonne überall trocken werden können. Solche drey in die Höhe gestellte Garben nennet man hier eine Schrenke. Auf was Art viele solcher Schrenken in und nebeneinander gesetzet werden müssen, daß sie keinen zu großen Raum einnehmen; muß die Erfahrung lehren.

Diese zum nachreifen und trocknen aufgestellte Saatmengarben des Hanfs, sind noch immer den Nachstellungen der Vögel unterworfen, welche gewiß trotz aller Vorsicht, noch immer einen gedoppelten Zehenden davon ziehen. Man stellet zwar Schreckmännchen von Stroh oder Lumpen daneben, ziehet Federlappen und dergleichen; aber die gefiederten kleinen Räuber werden derselben bald gewohnt, und setzen sich zuletzt gar oben drauf. Bessere Dienste thun auf Stangen gesteckte Klappermühlen, so lange der Wind wehet. Am vortheilhaftesten sind Handklappern, mit welchen Kinder oder müßige Leute

vom Morgen bis in den Abend die Vögel verscheuchen.
Eben daher wünschet sich der Landwirth trockene Witterung und Sonnenschein, daß der Hanf bald zum Dröschen reif werde. Dieses ist er alsdann im vierten oder
fünften Tage, wenn das Gipfellaub braun, ganz ver-
welkt, trocken anzufühlen, aber doch nicht so dürre ist,
daß man es mit Händen zerreiben könnte.

Ist die Dröschdiele weit entfernet, wird ein dazu
bestimmtes großes, etwa zehn Ellen breites und langes
Laken, von grobem Leinwand, auf dem Felde ausgebreitet. Man befreyet die Garben nur von den Schreck-
seilen, legt sie unaufgelöset an, und drischt sie mit Fle-
geln, wie Korn. Zum Beschluß beklopft man jeden
Gipfel mit Stecken, damit kein Saamenkorn verloren
gehe. Dann bringet man den ausgedroschenen Saamen,
so wie er noch mit Spreu (Kaff) vermenget ist, zum
Worfeln auf die Dröschdiele.

Ist das Haus und die Dröschdiele nahe; wird eine
jede Schrenke sanft aufgehoben, der reifeste Saame auf
einem breitgehaltenen Laken abgeschüttelt, vorsichtig ins
Haus getragen, und daselbst gedroschen und abgeklopfet.
Bey dem Dröschen und beym Worfeln auf der harten
Dröschdiele ist noch folgendes zu merken: Die Arbeiter
die sich damit beschäftigen, müssen nicht einmal lederne
Schuh, vielweniger Holzschuhe an den Füßen haben,
sondern sich weicher Socken von grobem wollenem Zeuge
bedienen; sonst wird von dem weit umher fliegenden Saamen sehr viel zerquetschet und verdorben. Eben daher
muß

muß der Arbeiter mit der Worfschaufel immer so hoch in
den abzuwerfenden Haufen greifen, daß er nie an dem
harten Boden der Diele mit der Worf-Schaufel hin-
scharre, und also vielen Saamen zermalme. Dieses
muß auch bey dem Umschaufeln und Aufmessen des Hanf-
saamens wohl beobachtet werden.

Der äußere Bezirk des Worfel-Platzes wird in ei-
nem halben Cirkel mit zusammengedreheten Laken oder
Säcken beleget, damit die weit vorausfliegenden besten
Körner sich nicht in Ecken und Winkel verkriechen können.

Inzwischen merke man sich abermals, daß alle Arbeiten beym Hanf der Gesundheit nachtheilig sind. Schwächliche und zärtliche Personen müssen sich daher so weit
als möglich von solchen Oertern entfernen, wo Hanf-Saamen gedroschen, geworfelt und gereiniget wird; so lieb
ihnen seyn kann, von flußartigen Krankheiten, Kopf-
weh, Zahnweh und dergleichen befreyet zu bleiben.

Die nun also durchs Worfeln von der Spreu abge-
sonderten Hanfkörner dürfen keinesweges sofort in Säcke
gefasset werden; oder in aufgehöheten Haufen liegen
bleiben: sonst erfolget eine Entzündung, woraus nebst
mehrerem Nachtheil auch der Myht (die Kornmilbe)
sofort entstehet. Frischer geworfelter Hanf-Saame muß
vorerst ausgebreitet, und dünne auf einer trocknen Fläche liegen bleiben, bis er mit der Molde oder Wanne
wohl abgestäubet, dann durch ein grobes Kornsieb völlig
gereiniget ist. Alsdann breitet man ihn in freyer Luft
im Schatten, noch besser auf einem luftigen Boden auf
Tüchern und Lakens aus, bis man mit einem geübten

E 2   Griff

Griff der Hand bemerket, daß er hinlänglich abgetrocknet
sey. Dann thut man wohl, wenn man ihn etwas locker
in Säcke fasset, und dann die Säcke mit Stricken auf
luftigem Boden an die Balken hänget.

Die mehresten Hanfbauer haben die üble Gewohnheit, daß sie den Hanf-Saamen, um ihn bald zu trocknen,
in den heißesten Sonnenschein *) legen, wissen aber nicht,
daß sie ihn verbrennen, und der besten Vegetations-Kraft
berauben.

Die ausgedroschenen weiblichen Hanf-Stängel-Gar-
ben, kann man ohne Nachtheil etliche Tage in Haufen
liegen lassen. Dann hauet man die zerdroschenen und
zerklopften Saamengipfel ab, welche sowol als die
Spreu oder das Kaff zu einem brauchbaren Dünger auf
schlechtes Land verwendet werden können. **) Ferner
bringet man diesen Saat- oder Spletthanf nicht in die
Thaurotte oder trockene Rotte, welche hier nicht statt
findet, sondern in die Wasserrotte, und beobachtet alles
genau, was hievon oder beym Gälze-Hanf gelehret worden. Nur in Ansehung der Dauer der Rotten zeigt sich
hier eine Aenderung. Dieser gröbere Hanf muß gemeis-
niglich

*) Ein jeder geübter Gärtner weiß es, daß allem
  Saamen, so lange sie noch in ihren Hülsen sind,
  der Sonnenschein vortheilhaft sey: aber dann gewiß nicht, wenn er von den Hülsen entlediget ist.

**) Der leichteste Hanfsaame, welcher beym Worfeln
  am nähesten an der Spreu hingefallen, giebt noch
  immer ein gutes Futter für Hüner und Tauben,
  die man nicht sofort verspeisen will.

niglich vierzehn Tage in der Rotte liegen; fallen aber
schöne warme Herbsttage ein, sind oft neun bis zehn
Tage hinreichend; und man muß dann auch hier wohl
darauf achten, daß die Fäulung nicht zu weit in das
Bast oder den Hanf greife. Dann wird der Hanf aus
der Rotte gehoben, abgespület, nicht aber wie der Gäljes
Hanf von den Bändern befreyet, und dünne auf einem
Anger ausgebreitet; sondern man lässet die Garben wie
sie sind, stellet sie in mäßigen spitzigen Haufen oder Hos
ken in die Höhe, lässet nach einigen Tagen diese Hocken
umsetzen, daß das Innere nach außen komme, bis alles
von Luft und Sonne recht dürre worden. Da alsdann
der ganze Vorrath vorerst in einer luftigen Scheure bis
auf weitere Verarbeitung verwahrlich beygeleget wird.

Der Ertrag oder reine Profit von einem ausgesäeten Bremer Viertel Hanf-Saamen, in einem mittelmäf-
sigen Jahre wäre etwa folgendermaßen auszurechnen:

Von einem Bremer Viertel Aussaat erwartet man 6 Viertel trockenen Hanf-Saamen. Betrüge, den Saamen das Viertel zu mäßigen Mittelpreise gerechnet, zu
48 gr.   ⁚   ⁚   4 Rthlr. — gr.

Der Gälje-Hanf, wie er von der zweyten
Braake (Schläp-Bracke) geliefert wird 18
Pfund, das Pfund 5 Grote   ⁚   1 — 18 —

Der Spletthanf, so noch wie er abgespletr
tet oder von den Stengeln abgebrochen ist,
36 Pf. das Pf. aufs wolfeilste zu 3 Grote 1 — 36 —

Betrüge 6 Rthlr. 54 gr.

E 3   Hies

Hievon müßte abgezogen werden:
Die Landhäuer für das Land zu 1 Viertel Einfall 36 gr.
Das ausgesäete Viertel Hanf-Saamen   ,   48 —
Für das Umgraben und Bestellen   ,   18 —
Für den Mist oder Dünger   ,   36 —
Für die Arbeit beym Raufen, Rotten u. s. w. ,   36 —
NB. Die Arbeit bey der Braake wird für die
    Heede (Werk) gerechnet.
                           2 Rthlr 30 gr.

Bliebe reiner Profit von einem Bremer Viertel Aussaat Hanf-Saamen 4 Rthlr. 24 gr.

Hiebey wäre doch zu bemerken:

a) daß gute Jahre mehr thun können.

b) daß der Preis des Hanf-Saamens sehr schwankend ist, zuweilen, aber sehr selten zu 36 Grot herunter fällt; dagegen öfterer zu 54 gr. 60 Grot, 1 Rthlr. ja drüber steiget, wenn im vorigen Jahre der Saame nicht gerathen, oder auf der Geest viel frühe Aussaat abgefroren ist.

c) daß der Hanf selbst, entweder nach seiner Güte, oder nach dem Lauf des Commercii, oft weit höher im Preise steiget, als hier berechnet ist.

Landwirthe, welche wegen mehrerer Geschäfte in ihren Haushaltungen vor gut finden, ihren ausgesäeten Hanf auf den Halmen an solche Einwohner zu verkaufen, die sich von der Zubereitung des Hanfes nähren; verlassen ihnen denselben, das Bremer Viertel Aussaat, ohne ihnen in der Erndte die geringste Hülfe zu leisten, vor 4, 5 bis 6 Rthlr.

                                         Vier

Vier Reichsthaler ist schon in mittelmäßigen Jahren zu wenig.

Fünf Rthlr. halten alsdann das Gleichgewicht.

Sechs Rthlr. würden wol nur in sehr guten Jahren, und wenn der Hanf besonders wohl gerathen, statt finden.

Von der ferneren Bearbeitung und Zubereitung des Gäljehanfs und des Spletthanfs wird hier nun noch folgendes mitzutheilen seyn.

Der Gälje= oder männliche Hanf wird entweder in recht heissen Sonnenschein gestellet, oder (oft nicht ohne Gefahr) in einem geheizten Backofen gedörret, und so wie er noch warm ist, auf einer ganz weiten hölzernen Braake, aus dem Groben gebrochen, (gebraaket) dann ferner auf einer etwas feineren hölzernen scharfen Braake mehr gereiniget (geschläpet). Drittens, auf einer noch engeren, mit Eisenblech beschlagenen Braake weich gemacht. Ferner mit einer eisernen Schiene, oder nur einem halbrunden wasserförmig zugeschnittenen Brettlein von hartem Holze geschabet (geribbet) und so weiter erst zu einer groben, dann zu einer feinern Hechel geförder= u. s. w.

Ist dieser Hanf zu lang zum Bearbeiten, (und das ist er gemeiniglich) wird er, wenn er von der ersten groben Braake kommt, gestoßen (verkürzet). Dieses geschiehet folgendermaßen:

Eine

Eine starke Leiter wird schräg und fest in die Höhe gestellet. Eine handveste Person ergreifet eine kleine, schon dazu abgetheilte Handvoll vom Hanf, (eine Riste) wickelt mit der linken Hand das eine Zopf-Ende dieser Riste um eine Leitersprosse, mit der rechten Hand wickelt sie, etwa auf Abstand einer Elle, das übrige der Hanf-riste zweymal hinter den Bart eines kleinen, aber nicht allzuleichten Handbeils, daß sie ganz kurz am Stiel ge-fasset, stoßet dann zwey bis dreymal stark unterwärts, daß die Riste abreißet: fährt damit fort, bis diese ganze Handvoll Hanfs in etwa ellenlange Enden abgetheilet ist. Wollte man dieses nicht thun, oder gar die ganze lange Riste mit einem scharfen Werkzeuge in ellenlange Enden zerschneiden, würde viel guter Hanf in die Heede (Werg) gerissen werden.

Im Lande Kehdingen und an der Oste (wo mir ehe-dem die Bearbeitung des Hanfes und Flachses weit appli-cativer und feiner vorgekommen ist) bedienet man sich zur zweyten Reinigung und Verfeinerung, des von der ersten Braake kommenden Hanfes, eines sogenannten Schwingeblocks. Dieser bestehet aus einem etwa vier Fuß langen, und etwa 15 Zoll breiten, glatten und auf-recht stehenden Brette, das an einem hölzernen Fuße be-festiget ist, und am Haupte einen großen gewölbten Ein-schnitt hat. Hinter die Kante dieses festgestellten Brettes setzet sich die Arbeiterin auf ein fest und gedrungen ge-bundenes, etwa vier Fuß langes Strohbündel, schleudert oder schwinget die Riste zur Hälfte in den erwähnten Ein-schnitt oder Kerbe, daß die eine Hälfte zuerst an der äuß-
-sern

fern platten Fläche des Brettes hinunter hänget. In der
rechten Hand hält sie ein, an einer runden Handhebe be-
festigtes sehr glattes und dünnes Brett von hartem Bü-
chen Holze, 18 Zoll lang, 7 Zoll breit, dessen Kanten
messerförmig und überaus glatt und eben geschärfet sind.
Mit diesem Brette schlägt sie so lange flach und schlank am
Hanfe auf und nieder, bis er ganz weich ist und alle
Holzsplitter abgefallen sind, die sie noch überdem auf einem auf dem Schooße befestigten ledernen Lappen mit
einer Art eines hölzernen Messers völlig abschabet. Sie
sitzet deswegen auf einem zur rechten Seite weit über-
stehenden, von glattem Strohe gedrungen gebundenen
Bündel; damit im Schwingen das dünne Schwingbrett
an seiner Schärfe nicht beleidiget werde, sondern auch,
zur Erleichterung der Arbeit, elastisch zurückpralle.

Der Spletthanf oder weibliche Hanf, der schlecht
gerathen, dünne, dürre und kurz ist, kann zwar eben so
wie der Gälje-Hanf bearbeitet werden. Aber wohlge-
rathner Splett- oder Saathanf, dessen Holzstengel oft
Daumensdick sind, fordert eine ganz andere Behandlung.
Ein jeder Stengel muß mit den Händen zerbrochen, und
der an sich sehr grobe Hanf abgezogen werden.

Diese Arbeit wird im Amt Lilienthal, besonders im
Sanct Jürgens Lande auf nachfolgende Art sehr vortheilhaft betrieben. Wenn im kalten Winter alle Hausar-
beiten verrichtet sind, und der Abend hereingebrochen ist:
setzet sich die ganze oft sehr zahlreiche Hausgesellschaft
sammt Hund und Katze mit ihren Spinnrädern und andern Arbeitsgeräthen in einem Cirkel um die Feuerkuhle.

Ein

Ein paar oder mehrere Mannspersonen haben bereits einen guten Vorrath grober Schletthanf-Garben neben
sich geleget, zerbrechen nun einen Stengel nach dem andern, werfen das heraus gespaltene und gebrochene Holz
nach und nach aufs Feuer, und verschaffen sich selbst und
der ganzen Gesellschaft den ganzen langen Abend völlig
hinreichende Wärme, und ein überaus helles und ange-
nehmes Licht zu aller Arbeit. Den mit Behutsamkeit
abgezogenen Hanf hängen sie zwischen die Finger der
linken Hand, die immer zum Brechen mit helfen muß.
Wenn der Raum zwischen den Fingern voll ist, schlingen
sie den gewonnenen Hanf um die Lehne ihres Stuhles,
bis die langen Abendstunden mit Arbeit und Vergnügen
vollbracht sind. Da sonst alle Arbeiten beym Hanf, wie
oben erwähnet, der Gesundheit nachtheilig sind, äußert
sich hieselbst fast das Gegentheil. Der Rauch ist leicht,
wird fast nicht empfunden, steigt schnell in die Höhe, und
ist zum Räuchern des Fleisches und des Specks überaus
gut. Die brennenden Hanf-Splitter geben ein angeneh-
mes Licht, das den Augen wohl thut. Alles ist heiter —
Kleine Knaben, die gerne ihren Vätern im Tobacksrau-
chen Gesellschaft leisten möchten, ziehen von den feinsten
Hanfstengeln den Hanf sauber ab, zünden dieselben an
einem Ende an, und schmauchen durch das andere Ende
des hohen Stengels fleißig darauf los, ohne daß es ihnen
schadete. Man will sogar glauben, daß die Würmer
davon abgehen.

Der also abgesplettete Hanf wird in Bündel gebunden. Wenn er verkauft wird, ist der wolfeileste Preis

25 Pfund für einen Reichsthaler. Er dienet eigentlich
nur zu Stricken und groben Hanfgeräthe. Doch die,
wegen ihrer wahren Arbeitsamkeit, auch oft Kunst-In-
düstrie, alles Ruhmes würdigen Einwohner des Sanct
Jürgens Landes, wissen und verstehen die Kunst (ohne
eben zünftige Seiler zu seyn) den Hanf zu großen schweren Schiffthauen, die sehr gesucht werden, anderen Sei-
ler-Geräthe, und insonderheit einer großen Menge Bind-
faden und Fischnetzen zum Besten zu verarbeiten, und
stehen sich wohl dabey. Tanti.

St. Jürgen.

Joh. Wilh. Hönert.

IV.

Oeffentliche Anstalten.

1) Nachricht von dem Schulmeister-Semina-
rio in Hannover, und andern die Verbesserung der niedern Schulen bezweckenden
Anstalten.

Wenn das jetzige Zeitalter sich gewisser Vorzüge vor
früheren Jahrhunderten rühmen darf, so berech-
tigen ohnstreitig mit dazu die Bemühungen, welche man
zur Aufklärung der niedrigsten Volksstände angewendet
hat, die ganz besonders fremder Leitung bedürfen, der
Vorsorge des Staats und aller Menschenfreunde würdig
sind.

ſind. Wäre es auch nur ihrer aus gleichen Urſachen zu
warten, ſie zu bilden und zu pflegen, weshalb man Mühe,
Kunſt und Koſten auf Verbeſſerung des Landbaues wendet; käme nichts von der Erkenntlichkeit mit im Anſchlag,
welche ihnen die höheren Stände für den ſauer vergoſſe-
nen Schweiß ſchuldig ſind, der ihre Bedürfniſſe befriedi-
get, ihr Vergnügen nährt, ihren Glanz erhält, den Lohn
ihrer Geiſtes-Arbeiten hervorbringt, und ihnen die Muſſe
zu den edelſten Unterhaltungen denkender Weſen, zu den
Geſchäften des Verſtandes verſchafft; dennoch ſchon verdienten die unterſten Volks-Claſſen ganz vorzügliche Aufmerkſamkeit.

Sie machen den größeſten Haufen aus, ihre Geſin-
nungen, Moralität, Lebensart, Geſchicklichkeit, Fleiß,
körperliche Kräfte, häusliche Wohlfarth, haben den all-
gemeinſten, würkſamſten Einfluß auf Stärke und Schwä-
che, Glück und Uebelſtand, Reichthum und Armuth, innere und äußere Sicherheit des Staats überhaupt, und
aller ſeiner einzelnen Mitglieder.

Gleichwol würde nicht bey jeder Art der Erleuchtung der niedrigen Stände deren eigene, und die Glück-
ſeligkeit des Staats gewinnen. Ihnen außerhalb dem
Gebiethe democratiſcher Verfaſſung ein feines überſpann-
tes Gefühl für Freyheit einflößen, ihre Triebe zur Erlangung derſelben lenken zu wollen, ihnen Verachtung
gegen Handarbeiten, und Begierde beyzubringen, den
größeſten Theil ihrer Zeit wiſſenſchaftlichen Kenntniſſen
zu widmen, ſie in Bekanntſchaft mit den Bedürfniſſen
der größeren Welt zu ſetzen, und ihnen die Simplicität
ihrer

ihrer Lebensart zuwider zu machen, das wäre gewiß weder ihrer eigenen, noch der Wohlfarth des Staats angemessen.

Für beyde gewährt es hingegen gleich großen Nutzen,
wenn man unter den geringen Ständen in die Stelle ro-
her Sitten, Wohlgefallen an häuslichen Tugenden einzuführen sucht, wenn man einen heiteren frohen Sinn bey
ihnen gemein macht, der jede Mühseeligkeit des Lebens
erleichtert, wenn man ihnen Zufriedenheit mit ihrem
Schicksale einprägt, sie von dem Drucke schädlicher Vorurtheile und den Lasten des Aberglaubens befreyet, wenn
man Neigung zur Industrie bey ihnen erweckt, sie lehrt,
wie sie die Fruchtbarkeit ihrer Aecker, den Erwerb ihrer
Hände vermehren, und den Lohn ihres Fleißes am vortheilhaftesten benutzen können, wenn man sie zu einem
klugen Verhalten bey Unglücksfällen anweiset.

Alle diese heilsamen Zwecke zu erreichen, ist nichts
nothwendiger, als die Jugendlehrer der niedern Volks-
Classen ihnen gemäß zu bilden. Keiner entgeht ganz ihrer Unterweisung, der erste Unterricht haftet aber nicht
nur am tiefsten, sondern würkt auch noch alsdann, wenn
die Worte des Vortrags längst vergessen sind, durch
dunkle Erinnerungen und Gefühle, dieses mächtige Trieb-
werk menschlicher Entschlüsse und Handlungen unabläßig
fort.

Für alle daran theilnehmende Landes-Provinzen *)
ist deshalb das Schulmeister-Seminarium zu Hannover
mit

*) In dem Institute werden nur die Schulmeister
der-

mit eine der wichtigsten und nützlichsten neueren einheimischen Anstalten, und halten wir uns daher verpflichtet, durch dieses Journal umständliche Kenntniß von demselben zu geben.   Wir glauben solches auf keine bessere Art thun zu können, als wenn wir hiezu einen am Schluße des Jahres 1787. abgestatteten Bericht des damaligen ersten Inspectors, Herrn Röhrs, benutzen, der authentisch in unsere Hände gekommen ist.

Höchst unbedeutend und klein gegen das, was jetzt aus der Anstalt geworden, war die erste Grundlage des Instituts, und schwerlich wurde wol mit dem ersten Gedanken seiner Entstehung ein so großer Plan verbunden, als nun das Werk umfasset, seitdem die Landesväterliche Beyhülfe des für uns menschenfreundlich gesinnten dritten Georgs den Wohlthaten der Stifter die letzte Vollendung gegeben hat.

Wie oft findet man nicht bey anderen Anstalten hier in Aehnlichkeit, wenn man ihrem Entsprießen und Wachsthum nachspührt. Niemand verwerfe daher das kleinste Bemühen, das geringste Scherflein, welches zum Entstehen gemeinnütziger Institute gewidmet wird. Aus dem einzigen Kern einer Baumfrucht, können mit der Zeit ganze Wälder hervor kommen. Aber von denen, die

dann

derjenigen Provinzen präparirt, worüber sich die Competenz des hannöverischen Consistoriums erstreckt. Hierunter sind begriffen die Fürstenthümer Calenberg, Grubenhagen, Lüneburg und die Grafschaft Hoya.

dann in ihren Schatten ruhen, sich ihrer Blätter und
Blüten erfreuen, ihrer Früchte genießen, werde das An=
denken aller dankbar gesegnet, die den ersten Kern legten,
seine zarten Keime nährten, den aufschießenden jungen
Stamm schützten, und ihn nach und nach zu der so weit
ausgebreiteten Fruchtbarkeit brachten. Dies sind die Ge=
sinnungen welche wir einzuflößen wünschen, mit folgender

Nachricht von dem Ursprunge und der Einrich= tung, des hannöverischen Schulmeister= Seminarii.

I. Dessen Ursprung.

Es nahm diese Anstalt im Jahr 1750. ihren gerin=
gen Anfang *), da ein bemittelter, im Jahr 1766. ver=

<small>

*) Inhalts vor uns liegender eigenhändigen Nachricht
des verewigten Stifters, machte er seine Absichten
wegen des anzulegenden Instituts den 24sten April
1746. einer obrigkeitlichen Person des Orts zuerst
bekannt. Es gieng solche Absicht seinen eigenen Wor=
ten zufolge dahin, nach seinem Ableben zum Unter=
richte armer Kinder 2000 Rthlr. zu legiren. Zu
dieser Information erwartete er den Anbau eines
Schulhauses auf öffentliche Kosten, und daß zwey
geschickte Candidaten angesetzt würden, welche nicht
allein die armen Kinder getreulich unterrichteten,
sondern auch die Landschulmeister zubereiten könn=
ten. Die ursprüngliche Hauptidee des Stifters
scheint also auf Unterweisung armer Kinder gerich=
tet gewesen zu seyn, und die Zubereitung der Land=
schulmeister sollte damit als Nebenzweck verbunden
werden. Er unterdrückte auch den Gedanken an
letztere noch eine Weile, wie man ihn besorgt
machte, daß die Zusammensetzung des doppelten
Vorschlages nicht gleich Eingang finden möchte. So
we=

</small>

storbener Kaufmann **Ernſt Chriſtoph Böttcher** in Hannover, den erſten Grund dazu legte. Den Inſpector (denn
anfangs war einer hinreichend) beſoldete er aus ſeinen Mitteln, und für ein paar Seminariſten ſammlete er bey ſeinen Freunden.

Er

wenig Sinn oder Geſchmack wurde damals noch für
dergleichen Unternehmen gehegt. Sein beſchränkter
Vorſchlag erhielt Beyfall, und eröfnete verſchiedene
Ausſichten zu thätigen Unterſtützungen. Das Ma-
nuſcript des Stifters ſchätzet ſolche auf 4000 Rthlr.
und entſchloß ſich derſelbe zu dieſer Summe noch 1000
Rthlr. aus ſeinem Vermögen behuf des Hausbaues her-
zugeben. Niemand aber von denen, welchen man
es antrug, wollte die Sorge der Ausführung des Werks
auf ſich laden. In dem Vertrauen, daß dem ohnerachtet die gehoffte Beyhülfe nicht ausbleiben würde, kaufte
der Stifter drey Bauplätze. Wie aber aller Rath
und Beyſtand zum Bauen in der Folge verſagt wurde,
ſo ließ ſich der Stifter dadurch bewegen, wie er ſagt,
mit einem ruhigen Gemüthe, welches ihm Gott verliehen, die Bebauung der erkauften Plätze ſelbſt zu
übernehmen. Binnen fünf Jahren wurden die aufgeführten Gebäude fertig und wohnbar. Während
dieſer Zeit gelang es ſchon, daß nicht nur die Schule
im Gang kam, ſondern auch der zweyte Gegenſtand
des Plans, die Zubereitung der Landſchulmeiſter entwickelt wurde. Eine Kindtaufe, worauf beyde zuſam-
men trafen, gab Gelegenheit dazu, daß der Stifter
ſich dem ſeligen Herrn Conſiſtorial-Rath **Goetten**
hierüber entdeckte. Dieſer erklärte ſich gleich bereit,
das Schulmeiſter-Seminarium zu beſorgen, und deſſen große Verdienſte um dieſe wichtige Anſtalt wurden wahrſcheinlich mit Urſache, daß der Stifter den
zweyten Zweck zum erſten machte, und ſeine Freyge-
bigkeit gegen das Inſtitut, weit über das beſtimmte
anfängliche Maaß ausdehnte.

A. d. H.

Er hatte auf seine Kosten 3 Häuser neben einander aufführen lassen, die er dem Institute schenkte, jedoch waren anfangs 2 derselben ganz, und aus dem dritten *) einige Zimmer vermiethet, das übrige aber dem Seminario gewidmet. Auch führte er über dieselben bis ins Jahr 1754. noch selbst die Oberaufsicht.

Königliches Consistorium übernahm solche zu genannter Zeit, und der selige, um dies Institut so sehr verdiente Consistorialrath Doctor **Gabriel Wilhelm Götten** die besondere Direction. Letzterem verdanket es daher lediglich das Gute, was seine erstere innere Einrichtung hatte.

Der erste Inspector war der Candidat **Nölting,** der sich bereits im Göttingischen Waisenhause geübt hatte. Doch mußte er vor seinem Antritte im Jahr 1749. verschiedene Schulanstalten, als in **Berlin, Magdeburg, Braunschweig** ꝛc. besehen.

Weil die Einkünfte geringe waren, konnte man im ersten Jahre nur 1 und auch in den folgenden Jahren nur wenige Seminaristen aufnehmen.

Mit dem Seminario ward zugleich nach dem Willen des Stifters eine Schule verbunden, in welche zwar auch

Kin-

*) Das dritte Gebäude war eigentlich zu einem Werkhause gewidmet. Allein damals hatte des unvergeßlichen Alemanns Geist sich noch nicht bis zu dem Wirkungskreise hinaufgeschwungen, worin er 20 Jahre nachher das wohlthätige ihn ewig ehrende Denkmal des hannöverschen Werkhauses errichtete. Böttchers ähnliches Vorhaben mußte wegen Mangel an Beystand aufgegeben werden.

X. d. H.

Kinder bemittelter, besonders aber armer Eltern aufgenommen wurden. Die Absicht dabey war, theils diesen Kindern unentgeltlich einen guten Unterricht, theils den Seminaristen Gelegenheit zu verschaffen, sich practisch, und zwar mit solchen Kindern zu üben, die in ihren Begriffen, Bestimmung und Erziehung, die mehrste Aehnlichkeit mit Landkindern haben. Anfangs zwar bezahlten alle Kinder, auch für die Armen das Armen-Collegium, jedoch ein geringes, wie es scheint freywilliges Schulgeld. Nachher ward es blos von Freywilligen angenommen, aber nicht gefordert, und hat daher fast mit jedem Jahre sich vermindert.

Die Seminaristen wurden vom Inspector in der Religion, in der Art Kinder zu unterrichten, in der deutschen Sprache, Rechtschreibung rc. theils theoretisch, theils practisch, von einem anderen geschickten Meister aber im Singen, und von einem dritten im Schreiben und Rechnen unterrichtet; die Kinder aber theils vom Inspectore, theils unter dessen Aufsicht von Seminaristen unterwiesen.

Das Seminarium genoß zwar in den ersten 10 Jahren verschiedener wichtigen Unterstützungen, doch war es noch immer in solchen Umständen, daß nur wenige Schulmeister vorbereitet werden konnten, bis Ihro jetzt regierende Königliche Majestät diesem Institute selbst aufhalfen.

Hiedurch ward man in den Stand gesetzt, mehrere Seminaristen, und im Sommer auch Schulmeister von geringen Diensten aufzunehmen, auch wurden im Jahr 1765. zwey Inspectoren angenommen,

Nach

Nach und nach kamen mehrere ansehnliche Schenkun, gen Sr. Königl. Majestät und verschiedener Privat, Personen hinzu, wodurch es zu seinem gegenwärtigen Zu, stande heranwuchs.

II. Gegenwärtiger Zustand des Se, minarii.

1) Das Curatorium

führt das Königl. Consistorium, und vorzüglich ein vom Collegio dazu committirter Herr Consistorial, Rath als Curator desselben unentgeltlich. *) Selbiger hat die General, Casse des Instituts, und die Hauptaufsicht über das ganze Seminarium und dessen sämtliche Lehrer. Er bestimmt die Aufnahme und Entlassung der Seminaristen, sorgt für die Erhaltung und Verbesserung des Instituts, be, achtet und unterstützt die Inspectoren in ihrer Arbeit, und von ihm hängt jede wichtige Veränderung ab.

Eben so ist einem weltlichen Herrn Consistorial, Rath die besondere Fürsorge in streitigen und anderen schwürigen Fällen aufgetragen worden.

2)

---

*) Seit kurzem ist dem Herrn Consistorialrath Koppe die Curatel über das Seminarium anvertrauet wor, den, von dessen Einsichten und thätigen Menschenliebe die Wegräumung aller Mängel zu hoffen stehet, bey welchen bisher der höchste Grad der Vollkommenheit des Werths der Anstalt, noch verschiedener Zusätze fähig geblieben zu seyn scheint.

A. d. H.

2) Inspectoren.

Die Unteraufsicht ist zweyen Inspectoren anvertrauet, welche beyde Candidati Ministerii seyn müssen, und vom Königlichen Consistorio nach vorhergegangener Prüfung ernannt werden.

Der erste Inspector erhält außer freyer Wohnung und Feurung jährlich 182 Rthlr. Cassenmünze Gehalt, und 18 Rthlr. für Führung und Ablegung der Rechnung. Er muß täglich 4 Stunden unterrichten, hat eine beständige Aufsicht über die Haushälter und die Haushälterin, ob sie ihre Pflichten gehörig erfüllen.

Die mit dem Seminario verbundene Freyschule fordert gleichfalls sein besonderes Augenmerk. Er prüft die aufzunehmenden Kinder, und bestimmt, welche Classe sie besuchen sollen. Er schlägt dem Curator diejenigen Seminaristen zu Lehrern in dieser Schule vor, die er dazu tüchtig findet, und besucht oft und unvermuthet die Lehrstunden, um den Lehrern die nöthigen Erinnerungen geben zu können. Er hat die Aufsicht über eine der täglich zu haltenden beyden Betstunden, sorgt für alles was zur Oeconomie gehört, prüft die zur Aufnahme sich meldenden Präparanden, stellt die nöthigen Zeugnisse aus, hat die Casse unter Händen, aus der er jedoch diejenigen höheren Summen, deren er nicht gleich bedarf, dem Curator abliefert. Von Zeit zu Zeit übergiebt er diesem seine Rechnung, und am Ende des Jahrs entwirft er daraus die Hauptrechnung. Er besorgt die Correspondence, alle Woche aber referirt er mündlich dem Curator, sowohl den Inhalt der eingegangenen Briefe, als andere Vorfälle, und erhält alsdann

die

die nöthigen Befehle, da er für sich selbst in wichtigen Din=
gen nichts beschliessen, und in Ansehung der bisherigen Ein=
richtung eigenmächtig keine Aenderungen machen darf.
Ihm ist gleichfalls das Inventarium aller Meublen, Bet=
ten u. f. w. so wie auch die Bibliothek und Registratur
übergeben.

Alle halbe Jahr übergiebt er dem Curator eine Spe=
cification der gegenwärtigen Seminaristen, worin ihre Na=
men, die Inspection aus welcher sie sind, ihr Alter, die
Zeit ihres Hierseyns, ihr Wochengeld, ihre Fähigkeit, Fer=
tigkeit, Fleiß und andere Umstände von ihm bemerket wer=
den müssen. Ferner ein anderes Verzeichniß von den zur
Aufnahme Expectivirten, mit den nöthigen datis von ihren
Fähigkeiten, Kenntnissen und anderen Umständen; ein
Verzeichniß der Kinder, welche den Unterricht genießen;
und ein anderes Verzeichniß von den Seminaristen, die
außer dem Hause für Geld unterrichten.

Der 2te Inspector hat außer freyer Wohnung und
Feurung jährlich 100 Rthlr. Cassenmünze. Er unterrich=
tet dafür täglich 3 Stunden, und wiederholt mit den schwä=
cheren Seminaristen wöchentlich die in der hiesigen Königl.
Schloßkirche gehaltene Predigt, wobey er ihnen Anweisung
giebt, die Predigt aufzuschreiben, theilt mit dem ersten
Inspector die Aufsicht über die Schule und über die Semi=
naristen, und hat die Aufsicht über eine Betstunde. Er
besorgt ferner die übrigen Geschäfte seines Collegen, wenn
dieser krank oder verreiset seyn sollte. Da sein Gehalt
kleiner ist, seine Geschäfte ihm auch mehrere Muße lassen,
ist es ihm erlaubt, täglich 3 bis 4 Stunden außer dem
Hause zu unterrichten.

Alles

Alles Schul- und sonst einlaufende Geld und Geschenke müssen sie ad Cassam Seminarii abliefern, und über die Gesetze der Seminaristen genau und gemeinschaftlich halten, sich auch unter einander durch Rath und Hülfe ihre Geschäfte erleichtern. Auch dürfen sie gemeinschaftlich Seminaristen auf einen oder ein paar Tage beurlauben, wegen längerer Beurlaubung aber die Genehmigung des Curatoris einholen.

III. Uebrige Lehrer.

1) Der Schreibmeister unterrichtet die Seminaristen täglich 2 Stunden im Schreiben nach der sächsischen Hand, und die Schwächsten 1 Stunde im Rechnen, und bekömmt dafür 40 Rthlr.

2) Der zeitige Schloßküster unterrichtet die geübteren Seminaristen täglich eine Stunde im Rechnen, und giebt ihnen zugleich Anweisung, Kirchen-Rechnungen zu führen. Er erhält dafür 20 Rthlr.

3) Der Organist an der Marktkirche unterrichtet wöchentlich 4 Stunden im Singen, und 8 Stunden im Clavier- und Orgel-Spielen, wofür er jährlich 68 Rthlr. bekömmt.

4) Einer der geschicktesten Sänger unter den Seminaristen giebt den ungeübteren Landschulmeistern während ihres Hierseyns im Sommer, täglich eine Stunde Unterricht im Singen, und erhält dafür monathlich 1 Rthlr.

5) Der Plantagen-Gärtner zu Herrenhausen unterrichtet jährlich dort 12 Seminaristen in der Baumzucht, wofür er 12 Rthlr. vom Seminario bekömmt.

6)

6) Ebenfalls wird auch denen, welche Neigung dazu haben, daselbst unentgeltlich von einem Schulmeister Unterricht im Seidenbau gegeben.

7) In der Frey-Schule unterrichten außer den Inspectoren 12 Seminaristen, wofür sie wöchentliche Zulage erhalten.

IV. Die Präparanden.

A. Ihre Eintheilung und Zahl.

1) Ordentliche Seminaristen, die aus der Caſſe des Seminarii ein Wochengeld erhalten, und alle auf dem Seminario wohnen.

Ihrer ſind gewöhnlich gegen 40.

2) Außer Geld ſtehende Seminaristen. Dieſe ſind ſolche, die ſich theils verbindlich gemacht haben, auf eigene Koſten hier zu leben, theils aber auch ſchon 2 bis 3 Jahre das Wochengeld genoſſen haben, und nun ſich nur noch bis zu ihrer Beförderung hier aufhalten. Sie wohnen jetzt größtentheils alle auf dem Seminario, und ſind von einigen Pflichten der übrigen diſpenſirt, ſo wie ſie auch nicht zu Lehrern in der Freyſchule gebraucht werden. Alle Seminaristen ſind nach ihrer Fähigkeit in zwey Claſſen vertheilt.

3) Landſchulmeiſter, welche kleine Bedienungen haben, und noch nicht auf dem Seminario geweſen ſind. Dieſe ſuchen entweder aus eigener Bewegung darum nach, oder es iſt ihnen bey ihrer Confirmation zur Bedingung gemacht, einige Sommer ins Seminarium zu kommen. Sie erhalten alsdann das gewöhnliche Wochengeld à 18 mgr.

F 4

Für

Für die erſten 10 Wochen bekommen ſie dieſes Geld von dem Königl. jährlichen Geſchenke für arme Schulmeiſter. Die übrige Zeit aber werden ſie aber ex caſſa ſeminarii bezahlt. Ihre Schulen werden ſo lange von benachbarten Schulmeiſtern verſehen. Ihrer ſind gewöhnlich 30 bis 40.

4) Zuhörer, dieſe ſind theils Bediente hieſiger Herrſchaften, theils aber auch junge Leute, die bereits die Anwartſchaft zur Aufnahme haben, theils auch Schüler der hieſigen hohen Schule. Sie haben die Erlaubniß, den Stunden beyzuwohnen, doch werden mit ihnen keine Uebungen angeſtellt, um nicht den übrigen Seminariſten die Gelegenheit dazu zu entziehen; Ihrer ſind gewöhnlich 10 bis 20.

B. Ihre Aufnahme.

Da die Superintendenten in hieſigem Lande das Recht haben, zu vacanten Schuldienſten ihrer Inſpection Königl. Conſiſtorio tüchtige Subjecte vorzuſchlagen, und ſelbige hinlängliche Gelegenheit haben, in ihren Gegenden junge Leute kennen zu lernen, die Luſt und Fähigkeit zum Schulſtande haben, ſo muß jeder, der aufgenommen werden will, zuvor von einem Superintendenten der hieſigen Lande, oder wenigſtens von einem patrono eines Schuldienſtes empfohlen werden.

Er wird alsdenn vom erſten Inſpector geprüft, und wenn er tüchtig befunden wird, und der Curator es genehmiget, unter die Zahl derer geſchrieben, die künftig aufgenommen werden ſollen: Aus dieſen werden alsdann, nachdem es die Caſſe und der Raum verſtatten, hauptſächlich aus denen Inſpectionen, aus welchen keine Seminariſten gegenwärtig ſind, die Fähigſten zur Aufnahme ausgewählt.

In

In Ansehung der Landschulmeister aber, berichten die Superintendenten in den Monaten Januar und Februar, welche Landschulmeister ihrer Inspection die Aufnahme auf den bevorstehenden Sommer wünschen, oder bedürfen, woraus alsdenn die Aufzunehmenden nach Maaßgabe der Umstände vom Königl. Consistorio ausgewählt werden.

Diejenigen aber, die als Zuhörer die Stunden zu besuchen wünschen, können sich zu jeder Zeit bey dem ersten Inspector deswegen melden. Dieser berichtet es dem Curator, der alsdann, so viel der Raum es verstattet, ihnen diese Erlaubniß ertheilt.

C. Ihre Geschäfte und Pflichten.

Diese bestehen hauptsächlich in einer ordentlichen Abwartung der ihnen zu ihrem Unterricht gegebenen Stunden, in einer gehörigen Vorbereitung dazu, und in Besuchung der Freyschule, bey der 12 Seminaristen als Lehrer, andere aber als Gehülfen angesetzt sind, die theils auf Ruhe und Ordnung sehen, theils aber auch im Fall der Noth der ersteren Stelle vertreten. Die übrigen müssen so viel ihre übrigen Geschäfte es erlauben, dieser Schule zu ihrer Uebung beywohnen.

Die älteren und Fähigeren, sowohl in als außer Geld stehenden Seminaristen, vorzüglich aber die letzteren, haben auch die Erlaubniß, außer Hause zu unterrichten, wozu es bisher noch nie, wegen des guten Zutrauens, welches auch die angesehensten Eltern dieser Stadt zu dem seminarischen Unterricht haben, an hinlänglicher Gelegenheit gefehlet hat. *)

Ue-

*) In Rücksicht dieser Leichtigkeit des Verdienstes und

F 5   Un-

Ueberdem werden ihnen auch, um sie sowohl vor Müßiggang zu bewahren, als auch um ihnen mehrere Gelegenheit zu ihrer Ausbildung zu geben, von den Inspectoren noch besondere Uebungen und Geschäfte aufgetragen.

Diejenigen aber, welche kein Geld mehr genießen, oder außer und auf dem Seminario unterrichten, sind von der Besuchung einiger Stunden dispensirt, doch müssen alle wenigstens einer Hauptstunde beywohnen.

Um sie zur Reinlichkeit und Ordnung anzuhalten, sie vor allem einem künftigen Schulmeister so unanständigen Stolz zu bewahren, und sie zu gewöhnen, so viel wie möglich

Unterhalts, und der mehreren Gelegenheit nicht nur zur Erwerbung mannigfaltiger Kenntnisse, sondern auch zur Uebung im Unterrichte, möchte doch wol immer die reichste und bevölkertste Stadt im Lande, sich am besten zum Aufenthalte eines Schulmeister-Seminariums schicken. Anderer Betrachtungen wegen dürfte es sonst weit heilsamer seyn, wenn die Landschulmeister außerhalb der Hauptstadt gebildet würden. Durch sie schleicht sich doch immer etwas von den eigenthümlichen Sitten derselben unvermerkt mit aufs Land, sollte es auch nur der Lockenbau der Perücke, oder der modige Schnitt des Kleides seyn, worin mancher Seminarist vor den ehrwürdigsten Landgeistlichen hervorsticht. Daß vor kurzem irgendwo bey einer Bauren-Hochzeit der Bräutigam schwarze, und die Braut weiße seidene Strümpfe getragen, daran mag vielleicht das Beyspiel eines städtisch-gekleideten Schulmeisters Schuld gewesen seyn, und so wäre auch wol manche Bauerfrau nie nach Kaffee lüstern geworden, wenn sie nicht so oft als Mädgen in der Schule den Dunst dieses Getränks eingeathmet, und dasselbe den Küster mit vergnügten Blicken hinunterschlürfen sehen. A. d. H.

lich sich ihre Bedürfnisse selbst zu befriedigen, müssen diejes
nigen, welche auf dem Seminario wohnen, ihre Wohnzim,
mer selbst reinigen, und im Winter das Einhitzen in den
Classen besorgen. *)

D. Ihr Unterhalt.

Außer dem Wochengelde, welches fast alle 2 bis 3
Jahre erhalten, und gewöhnlich in 18 mgr. besteht, erhals
ten diejenigen, welche schon auf dem Seminario unterrichs
ten, wöchentlich Zulagen von 3 bis 18 mgr. Auch ist
schon oben bemerket, daß es ihnen erlaubt ist, außer dem
Seminario zu unterrichten, womit einige, jedoch außer
Geld stehende sich 10 bis 12 Rthlr. monathlich verdienen.
Andere schreiben auch wol für Geld ab, dabey genießen
alle,

*) Diese Einrichtung scheint vielleicht einigen unserer Leser
unwichtig zu seyn, aber sie verdient gewiß großen Beys
fall. Es ist in niederen Ständen eben so gewöhnlich,
wie bey höheren, daß wenn mehrere Menschen von
gleichem Beruf in enger Verbindung zusammen leben,
unter ihnen ein Elprit de corps eingeführet wird, der
immer zu einer gewissen Art von Stolz verleitet.
Man hat daher schon Fälle gehabt, daß zwischen Lands
schulmeistern Klagen über Rangstreitigkeiten erhoben
sind, und der Küster dem Prediger nicht die Bes
fugniß einräumen wollen, ihn Er zu nennen. Ohns
streitig schaffet es deshalb guten Nutzen, wenn diese
oder andere Versuchungen zum schädlichen Dünkel nicht
blos durch Ermahnungen angefochten, sondern durch
Handlungen unterbrückt werden, die jenem Triebe ges
radezu entgegen würken. Nie sollte aber billig ein
Prediger den Schullehrer in Gegenwart der Jugend
demüthigen, sondern immer mit seinem Exempel, dies
ser Achtung gegen jenen einzuflößen suchen.
A. d. H.

alle, die auf dem Seminario wohnen, freye Wohnung und Licht, auch wird im Winter eine geräumige Claſſe für ſie geheizt.

E. Belohnungen und Beſtrafungen.

Letztere werden dadurch beynahe entbehrlich, daß ſämtliche Seminariſten es wiſſen, es werde eine beſtändige Aufſicht über ſie geführt, und von ihrem Betragen hängt ihre Beförderung ſowol, als auch ihr beſſeres Fortkommen auf dem Seminario ab. Daher ſind Erinnerungen noch faſt ſtets hinlänglich geweſen, oder man hat auch wol auf einige Unordnungen gelinde Geldſtrafen geſetzt. Der Belohnung aber iſt jeder Seminariſt, der ſich gut beträgt, gewiß, da alle halbe Jahre vom erſten Inſpector eine Conduiten-Liſte dem Curator übergeben, auch bey Informationen und Beförderungen ſehr darauf Rückſicht genommen wird. Auſſerdem wird auch jährlich dem, der im Catechiſiren, und dem der im Schreiben den Preis davon trägt, eine Prämie ertheilt.

V. Die Freyſchule.

Es iſt mit dieſem Inſtitut auch eine Frey-Schule verbunden, in welcher jetzt an 500 Kinder unterrichtet werden. *) Es werden daher alle Kinder unvermögſamer freyer Eltern **), die es wünſchen, aufgenommen, theils um

---

*) Neuerlich hat man noch eine Induſtrie-Schule zum Verſuche hinzugefügt. A. d. H.

**) Unter freyen Eltern werden hier ſolche verſtanden, die keine Verbindlichkeit haben, ihre Kinder in beſtimmte Schulen zu ſchicken.
A. d. H.

um diesen die Sorge für ihre Kinder zu erleichtern, theils aber auch um den Seminaristen Gelegenheit zu verschaffen, sich practisch im Unterricht solcher Kinder zu üben, die mehr Aehnlichkeit in ihren Seelenkräften, und in ihrer Bestimmung mit Landkindern haben. Doch wird auch häufig von wohlhabenden Eltern die Aufnahme ihrer Kinder in diese Schule gesucht, welche ihnen auch ertheilt wird, jedoch auf den Fall, daß sie Bürger sind, nicht anders, als wenn sie zuvor mit den Stadtschulen, zu welchen ihre Kinder gehören, sich abgefunden, und einen Erlaubniß-Schein von ihrer Obrigkeit beybringen.

Keinem Kinde fodert man Schulgeld ab, das dennoch gegeben wird, wird aber in eine Büchse gesteckt, und dem Seminario berechnet. Es beträgt im Durchschnitt nicht über 18 Rthlr. jährlich.

Die Schulkinder sind nach ihren Fähigkeiten in drey Classen getheilt, und werden täglich 6 Stunden unterrichtet, des Mittewochens und Sonnabends nur 3 Stunden.

In der 1sten Schul-Classe unterrichtet der erste und in der 2ten Classe der zweyte Inspector, täglich eine Stunde in der Religion, wobey die Seminaristen zuhören. In den übrigen Stunden unterrichten Seminaristen unter der Aufsicht der Inspectoren, welche fleißig die Classen besuchen, und die nöthigen Erinnerungen geben.

VI. Haushälter und Haushälterinn.

Hierzu ist ein pensionirter Artillerist mit seiner Frau genommen. Sie müssen das Haus reine halten, Betten machen,

machen, Theewasser holen und kochen ꝛc. Sie erhalten dafür außer freyer Wohnung, Feurung und Licht, jährlich 38 Rthlr.

(Die Fortsetzung folgt künftig.)

2) Handlungs-Börse zu Hannover.

Die lebhafte Bewegung, worin seit einiger Zeit der Handlungs-Geist bey uns sich befindet, hat auch zur Folge gehabt, daß von einem Theile der Kaufmannschaft in Hannover eine Börse errichtet worden. Anfangs bestand das Institut als Privat-Unternehmen. Nachdem aber durch solches verschiedene für den Handel nützliche Einrichtungen zu Stande gekommen waren, so hielten die Directoren darum an, daß selbiges als eine öffentliche Anstalt authorisirt und bestätiget werden möchte.

Aus dem ersten guten Erfolge erwuchs die Hoffnung, daß erwehntes Institut zu besserem Betrieb Erleichterung und Erweiterung kaufmännischer Unternehmungen und sonstiger Handlungs-Geschäfte vieles beytragen würde. In dieser Rücksicht ward dann die nachgesuchte Landesherrliche Bestätigung unterm 29sten Octbr. 1787. dahin gewährt: daß die errichtete Börse zu Hannover als ein öffentliches Institut angesehen, und sich als ein solches des Landesherrlichen Schutzes und Beystandes zu erfreuen haben sollte.

Bey solcher Bestätigung geruhete Königl. Regierung zugleich festzusetzen, daß um alle Unordnungen, Streitigkeiten und Unterschleife zu vermeiden, welche sonst die nützliche Ein-

Einrichtung veranlaſſen könnte, der Mäckler von der Börſe jedesmal dem Magiſtrat der Altſtadt Hannover präſentirt, von ihm confirmirt, beeidiget, und mit einer obrigkeitlich beſtimmten Inſtruction verſehen werden, auch jede vorſeyende Börſen-Auction, durch die Börſen-Directoren dem dirigirenden Burgermeiſter zuvor angezeiget, und von ihm eine ſchriftliche Genehmigung ertheilt werden ſollte, ehe ſolche ihren Anfang nehmen dürfte.

Den Zweck der Anſtalt, ſo weit es durch gute Ordnung geſchehen kann, mit Sicherheit zu erreichen, iſt vom Magiſtrat der Altſtadt zu Hannover nachſtehendes erlaſſen worden.

A. Ordnung für den Börſen-Mäckler der Stadt Hannover.

1) Derjenige, welcher zum geſchwornen Börſen-Mäckler angenommen wird, ſoll unter der ſtrengſten Verſchwiegenheit, alle Aufträge, ſo ihm von den hieſigen Kaufleuten, ſo ſich zur Börſe halten, anvertrauet werden, mit möglichſter Sorgfalt und Treue unpartheyiſch ausrichten, und jedesmahl demjenigen, ſo ihn zuerſt bedinget und ausſendet, auch zuförderſt zufrieden ſtellen, und ihm den erhaltenen Auftrag gemäß, die eigentliche Beſchaffenheit der Waare, ſamt allen ihm bekannt gewordenen Umſtänden und Bedingungen vermelden. Zu dem Ende nimmt er aus dem vorhandenen Waaren-Vorrath, ſo er kaufen oder verkaufen ſoll, ſich die Proben ſelbſt, giebt davon den einen Theil an den Käufer und behält den andern Theil an ſich, damit, wenn

nach

nachher die gelieferte Waare nicht Probemäßig seyn sollte, der Streit um so leichter zu entscheiden ist. Bey dem Einkauf der Waaren soll sich der Mäckler auch nicht an gewisse Kaufleute allein halten, sondern vielmehr, wenn er bey mehreren Börsen-Interessenten gleiche Preise und Güte der Waare fände, so soll er von demjenigen die Waare kaufen, von welchem er bis dahin am wenigsten Gelegenheit gehabt, was kaufen zu können, dabey muß er niemanden aus irgend einem Grunde vorziehen, sondern einem jeden mit unpartheyischen, redlichen Verhalten, möglichsten Fleiß und Vorsicht, nach besten Wissen und Vermögen bedienen, und überhaupt nur demjenigen den Vorzug gönnen, bey welchem er den Endzweck seines ihm ausgesandten Principals am besten erreichen kann; wenn er aber wüßte, oder erfahren sollte, daß irgend Gefahr oder Betrug bey dem Kauf oder Verkauf zu besorgen sey, so soll er sich fernerer Unterhandlung enthalten und niemand wissentlich in Schaden bringen.

2) Wenn der Handel geschlossen werden soll, so verfertigt er zwo von ihm unterschriebene Mäckler-Noticen, von welchen er die Abschrift in sein Taschenbuch trägt, auf diesen muß das Datum nebst dem Vor- und Zunahmen des Käufers oder Verkäufers, die Güte und Quantität der ge- oder verkauften Waaren nebst allen übrigen Bedingungen ganz genau und richtig bemerkt seyn. Wenn nun beyde Theile diese Noticen annehmen, so ist dadurch der Handel unter Begebung aller erdenklichen Einrede von beyden Seiten geschlossen. Außerdem aber muß er von allen Aufträgen die

die durch ihn beforgt werden, ein wohl geordnetes und mög=
lichſt fehlerfreyes Buch führen, worin er der Contrahenten
Vor= und Zunahmen, das Datum, die Rechnung der ge=
oder verkauften Waaren, nebſt allen übrigen Bedingungen
genau und ſo richtig bemerken muß, daß er gegen billige Ge=
bühr nicht allein jederzeit davon Auszüge machen, ſondern
auch ſelbiges beſchwören kann.

3) Damit auch der Mäckler dem Kaufmann deſto auf=
richtiger und uneigennüßiger bedienen möge, ſo ſoll derſelbe
bey Verluſt ſeines Dienſtes, ſo wenig ſelbſt, als mit jemand
in Verbindung, auf irgend eine Weiſe Commißions und ei=
gene Handlung treiben, vielweniger aber ſich dabey heimlich
intereßiren, noch irgend jemand zum Schein dazu ge=
brauchen.

4) Dem Mäckler iſt auf keine Weiſe erlaubt, ſo wenig
hieſige Kaufleute, welche ſich nicht zur Börſe halten wollen,
im Kauf und Verkauf oder dahin abzielenden Commißionen
auf irgend eine Weiſe zu bedienen, noch vielweniger hie=
ſige und auswärtige Particuliers, Kaufleute und Landkrä=
mer. Würde er aber von irgend jemand ſchriftlich oder
mündlich dazu aufgefordert, ſo hat er ſolches der zeitigen
Börſen=Direction anzuzeigen, und deren Verfügung zu ge=
wärtigen. Nur allein für hieſige Kaufleute, welche ſich
zur Börſe halten, beſorgt er den Ein= oder Verkauf von al=
len möglichen Waaren, allen Gattungen von Getraide,
Korn, Geld= und Wechſel=Geſchäfte ꝛc.

5) Es ſoll derſelbe ſein Amt in eigner Perſon, ohne
Zuziehung eines andern verſehen, es ſey dann in Krankheits=

(Aunal. 2r Jahrg. 4s St.)　　　G　　　　fällen,

fällen, oder äußerst dringender Abwesenheit, jedoch auch dieses nie anders, als mit Vorwissen und Genehmigung der Local-Obrigkeit und zeitigen Börsen-Direction, da er sodann auf eine Person zu sehen hat, welcher die Geschäfte völlig anvertrauet werden können.

6) Bey Schließung eines Handels für seinen etwanigen Committirten oder Principalen, nennt er allererst nach dessen völligen Abschluß desselben Nahmen, alsdenn aber ist er auch dazu verbunden, weil er nicht für sich handeln, auch für keinen gut sagen kann. Bey dem Verkauf der Wechsel verstehet es sich jedoch von selbst, daß er jedesmahl auf Verlangen des Käufers, den Verkäufer nahmhaft macht.

7) Um allen Verdacht und mögliche Unordnung zu verhüten, darf der Mäckler keine Waaren und Kaufmanns-güter in sein Haus nehmen, auch hat derselbe so wenig mit dem Empfang der verkauften Waaren, als auch mit der dafür zu leistenden Zahlung etwas zu thun. Wenn aber der Käufer verlangt, daß sein Nahme verschwiegen bleiben sollte: so kann er zwar die Waaren gegen baare Bezahlung in Empfang nehmen, ist aber dennoch verbunden, sowohl das ihm anvertrauete Geld, als auch die dafür erhaltene Waaren, sogleich an die Bestimmung abzuliefern.

8) Sorgfältig muß er sich hüten, mit Niemand einen Contract zu schließen, der annoch unmündig, oder den Rechten nach sonst dazu nicht fähig ist.

9) In streitigen oder zweifelhaften Fällen ist der Mäckler verbunden, wenn er sie nicht selbst vergleichen kann, selbige, ohne den Nahmen der Partheyen zu nennen, zuförderst

förderſt der zeitigen Börſen-Direction anzuzeigen, wollen ſich aber die Partheyen bey deren Rath und Vorſchlag nicht beruhigen, ſo gelanget die Sache an die Orts-Obrigkeit zum gewöhnlichen Rechtsgange.

10) Es ſoll der Mäckler um allem Zweifel und Streit möglichſt vorzubeugen, ſich um eine genaue Kenntniß der allhier vorhandenen, in ſeine Geſchäfte ſchlagende Verordnungen und Privilegien bemühen, und dahin ausdrücklich verpflichtet ſeyn, nichts darunter zu ſchlieſſen und anzunehmen.

11). Mit den in der Mäckler-Taxe beſtimmten Lohn muß derſelbe zufrieden ſeyn.

12) Würde endlich der Mäckler überführet werden können, daß er ſich vorſtehender Ordnung nicht jederzeit pünktlichſt gemäß bezeiget hätte, oder durch Geſchenke, Eigennutz und Partheylichkeit davon abhalten laſſen; ſo behält ſich die Direction der Börſe bevor, entweder ihm bey der Local-Obrigkeit zur richterlichen Beſtrafung anzuzeigen, oder auch nach Beſchaffenheit der Umſtände, unter Vorwiſſen und Genehmigung der Obrigkeit, demſelben eine vierteljährige Looſe zu thun, annebſt einen andern Börſen-Mäckler zur Beſtätigung vorzuſchlagen.

Hannover den 8ten Novbr. 1787.

B. Lohn-Taxe für den Mäckler.

1) Von allen Waaren, ſo nach dem Gewicht oder nach der Elle verkaufet werden, zahlet der Käufer und Verkäuſer, wenn der Werth derſelben hundert Thaler beträgt, von

jedem

jedem Hundert einen halben Thaler. Würde der Werth aber keine hundert Thaler betragen; so bezahlen beyde Theile von jedem Thaler zwey Pfennig.

2) Von Kaufmannsgütern, so bey Lasten verkauft werden, als Weitzen, Rocken, Gerste, Haber, Bohnen, Wicken, Erbsen, Linsen und Salz, zahlt der Käufer allein von jeder Last einen halben Thaler. Beträgt das Kaufgut aber keine Last, so wird von jedem Himbten zwey Pfennig. Von Theer und Pech aber wird für jede Tonne drey mgr. bezahlt.

3) Von Flachs, Hanf und Wolle zahlet der Käufer allein von jedem Lies-Pfund, zu 14 Pfund gerechnet, einen mgr. von jedem einzeln Pfund aber einen Pfennig.

4) Von denen Wechseln giebt sowohl der Geber als der Nehmer einen halben Thaler vom Tausend.

5) Sollte der Käufer nach erhaltener Anweisung des Mäklers die Waaren selbst kaufen, so zahlt derselbe gleichwohl an ihn den bestimmten Lohn.

6) Alle diese Courtagen werden in nemlicher Münz-Sorte, in welcher der Handel geschlossen ist, bezahlt.

Hannover den 8ten Novbr. 1787.

C. Instruction für den zeitigen Börsen-Mäkler, die Auctiones auf der Handlungs-Börse betreffend.

1) Muß die vorseyende Börsen-Auction durch die Börsen-Vorsteher dem jedesmaligen hieselbst dirigirenden Bürgermeister angezeiget werden.

2)

2) Daferne nun der dirigirende Bürgermeister dabey kein erhebliches Bedenken findet, wird von ihm darüber ein schriftlicher Genehmigungs-Zettel ertheilet, oder die davon bekannt zu machende Anzeige von ihm unterschrieben.

3) Bey dem Ausruf selbst wird jedesmal zu Führung des Auctions-Protocolls eine dazu befugte Person und zum Ausruf ein obrigkeitlich bestellter Auctionator adhibiret, bey dem Ausruf auch dergestalt verfahren, wie es bey Auctionen hiesiges Orts specialiter hergebracht oder verordnet ist. Wenn nun

4) Ein hiesiger Börsen-Interessent seine Waare durch eine Auction im Börsen-Saal will verkaufen lassen; so zeiget er entweder solches selbst oder durch den Börsen-Mäckler der jedesmaligen Direction an, übergiebet derselben eine genaue und aufrichtige Specification derjenigen Waaren, so er zu verkaufen willens ist, unterziehet sich aber dabey allen Verfügungen der Börsen-Direction, welche dieselbe etwa nach Beschaffenheit der Umstände zum Besten der Handlung für nöthig halten mögte.

5) Da es der Handlung offenbar nachtheilig seyn würde, wenn die Waaren im kleinen öffentlich verkauft werden sollten; so muß von Seiten der Börsen-Direction jederzeit dahin sorgfältige Rücksicht genommen werden, daß die Waaren in angemessene Partheyen geordnet und verkauft werden.

6) Wenn mehrere Börsen-Interessenten Willens sind, Waaren in einer Auction verkaufen zu lassen; so werden diese nach der Ordnung, wie sie sich bey der Direction ge-

G 3   meldet,

meldet, verkauft. Sechs Tage vor der Auction aber ist die Annahme der Waaren zu schließen, damit die zu verkaufende Waaren wenigstens einmahl öffentlich bekannt gemacht werden können.

7) Die Direction besorget den Aufsatz, wie er in die öffentliche Blätter eingerückt werden soll, und übergiebet dem Mäckler die Specification der Waaren, worauf sowol die Verkaufs-Bedingungen, als auch die Ordnung, nach welcher die Waaren numeriret und verkauft werden, bemerkt ist, wornach sich derselbe bey dem Verkauf genau zu richten hat.

8) Um alle Irrungen und Unordnung, so viel möglich zu vermeiden, so werden sich jedesmal 2 Vorsteher der Börse an denen Tagen und Stunden, da die Auction ihren Anfang nehmen soll, darbey einfinden und sorgfältig dahin sehen, daß der Ein- und Verkauf ordnungsmäßig vollzogen, auch das Verkaufs-Protocoll richtig geführt werde.

9) Ehe die Auction ihren Anfang nimmt, lieset der Auctionator die gewöhnlichen Verkaufs-Bedingungen ab, wobey es dem Verkäufer frey bleibt, selbige noch mit ein oder andern Punkt zu vermehren, wenn selbige vorher von der Börsen-Direction genehmiget worden. Der Käufer aber ist denn auch ohne alle Widerrede verbunden, diesen Bedingungen sich gemäß zu bezeigen.

10) Wenn die zu verkaufende Waaren von der Art wären, daß selbige von dem Käufer nicht ganz in Augenschein könnten genommen werden; so richtet sich derselbe, sowol was die Beschaffenheit der Waaren, als auch ihr

Ge-

Gewicht, Ellen: oder Stückzahl betrift, nach der Angabe des Auctionators oder der Probe. Würde die gekaufte Waare aber nicht dieser Angabe oder der Probe gemäß seyn, so ist der Käufer nicht an den Kauf gebunden, und der Verkäufer muß allen Verlust tragen, welcher dieserhalb entstehen würde.

11) Den folgenden Morgen, nach dem Tages vorher gehaltenen Verkaufe, von 10 bis 12 Uhr werden die Waaren gegen baare Bezahlung abgehohlet, wobey der bisherige Eigenthümer der Waaren gegenwärtig seyn, und auch selbst, wenn er es für gut findet, das Geld in Empfang nehmen kann. Ueberlässet er aber dieses Geschäft dem Auctionator, so ist dieser verbunden, auf Verlangen des Eigenthümers, das an jedem Tage eingelaufne Geld abzuliefern.

12) Von denen in der Auction verkauften Waaren, wird ein Procent, wenn der Eigenthümer aber die Waaren selbst wieder an sich kauft, ein halb Procent Provision bezahlt, davon erhält der Börsen-Auctionator 3 Theile, der 4te Theil aber fällt der Börsen-Casse behuef der Kosten anheim.

13) Sollten bey der Auction sich streitige Fälle ereignen, so wird die jedesmahlige Direction der Börse, solche nach der Billigkeit zu vergleichen suchen: Würde aber der eine oder der andere Theil sich hiemit nicht befriedigen wollen, so bleibt der Weg der obrigkeitlichen Entscheidung offen.

Hannover den 8ten Decbr. 1787.

a)

3) Abgestellte Betteley zu Osterholz im Herzog-
thum Bremen.

Wenn gleich die gegen Betteley von Zeit zu Zeit erlassene heilsame Verordnungen, mit aller Genauigkeit und Strenge befolget werden, dürften dennoch vielleicht wenige Obrig-keiten sich rühmen können,. dieses dem Publico in mehr als einer Hinsicht nachtheilige Unwesen dadurch auf dem Lande aus dem Grunde gehoben zu haben.

Desto mehrere Aufmerksamkeit verdient daher die von der hiesigen Gemeine unter sich getroffene Vereinbarung:

Bey einer Conventional-Strafe von 1 Rthlr. keinen Bett-ler in den Häusern fürohin ein Almosen zu verabreichen, dagegen aber den Armenblock desto reichlicher zu versehen, damit die in der Gemeine vorhandene würkliche Arme aus selbigem ihre nothdürftige Unterstützung erwarten können.

Es bedarf wol keiner Anführung, daß die Obrigkeit, wel-cher diese Verbindung angezeiget, und um deren Aufrecht-haltung ersuchet worden, dieses löbliche Vorhaben unter der Bedingung unterstützet, daß gedachte verabredete Strafe dem Armen-Aerarium ebenfalls zufließen soll; wol aber verdienet es einer Erwähnung, daß der würdige Prediger dieser Gemeine diese, die Beobachtung der zwoten Tafel bezielende Vereinigung seinen Zuhörern sonntäglich durch ei-nen rührenden Vortrag in das Gedächtniß zurückbringet, und dadurch solche Anstalt mit so glücklichem Erfolge begüns-stiget, daß die Summen, welche der Klingebeutel seit Jah-resfrist, da die Neuheit ihre gewöhnliche Reize allbereits

vers

verlohren zu haben pfleget, bey jedem Gottesdienst ausbeu-
tet, die von dieser Vorrichtung gehegete Erwartungen übersteigen, und der vormahlige ansehnliche Haufe von bettel-
den Müßiggängern sich gänzlich entfernet hat.

Diese Lokalität ist vielleicht zu unerheblich, um andern
Gemeinen zur Nachahmung empfohlen zu werden, wie
denn selbst die drey übrigen Amts-Kirchspiele ihren lauten
Beyfall hierüber klar zu erkennen geben, bis jetzt aber diesem
vor Augen habenden Beyspiele zu folgen, annoch Schwierigkeiten finden müssen, oder vielleicht die durch Vorurtheile
eingewurzelte Furcht, durch Verweigerung eines Almosen
ihren Häusern eine Feuersbrunst zuzuziehen, welche der gemeine Mann den rothen Hahn zu nennen pfleget, noch
nicht überwinden können.

Ein jeder über den National-Character der unteren
Volks-Classe nachdenkende, dürfte jedoch in dieser Begebenheit
die Bestätigung des, der natürlichen Freyheit des Menschen
angemessenen Satzes finden, daß in einer jeden Gesellschaft,
selbst die politische nicht ausgenommen, kein Gesetz sich eine
gewissere Befolgung versprechen kann, als wozu die Mitglieder derselben ihre Einwilligung gegeben haben.

G 5   V.

V.

Wetter-Calender des Jahres 1787,

aufgenommen vom Horizont der Stadt Lüneburg,

vom Herrn Doctor Ebeling.

Man wird in dem Wetter-Calender dieses Jahres, den Stand des Barometers, vom 8ten Junius an, sehr auffallend gegen den vorhergehenden finden. Nachdem derselbe, seit dem März 1785. ungewöhnlich niedrig gewesen war, stieg er, am bemerkten Tage, wieder zu seiner gewöhnlichen Höhe, so daß er sehr selten unter 29 Zoll, Londner Maaß, kam. Fehler meines Instruments kann dieses nicht seyn, weil ich beständig wenigstens 3 habe, die sehr genau harmoniren. Im südlichen Deutschlande, am Rhein, auch sogar in dem mir so nahen Hamburg ist dieses nicht gewesen. Was mag die Ursache dieser Veränderung seyn, die über 2 Jahr anhielt? Sollte an irgend einem Orte etwas ähnliches bemerkt seyn, so würde ich es mit Dank erkennen, wenn mir die Bemerkungen mitgetheilt würden.

sch. W. heißt: schön Wetter, nemlich: ganz heller Sonnenschein.

kl. H. 1. heißt: klarer Himmel 1. das ist: Sonnenschein und wenig Wolken.

kl.

kl. H. 2. ist: Sonnenschein und etwa halb bedeckter Himmel.

kl. H. 3. wenn nur wenig blauer Himmel zu sehn ist.

bedeckt: ganz mit Wolken überzogen.

☿ bedeutet veränderlich; welche Bedeutung es auch beym Winde hat.

♃ heißt, wenn dies Zeichen in der Columne des Windes steht; wenn die Wolken schnell ziehn.

♄ daselbst heißt: stürmisch.

Jan.

Januar 1787.

	Morgens		Nachmitt		Abends		Wind
	B.	Th.	B.	Th.	B.	Th.	
1.	29. 9.	40.	29. 8.	39.	29. 7½	38	S. W.
2.	29. 8.	39.	29. 8.	39.	29. 8½	37	W.
3.	29. 8.	37.	29. 8.	38.	29. 8.	37.	W. ☿
4.	29. 7½	39.	29. 8.	39.	29. 7.	39.	W.
5.	29. 6.	40.	29. 6.	40.	29. 7.	40.	W. ☿
6.	29. 6.	40.	29. 7½	39.	29. 9.	30.	N. ☿ ☿
7.	30.	24.	30. 1.	32.	30.	32.	N. ☿ ☿
8.	29. ¾	34.	29. 9.	37.	29. 9.	37.	W.
9.	29. 9.	36.	29. 9.	37.	30.	35.	N. W ☿
10.	29. 9½	35.	30.	33.	29. 9.	33.	N. W.
11.	29. 8½	33.	29. 8.	34.	29. 7½	32.	N. W.
12.	29. 6½	26.	29. 6.	31.	29. 5.	30.	N. W.
13.	29 4½	26.	29. 5.	30.	29. 5.	30.	S. W ☿
14.	29. 5.	22.	29. 5.	35.	29. 6.	24.	D.
15.	29. 5.	22.	29. 5.	28.	29. 6.	26.	D. S. D.
16.	29. 5.	20.	29. 5.	28.	29. 4½	28.	D.
17.			29. 6.	29.	20. 6.	29.	S.
18.	29. 6.	32.	29. 6.	33.	29. 6½	33.	W.
19.	29. 7.	33.	29. 7.	35.	29. 6½	32.	S. W.
20.	29. 4.	35.	29. 3½	42.	29. 4.	39.	S. W ☿
21.	29. 3½	42.			29. 2.	41.	W.
22.	29. 4.	33.	29. 5.	44.	29. 5½	29.	N. W ☿
23.	29. 5.	24.	29. 5.	35.	29. 4.	37.	N. ☿ ☿
24.	29. 4.	38.	29. 4.	40.	29. 6.	31.	N. W ☿
25.	29. 6.	27.	29. 7.	37.	29. 8.	34.	N. D.
26.	29. 6½	31.	29. 6.	32.	29. 6	30.	N. D. D.
27.	29. 4½	29.	29. 4.	32.	29. 5.	32.	D.
28.	29. 5.	30.	29. 6.	34.	29. 6.	25.	D. ☿
29.	29. 6½	24.	29. 8.	37.	29. 8½	30.	S. D.
30.	29. 9.	40.	29. 9.	45.	29. 9.	40.	S. ☿
31.	29. 9.	41.	29. 9.	52.	29 8½	40.	W.

trübe, und Regen.
trübe, wenig Regen.
trübe, etwas Schnee u. gel. Frost.
trübe.
kl. H. 3.
Sch. Wetter, Frost.
Nebel, Frost, sch. Wetter.
trübe, kl. Regen, Nebel.
gelinder Frost, starker Nebel.
Frost und Nebel.
Frost u. Nebel.
Frost u. Nebel.
Frost, trübe.
sch. Wetter Frost.
Nebel, sch. W. Frost.
Al. H. 1. 2. Frost.
trübe, Frost.
trübe.
kl. H. 2. Frost,
trübes Thauwetter.
trübe, u. Regen.
sch. Wetter, Frost.
sch. Wetter, Frost, Ab. Regen,
etwas Schnee, sch. W. Frost.
sch. W. Frost.
Schnee, trübe, Frost.
Frost, trübe, Schnee.
kl. H. 3. Frost.
sch. W. Frost.
trübes Thauwetter.
sch. W. Ab. gel. Frost.

Februar 1787.

	Morgens		Nachmitt		Abends		Wind.
	B.	Th.	B.	Th.	B.	Th.	
1.	29. 8.	37.	29. 7½	47.	29. 6½	44.	S. W.
2.	29. 6.	44.	29. 8.	38.	29. 8½	29.	N. W.
3.	29. 7.	34.	29. 6.	42.	29. 5.	42.	S. ☿
4.	29. 4.	42.	29. 4.	47.	29. 4½	42.	W. ☿
5.	29. 4	40.	29. 5.	43.	29. 5.	39.	W.N.W
6.	29. 5.	32.	29. 4.	44.	29. 3½	39.	W. ☿
7.	29. 3.	38.	29. 3.	42.	29. ··	44.	S.
8.	29. 3.	44.	29. 5.	47.	29. 4½	44.	W.
9.	29. 5.	45.	29. 4.	47.	29. 3½	44.	S. W.
10.	29. 2.	36.	29. 1.	49.	29.	45.	S. D ☿
11.	28. 9.	44.	29.	49.	28. 9.	44.	S. W.
12.	28. 7.	43.	28. 7½	52.	28. 7.	44.	S.
13.	28. 6.	43	28. 6½	52.	28. 7.	46.	S.
14.	28. 9.	46.	29. 2.	47.	29. 4.	43.	W.
15.	29. 5.	37.	29. 5.	47.	29. 5.	45.	S.
16.	29. 5.	50.	29. 5.	49.	29. 3½	48.	S. W.
17.	29. 3.	48.	29. 5.	50.	29. 6.	46.	W.
18.	29. 4.	45.	29. 3.	48.	29. 4.	47.	W. 2.
19.	29. 4.	45.	29. 5.	47.	29. 4.	46.	W.
20.	29. 4.	45.	29. 5.	50.	29. 5.	42.	N. W.
21.	29. 4½	41.	29. 5.	46.	29. 5½	33.	W. ☿
22.	29. 5.	31.	29. 5.	46.	29. 6.	33.	N.
23.	29. 6.	32.	29 6.	33.	29. 6.	33.	N.
24.	29. 6.	31.	29. 6.	39.	29. 6.	34.	N.W ☿
25.	29. 5½	31.	29. 5½	39.	29. 5.	38.	S.
26.	29. 4.	39	29. 5.	45.	29. 6.	41.	S. W.
27.	29. 6.	42.	29. 6.	46.	29. 6.	43.	S.W ☿
28.	29. 4.	35.	29. 2½	45.	29. 3½	45.	S.W ☿

ſch. W. kl. H. 2. 3.
trübe, Nebel.
trübe, wenig Regen.
trübe, kl. H. 3.
trübe, etwas Regen.
kl. H. 2. Froſt, Nebel.
trübe, u. Regen.
kl. H. 3. 1. trübe.
kl. H. 1. 2.
ſch. W. Abends wenig Regen.
kl. H. 1. 2.
etwas Regen, ſch. W.
etwas Regen, ſch. W.
etwas Regen, kl. H. 3. 1.
kl. H. 1. Regen.
kl. H. 1. Regen. ☿
kl. H. 1. 2. Regen.
trübe, Regen.
ſch. Wetter.
bedeckt, ſch. W.
Nebel, kl. H. 1. gel. Froſt.
Froſt, ſch. W. Schnee, Donner.
Froſt, ſehr wenig Schnee.
kl. H. 2. Froſt.
Froſt, bedeckt, kl. H. 3.
wenig Schnee, Froſt, trübe, Nebel.
bedeckt, Nebel.
ſch. W. Nachm. trübe und Regen.

März 1787.

	Morgens		Nachmitt		Abends		Wind.
	B.	Th.	B.	Th.	B.	Th.	
1.	29. 3½	47.	29. 2½	52.	29. 1½	50.	S. W.
2.	29.	46.	28. 9.	55.	28. 9.	52.	S. W. 2.
3.	29.	46.	29.	53.	28. 9.	48.	S. W.
4.	28. 7.	48.	28. 7.	53.	28. 8.	49.	S. ☿
5.	29.	36.	29. 3.	39.	29. 3½	40.	NO ☿ 2.
6.	29. 3½	40.	29. 3½	42.	29. 1.	41.	O SO. 2.
7.	29.	37.	28. 9½	44.	29.	43.	S. O. 2
8.	29. 2.	44.	29. 3.	49.	29. 3.	45.	S. W.
9.	29. 3.	44.			29. 2.	40.	O.
10.	29. 1.	40.	29. 1.	50.	29. ½	49.	S. O. ☿
11.	29	48.	29. 3.	47.	29. 5.	43.	S. W. 2.
12.	29. 6.	36.	29. 7.	50.	29. 8.	47.	S. W. ☿
13.	29. 9.	34.	29. 9.	53.	30.	48.	N. W. ☿
14.	29. 9½	46.	29. 9½	54.	29. 9.	50.	S.
15.	29. 8.	36.	29. 7.	51.	29. 6½	49.	S. W. ☿
16.	29. 5¼	48.	29. 4½	51.	29. 4.	50.	N. W. ☿
17.	29. 4½	48.	29. 5.	52.	29. 5.	49.	N. W.
18.	29. 5.	46.	29. 7.	52.	29. 7½	46.	N. W. 2.
19.	29. 6½	46.	29. 6½	48.	29. 6.	45.	N. W.
20.	29. 6.	43.	29. 6½	48.	29. 7.	42.	N.
21.	29. 8.	40.	29. 8.	51.	29. 8.	46.	N. O.
22.	29. 7½	42.	29. 6½	48.	29. 5.	47.	O. S. O.
23.	29. 4.	43.	29. 1¾	61.	29. ½	48.	S.
24.	28. 9½	46.	29.	55.	29. 2.	49.	S.
25.	29. 2.	47.	29. 3.	53.	29. 4.	47.	S. W. ☿
26.	29. 4.	43.	29. 4.	57.	29. 2½	45.	S.
27.	29. 1½	50.	29. 1.	57.	29. ½	49.	S.
28.	29. ½	46.	29.	55.	29.	48.	S. W.
29.	28. 9.	50.	28. 8½	55.	28. 9.	52.	S. W.
30.	28. 8½	53.	28. 9.	65.	29.	53.	S. W ☿
31.	28. 9.	56.	28. 9.	58.	29.	56.	SWN ☿

trübe u. Regen.

kl. H. 3. st. Regen u. Schloffensch.

kl. H. 2. 3.

trübe u. Regen.

trübe u. Schnee.

trübe.

trübe, Regen, Schnee.

kl. H. 3. trübe, Regen,

trübe u. Schnee.

bedeckt, sch. W. Regen. ☿

trübe, Regen, sch. W. ☿

Nebel, sch. W.

Nebel, sch. W.

sch. W.

Nachtfr. etw. Regen. ☿

trübe, wenig Regen, kl. H. 1. ☿

kl. H. 1 2.

sch. W. kl. H. 1.

trübe und viel Regen.

Nachtfrost, Nebel, sch. W.

Nachtfr. sch. W.

Nachtfr. sch. W.

Nachtfr. sch. W. kl. H. 3.

Regen, Schloßen, kl. H. 3.

kl. H. 3. wenig Regen.

kl. H. 2.

kl. H. 3. viel Regen.

kl. H. 3. Regen. ☿

trübe und Regen.

kl. H. 1.

kl. H. 3. Regen.

April 1787.

	Morgens		Nachmitt.		Abends		Wind.
	B.	Th.	B.	Th.	B.	Th.	
1.	29. 1.	53.	29. 2.	52.	29. 4.	38.	N.
2.	29. 4.	38.	29. 3½	46.	29. 3.	34.	O.
3.	29. 4½	38.	29. 2.	54.	29. 1½	47.	O.
4.	29. 1½	45.	29. 1½	58.	29. 1¼	52.	O.
5.	29. 1.	48.	29. 1½	55.	29. 1½	50.	O. N. O.
6.	29. 1½	40.	29. 2.	57.	29. 2.	41.	N. O.
7.	29. 2.	44.	29. 2½	51.	29. 2½	38.	N. O.
8.	29. 2½	44.	29. 3.	52.	29. 3.	36.	N. O.
9.	29. 4.	38.	29. 4.	54.	29. 4	36.	N. O.
10.	29. 3½	48.	29. 3¼	53.	29. 4½	42.	N. O. ☿
11.			29. 3.	65.	29. 2½	55.	O.
12.	29. 2.	50.	29. 2.	63.	29. 2.	66.	O.SW ☿
13.	29. ½	55.	28. 9.	59.	28. 9.	57.	W.
14.	28. 9.	56.	29.	57.	29. ½	57.	W.
15.			29. ½	55.	29. ½	59.	S. O.
16.	29. ½	57.	29. 1½	59.	29. ½	57.	S. W. ☿
17.	29. 1½	56.	29. 2½	57.	29. 2¾	54.	N.
18.	29. 1½	49.	28. 7½	49.	28. 6.	49.	S. W. ☿
19.	28. 7.	47.	28. 9.	49.	28. 9.	40.	N.
20.	28. 9½	46.	28. 9½	41.	29. 1½	37.	N.
21.	29. 3.	44.	29. 4¼	49.	29. 4½	32.	N.
22.	29. 3½	40.	29. 2½	47.	29. 1½	48.	S. W.
23.	29. ½	51.	29. ½	56.	29.	48.	W.
24.	29. 1.	52.	29. 2.	53.	29. 3.	36.	N. - W.
25.	29. 2½	57.	29. ¼	59.	28. 8.	50.	NWS ☿
26.	28. 5.	48.	28. 5½	59.	28. 6½	50.	S.
27.	28. 7.	50.	28. 6½	59.	28. 5½	49.	S. ☿
28.	28. 3½	52.	28. 4.	54.	28. 4½	46.	S. W. ☿
29.	28. 3½	52.	28. 4.	57.	28. 2½	48.	S. W. 2.
30.	28. 2½	52.	28. 3.	57.	28. 2½	48.	S. W.

kl. H. 2. 3. etw. Regen.
Nachtfrost, sch. W.
Nachtfrost, sch. W.
bedeckt.
bedeckt.
starker Nebel, kl. H. 2.
Nachtfrost, sch. W.
sch. W.
sch. W.
viel Regen, bedeckt.
kl. H. 2. 1. Ab. Regen.
kl. H. 3. 1.
trübe, Regen, Nebel.
trübe, Regen.
kl. H. 3.
Neb. kl. H. 2. Ab. etw. Regen.
sch. W. kl. H. 3.
etw. Schnee, den ganzen Tag Regen.
Schnee, Schloſſen, Regen. ☿
Nachts viel Schnee, Froſt, Schloſſen. ☿
Nachts viel Schnee, Froſt, Schloſſen. ☿
Schnee und den ganzen Tag Regen.
trübe, viel Regen.
sch. W. kl. H. 2. 3.
Vorm. sch. W. Nachm. Regen. ☿
Regen, kl. H 2. ☿
sch. W. viel Regen. ☿
trübe, Regen, kl. H. 2. ☿
kl. H. 3. Regen. ☿
viel Regensch. sch. W. ☿

May 1787.

	Morgens		Nachmitt.		Abends		Wind.
	B.	Th.	B.	Th.	B.	Th.	
1.	29. 3½	47.	28. 5.	53.	28. 6½	46.	S. N. O ☿
2.	28. 8.	49.	29.	51.	29. ½	40.	W.
3.	29. 1.	50.	29. 1½	63.	29. 1.	53.	W. S. W.
4.	28. 9.	52.	28. 8½	59.	28. 9.	44.	S. W.
5.	28. 8½	56.	28. 8¼	54.	28. 9¼	46.	N. W.
6.	29.	46.	29. 1.	52	29. 2.	49.	N. 2.
7.	29. 3¾	56.	29. 3½	64	29. 3½	47.	N. O 2.
8.	29 3¼	58.	29. 2.	68.	29. 1.	57.	N. O.
9.	29.	60.	28. 8½	76.	28. 8.	65.	N. O. ☿
10.	28. 8.	66.	28. 7½	81.	28. 7.	73.	S. O. ☿
11.	28. 7.	70.	28. 7.	80	28. 7.	68.	O. N. O
12.	28. 8.	62.	28. 9.	60.	28. 9.	56.	W.
13.	28. 9	56.	28 9.	58.	28. 9½	53.	W. S. W.
14.	28. 9.	53.	28. 9½	62.	29 ½	57.	W.
15.	29. 1	60.	29. 1½	65.	29. 3.	44.	N. N. W
16.	29. 4	53.	29. 4½	53.	29. 5.	40.	N. O. O.
17.	29. 5.	55.	29. 4½	57.	29. 5.	40.	O. N. O
18.	29 5.	53.	29. 5½	62.	29. 5½	48.	O 2.
19.	29. 6½	59.	29. 6½	65.	29. 6¾	61.	N. O.
20.	29. 7.	59.	29. 6¾	69.	29. 6½	53.	N. O.
21.	29. 6.	62.	29. 5½	75.	29. 5.	57.	N. O.
22.	29. 4½	66.	29. 3½	78.	29. 2½	61.	N. O. ☿
23.	29. 1¼	64.	29. ¾	71.	29.	56.	S. ☿
24.	28. 9½	62.	28. 7½	76.	28. 7½	62.	S. S. W.
25.	28. 5½	64.	28. 5½	70.	28. 8.	53.	S. 2.
26.	28. 8.	62.	28. 7.	56.	28. 7.	53.	S. 2.
27.	28. 7.	57.	28. 7¼	56.	29.	44.	S. W. W.
28	28. 9.	62.	28. 8.	62.	28. 6.	59.	S.
29.	28. 6.	61.	28. 7.	58.	28. 7½	51.	S.
30.	28 8½	58.	28. 9.	60.	29. 1.	59.	S. W.
31.	29. 2	58.	29. 3	68.	29. 4.	50.	N. W.

viel Regen u. Schloſſen ☿
etw. Reg. kl. H. 1.
trübe, kl. H. 3.
Regen, Ab. ſch. W.
kl. H. 2. ſt. Reg. u. Schloſſen, Donner.
kl. H. 2. Regen.
ſch. W. windig.
ſch. W.
ſch. W. kl. H. 3.
ſch. W. heiß.
kl. H. 1. entf. Gew. Regen, ☿
trübe, viel Regen.
trübe, viel Regen.
trübe, kl. H. 2.
trübe, kl. H. 2. 3.
kl. H. 3.
ſch. W. Nordlicht.
ſch. W. windig.
ſch. W.
ſch. W.
ſch. W.
ſch. W.
bedeckt, wenig Regen.
bedeckt, wenig Regen.
kl. H. 3. viel Regenſch.
viel Regenſch. ☿
viel Regen, Ab. helle.
kl. H. 2. 3. Regen.
kl. H. 3. Regen mit Schloſſen.
Vorm. trübe, Regen, Nachm. kl. H. 1.
kl. H. 3.

Junius 1787.

	Morgens		Nachmitt.		Abends		Wind.
	B.	Th.	B.	Th.	B.	Th.	
1.	29. 4.	59.	29. 3.	73.	29. 1½	57.	N. W.
2.	29. ½	63.	29. 1.	69.	29. ½	52.	N. W.
3.	29. 1.	62.	29. ·	70.	29.	56.	N. W. ☿
4.	29. 1.	60.	29. 1.	63.	29. ¾	53.	N. W.
5.	29.	60.	28. 8.	75.	28. 8.	65	W. S. ☿
6.	28. 8.	64.	28. 8.	64.	28. 9.	50.	N. W. ☿
7.	28. 9½	54.	29. 2.	64.	29. 3½	44.	N. W.
8.	29. 4.	60.	29. 9½	64.	30. 1.	50.	N. W.
9.	30. 1½	64.	30. 1.	65.	30. 1.	61.	N. O. 2.
10.	30. ¾	63.	30. ½	66.	30.	62.	N. O. 2.
11.	30. ½	62.			29. 9.	66.	N. O.
12.	29. 9.	67.			29. 8.	70.	N. O.
13.	29. 7½	70.	29. 7.	75.	29. 6.	72.	N. O. O.
14.	29. 5¼	72.	29. 5.	84.	29. 6.	63.	N. O. ☿
15.	29. 6.	61.	29. 5½	80.	29. 5.	64.	N. W. N.
16.	29. 5½	74.			29. 7.	64.	S. W.
17.	29. 7¼	72.	29. 7¼	73.	29. 8.	54.	W.
18.	29. 8.	68.	29. 8.	70.	29. 8.	65.	W.
19.	29. 7.	67.	29. 6.	68.	29. 5.	64.	S.
20.	29. 5¼	66.	29. 5.	64.	29. 5.	54.	S. W.
21.	29. 4.	56.	29. 4½	63.	29. 5.	59.	W.
22.	29. 4½	62.			29. 6.	60.	W.
23.	29. 5½	63.	29. 5.	68.	29. 4½	59.	W.
24.	29. 7.	70.	29. 7¼	72.	29. 6.	56.	N. W.
25.	29. 6.	61.	29. 3½	65.	29. 3¼	65.	N. W. W.
26.	29. 4½	64.	29. 5.	66.	29. 4¾	61.	S. W. W.
27.	29. 3¼	62.	29. 3.	80.	29. 2½	70.	S W ☿ 2.
28.	29. 5.	73.	29. 5.	78.	29. 6.	64.	W.
29.	29. 5¾	63.	29. 5½	60.	29. 4½	56.	N.
30.	29. 4.	61.	29. 6½	62.	29. 4½	58.	N.

kl. H. 1. ſch. W.
bedeckt, kl. H. 1.
ſch. W. kl. H. 1.
kl. H. 2. 1.
ſch. W. ſtark Gewitter, Regen.
kl. H. 1. wenig Regen.
bedeckt. kl. H. 2.
ſch. W. Nordlicht.
ſch. W.
ſch. W.
ſch. W.
ſch. W. Heerrauch.
ſch. W. Heerrauch, Gewitter.
ſch. W. heiß, Gewitter und Regen.
ſt. Nebel, ſch. W. ſt. Gewitter u. Regen.
kl. H. 1. Ab. ſt. Regen.
bedeckt, kl. H. 1.
ſch. W. u. Regen.
kl. H. 3. Regen.
kl. H. 3. ſt. Regenſch. Donner.
trübe, Regen, kl. H. 3.
ſch. W. kl. H. 2.
bedeckt, Regen.
kl. H. 3. 1.
Nebel, kl. H. 2. Regenſch.
kl. H. 2. Regenſch.
kl. H. 2. 3. etw. Regen.
kl. H. 1. Regen. ☿
trübe u. Regen.
trübe, Regen, kl. H. 2.

Julius 1787.

	Morgens		Nachmitt.		Abends		Wind.
	B.	Th.	B.	Th.	B.	Th.	
1.	29. 7½	66.	29. 9.	68.	30.	65.	N.
2.	30.	67.	30.	69.	30.	65.	N. W.
3.	29 9½	65.	29. 9.	70.	29. 8½	66.	N. W.
4.	29. 8½	68.	29. 9.	69.	29. 9½	63.	N.N. W
5.	29. 9¼	62.	29. 9.	71.	29. 8½	61.	N. W.
6.	29. 8.	64.	29. 6¾	74.	29. 5½	67.	N.W. ☿
7.	29. 4½	63.	29. 4.	72.	29. 4½	64.	S. W ☿
8	29. 5.	67.	29. 5.	69.	29. 5½	59.	S. W.
9.	29. 6.	[illegible]	29. 6.	70.	29. 7.	69.	S. W.
10.	29. 7.	63.	29. 6½	69.	29. 5¼	68.	S W ☿
11.	29. 4¼	68.	29. 5.	69.	29. 5½	66.	S. W.
12.	29. 5½	67.	29. 4¾	66.	29. 4.	62.	S. W.
13.	29 4.	61.	29. 4½	[illegible]	29. 4½	61.	S. W. ☿
14.	29. 4.	63.	29. 3.	[illegible]	29. 3½	61.	N. W. ☿
15.	29. 4.	62.	29. 5½	69.	29. 6½	59.	S. W.
16.	29. 5½	57.	29. 6.	65.	29. 6½	62.	S.
17.	29. 6½	64.	29. 7.	77.	29. 4¼	60.	S. W S.
18.	29. 6.	64.	29. 6.	68.	29. 6½	62.	S. W.
19.	29. 6¾	63.	29. 7.	68.	29 7½	58	W. S. ☿
20.	29. 7¼	63.	29. 8.	73.	29. 6¼	57.	S. W.
21.	29. 5.	67.	29. 3½	69.	29. 3½	63.	S.
22.	29. 3.	68.	29. 3.	74.	29. 4.	66.	S W. ☿
23.	29. 3½	66			29. 4½	66.	S.
24.	29. 4¼	67.	29. 3¼	69.	29. 3½	68.	S.
25.	29. 3¼	68.	29. 4.	67.	29. 4½	66.	S. W.
26.	29. 4.	66.	29. 4½	66.	29. 5.	65.	S. W. 2.
27.	29. 5½	64.			29. 6¼	63.	S. 3.
28.	29. 7.	63.	29. 7½	67.	29. 8.	65.	S. W. ☿
29.	29. 7½	66.	29. 7.	77.	29. 6.	70.	S. O.
30.	29. 5½	69.	29. 5½	76.	29. 6.	75.	S. W.
31.	29. 6¼	69.	29. 6.	74.	29. 5¾	73.	S. W.

kl. H. 2. 1.

sch. W. kl. H. 1.

bedeckt, kl. H. 3. Ab. Regen.

kl. H. 2. etw. Regen.

kl. H. 2.

kl. H. 2.

kl. H. 3. st. Regensch.

kl. H. 3. 2. etw. Regen.

kl. H. 1. 2. 3. etw. Regen.

bedeckt, etw. Regen.

bedeckt, viel Regen.

kl. H. 3. Regen.

kl. H. 3. viel Regen, Wetterleuchten.

kl. H. 2. Regensch.

trübe, viel Regen, Ab. sch. W.

kl. H. 2. etw. Regen.

kl. H. 2. 1. Regensch.

sch. W. Regensch.

sch. W. stark Regensch. Donner.

sch. W. kl. H. 2.

kl. H. 3. Regen, entf. Gew.

kl. H. 2.

kl. H. 2. etw Regen.

kl. H. 2. st. Regensh. u. Gew.

kl. H. 3. etw. Regen.

trübe, Regen.

stürmisch, st. Regensh. kl. H. 2.

kl. H. 1. 2. wenig Regen.

sch. W.

sch. W. Gew. Reg.

sch. W. Gew. st. Regen.

August 1787.

	Morgens		Nachmitt.		Abends		Wind.
	B.	Th.	B.	Th.	B.	Th.	
1.	29. 7.	72.	29. 8.	73.	29. 8.	71.	W.
2.	29. 8½	69.	29. 9½	78.	30.	70.	S.W ☿
3.	30. 1.	70.	30. 1.	74.	30. 1.	70.	N. W.
4.	30. ½	66.	30. ½	73.	30. ¼	62.	N. ☿
5.	29. 9¼	68.	29. 9¼	74.	29. 8½	62.	N. W.
6.	29. 7½	71.	29. 6½	78.	29. 7¼	73.	S.W. 2.
7.	29. 8.	70.	29. 8¼	71.	29. 9.	69.	N. W.
8.	29. 9½	67.	29. 9½	70.	29. 9½	68.	N. W.
9.	29. 9.	64.	29. 8¼	76.	29. 6½	61.	S. W.
10.	29. 7¼	65.	29. 7.	82.	29. 6½	71.	N.W ☿
11.	29. 7.	72.	29. 7¼	77.	29. 7.	67.	W.
12.	29. 6½	68.	29. 6.	70.	29. 5.	61.	S.W.
13.	29. 4½	58.	29. 6.	69.	29. 6¼	58.	SW2 ☿
14.	29. 6½	63.	29. 6½	65.	29. 6.	60.	S. W.
15.	29. 4¼	64.	29. 5½	72.	29. 6.	65.	N. W.
16.	29. 6.	66.	29. 7.	74.	29. 7.	64.	N. W.
17.			29. 5½	80.	29. 6.	71.	S.
18.	29. 7.	68.	29. 7½	73.	29. 6.	65.	WS. ☿
19.	29. 5.	69.	29. 5½	74.	29. 5½	60.	SSW ☿
20.	29. 6.	70.	29. 6½	71.	29. 7½	59.	S. W. 2.
21.	29. 8.	68.	29. 8½	70.	29. 9.	56.	S. W.
22.	29. 9.	64.	29. 8½	71.	29. 7¼	65.	S. W.
23.	29. 5.	67.	29. 5.	66.	29. 5.	59.	W. 2.
24.	29. 5.	61.	29. 5.	69.			S. W.
25.	29. 3½	60.	29. 3.	68.	29. 2⅐	60.	S.
26.	29. 1¼	58.	29. 2½	63.	29. 3.	57.	S. S.W
27.	29. 5.	58.	29. 5½	66.	29. 5¼	56.	S. W. ☿
28.	29. 6.	60.			29. 6.	56.	S. W.
29.	29. 6½	61.	29. 6¼	64.	29. 7½	56.	N. W.
30.	29. 8¼	62.	29. 9.	66.	29. 9.	60.	N.W. ☿
31.	29. 9.	61.	29. 7½	64.	29. 8.	60.	W. ☿

kl. H. 1. 3.
sch. W. kl. H. 1.
sch. W. kl. H. 1.
sch. W. kl. H. 2.
sch. W. kl. H. 2. 3.
sch. W. kl. H. 1. 2.
bedeckt, kl. H. 2. 1.
sch. W. kl. H. 2.
sch. W.
bedeckt, st. Gew. u. Regen.
kl. H. 2. 3. Regen.
trübe, Regen.
kl. H. 3. Regen.
kl. H. 2. viel Regensch. ☿
trübe u. viel Regen.
viel Regen, kl. H. 2.
kl. H. 3. Regen, Blitz.
kl. H. 2.
bedeckt, Nordlicht.
kl. H. 2. etw. Regen.
kl. H. 2. 3. Regen.
sch. W. kl. H. 2.
Regen, kl. H. 3.
sch. W. kl. H. 3.
bedeckt, etw. Regen.
kl. H. 3. st. Regensch. ☿
kl. H. 3. st. Regensch.
kl. H. 3. Regensch.
kl. H. 3. Regensch,
kl. H. 1. 3. wenig Regen.
trübe, klein Regen, kl. H. 1.

September 1787.

	Morgens		Nachmitt.		Abends		Wind.
	B.	Th.	B.	Th.	B.	Th.	
1.	29. 9.	63.	29. 9½	67.	29. ¾	64.	N.
2.	29. 9.	64.	30.	65.	30.	63.	N. W.
3.			30.	66.	30.	63.	N. W.
4.	30. ½	62.	30. ½	65.	30 ½	65.	W. N. ☿
5.			29. 9¾	65.	29 9½	63.	W.
6.	29. 9¼	62.	29. 8¾	64.	29. 8¼	63.	N. W.
7.	29. 7¼	58.	29. 7¼	62.	29. 7½	60.	W. N. ☿
8.	29. 7½	59.	29. 8½	67.	29. 8.	56.	N. O.
9.	29 7½	59.	29. 7.	63.	29. 8.	54.	N. W. 2.
10.	29. 7¼	60.	29. 9½	60.	30.	51.	N. 2.
11.	30.	54.	30. ¼	62.	29. 9½	58.	N.
12.	29. 9½	60.	29. 9.	64.	29. 8½	59.	N.
13.	29. 8.	59.	29. 8.	65.	29. 8.	57.	N. W.
14.	29. 8.	56.	29. 8.	60.	29. 8.	51.	N.
15.	29. 8.	56.	29. 8.	57.	29. 7½	47.	N. O.
16.	29. 6¾	56.	29. 6.	65.	29. 2.	59.	S. O.
17.	29. 1.	62.	29 ½	63.	29. ½	55.	S.
18.	29. ¼	58.	29. 1.	63.			S.
19.	29. 2.	56.	29. 2¾	61.	29. 2¾	49.	S. W.
20.	29. 2¼	55.	29. 4.	60.	29. 6.	50.	W. N. W
21.	29. 8.	53.	29. 8.	60.	29. 8.	55.	W. S. ☿
22.	29. 7¾	57.	29. 7½	67.	29. 7¼	61.	S. 2.
23.	29. 7½	62.	29. 7½	68.	29. 8.	61.	S. O. ☿
24.	29. 7½	64.			29. 7.	62.	S.
25.	29. 8½	62.	29. 8½	66.	29. 4½	64.	S. O.
26.	29. 4½	66.	29. 4½	68.	29. 4½	67.	S.
27.	29. 4.	63.	29. 3.	68.	29. 2½	63.	S. W.
28.	29. 3.	59.	29. 4.	62.	29. 5.	55.	S. W ☿
29.	29. 6.	54.	29. 6.	61.	29. 6.	55.	N. W.
30.	29. 6.	53.	29. 6.	57.	29. 5.	48.	N. N. O.

sch. W.
bedeckt.
bedeckt, etw. Regen.
st. Nebel, kl. H. 2. sch. W.
etw. Nebel, kl. H. 2.
bedeckt, kl. H. 1.
st. Nebel, kl. H. 3.
bedeckt.
kl. H. 2. Regen.
kl. H. 2. sch. W.
kl. H. 1. 2.
bedeckt, Regen.
kl. H. 3. Ab. Regen.
kl. H. 3.
sch. W.
sch. W. Nachm. u. Ab. Regen.
kl. H. 2. viel Regensch.
kl. H. 3. Regensch.
trübe, kl. H. 3.
viel Regen.
sch. W. kl. H. 3.
sch. W.
sch. W. kl. H. 2.
trübe, etw. Regen, kl. H. 3.
starker Nebel, kl. H. 2. Regen.
kl. H. 2. 3. bedeckt.
trübe, viel Regen.
kl. H. 2. Regen.
kl. H. 3.
kl. H. 3.

October 1787.

	Morgens		Nachmitt.		Abends		Wind.
	B.	Th.	B.	Th.	B.	Th.	
1.	29. 5¼	55.	29. 5½	58.	29. 5¼	54.	S. O. 2.
2.	29. 6.	53.	29. 6.	60.	29. 5¾	58.	O. 2.
3.	29. 4.	58.	29. 4.	63.	29. 3½	61.	O. 2
4.	29. 4½	59.	29. 5½	64.	29. 7.	58.	S. W. ☿
5.	29. 7.	53.			29. 8.	60.	S.
6.	29. 8½	56.	29. 8½	67.	29. 8½	60.	S. O.
7.	29. 8½	56.	29. 8½	63.	29. 8½	56.	S. O.
8.	29. 7¾	52.	29. 7¾	61.	29. 7.	56.	O.
9.	29. 6¾	57.	29. 6½	68.	29. 6.	62.	S.
10.	29. 4.	59.	29. 3.	64.	29. 1.	62.	S. O.
11.	29.	61.	29. ¾	65.	29.	64.	S. S. W
12.	29. 1½	57.	29. 3.	59.	29. 3.	53.	S. W. 2.
13.	29. 1¾	49.			29.	56.	S. O.
14.	28. 8.	54.	28. 9½	55.	29. 2.	49.	S. W. ☿
15.	29. 3½	45.	29. 5.	62.	29. 5½	45.	S. W.
16.	29. 5¾	40.	29. 5½	58.	29. 5.	46.	W. S.
17.	29. 5.	52.	29. 5.	61.	29. 5.	56.	S. W.
18.	29. 3.	55.	29. 2.	62.	29. 2.	53.	S.
19.	29. 2.	50.	29. 2½	58.	29. 3.	46.	N. W.
20.	29. 4.	46.	29. 4.	57.	29. 4½	45.	N. W.
21.	29. 4½	45.	29. 4½	55.	29. 5.	48.	W.
22.	29. 5.	47.	29. 4½	55.	29. 3¼	50.	S. W.
23.	29. 2½	51.	29. 3.	57.	29. 3¾	47.	S. W.
24.	29. 4½	50.			29. 5.	49.	S. W.
25.	29. 4.	48.	29. 4.	51.	29. 3.	47.	S.
26.	29.	48.	29. 1.	50.	29. 2½	44.	S. O. ☿
27.	29. 3.	50.	29. 3½	54.	29. 3½	47.	N. W.
28.	29. 6.	37.	29. 5½	52.	29. 4½	48.	N. W. ☿
29.	29. 4½	46.	29. 6.	50.	29. 7.	38.	N. O.
30.	29. 6½	40.	29. 5¼	51.	29. 4½	46.	O.
31.	29. 3.	48.	29. 5¼	51.	29. 1½	53.	O. ☿

sch. W.

kl. H. 2.

trübe.

Regen, sch. W. ☿

sch. W. Nordlicht.

kl. H. 1. starkes Nordlicht.

Nebel, kl. H. 1.

sch. W.

bedeckt, Ab. etw. Regen.

trübe, viel Regen.

viel Regen, kl. H. 2.

trübe, kl. H. 1.

Kl. H. 1. Regen, Nordlicht.

trübe, viel Regen.

kl. H. 1. 3.

kl. H. 1.

Nebel, kl. H. 3. Regen.

kl. H. 3. viel Regen.

kl. H. 3.

sch. W. kl. H. 3.

Nebel, kl. H. 4.

bedeckter Himmel.

trübe u. Regen.

kl. H. 2.

trübe, Regen, kl. H. 2.

viel Regen.

kl. H. 3.

st. Nebel, viel Regen.

kl. H. 2.

kl. H. 2. Regen. ☿

Nebel, trübe, Regen, ☿ st. Nordlicht.

November 1787.

	Morgens		Nachmitt.		Abends		Wind.
	B.	Th.	B.	Th.	B.	Th.	
1.	29. 1.	53.	29. ¼	58.	29.	53.	S. W.
2.	29. ¼.	48.	29. 1.	48.	29. 1¼	44.	N. W.
3.	29. ½	43.	29. 1½	44.	29. 4¼	44.	N. O. 3.
4.	29. 1½	44.			29. 3½	44.	N. O. ☿
5.	29. 1½	44.	29. 1¼	49.	29. 2½	42.	S. W.
6.	29. 2½	44.	29. 2½	53.	29. 1¾	50.	S. W.
7.	29. 1.	52.	29. 1.	55.	29. 2.	46.	S. W. 2.
8.	29. 3.	44.	29. 3¾	55.	29. 2.	50.	S. W.
9.	28. 9.	54.	29. 2	54.	29. 3.	53.	S. W. ☿
10.	29. 1½	55.	29. 8½	58.	29. 9.	45.	S. W. 3.
11.	29. 8½	43.	29. 8½	58.	29. 7½	50.	S. O.
12.	29. 6.	46.	29. 6½	60.	29. 6¼	52.	S. O.
13.	29. 5.	50.	29. 4.	53.	29. 4.	50.	S. O. ☿
14.	29. 4.	48.	29. 3.	53.	29. 4¾	43.	S. O.
15.	29. 7.	42.	29. 8.	47.	29. 9.	41.	N. O.
16.	29. 8½	31.	29. 8½	44.	29. 9.	42.	N. ☿
17.	29. 9.	36.	29. 8.	44.	29. 6.	43.	S. W.
18.	29. 5.	40.	29. 5.	47.	29. 5.	38.	S. W.
19.	29. 5.	38.	29. 5.	45.	29. 5.	38.	S. W.
20.	29. 6.	33.	29. 6½	42.	29. 7½	37.	S. O.
21.	29. 8.	25.			29. 8.	36.	N. O.
22.	29. 6½	38.	29. 4½	44.	29. 2½	44.	S. W.
23.	29. 2.	37.	29. 1.	44.	29. 2	40.	S. W.
24.	29. 3.	37.	29. 4½	42.	29. 7½	37.	W. ☿
25.	29. 8.	35.			30. 1¾	28.	
26.	30. 3.	20.	30. 4.	38.	30. 4½	27.	N.
27.	30. 4¼	27.	30. 4½	36.	30. 4.	32.	O.
28.	30. 4.	31.	30. 4¼	37.	30. 4.	28.	N. O.
29.	30. 4.	26.	30. 3¼	36.	30. 2¼	33.	N. W.
30.	30. 2.	42.	30. 2½	45.	30. 2½	40.	N. W.

trübe, viel Regen.
trübe, kl. H. 1.
Sturm u. viel Regen.
Frost, sch. W. Abends Regen. ☿
viel Regen, Ab. kl. H. 1.
U. H. 1. Regen. ☿
Regen, kl. H. 3. 1. ☿
U. H. 1.
Sturm u. Regen.
Sturm und Regen, sch. W.
sch. Wetter.
kl. H. 2. 3. viel Regen.
viel Regen, Nebel.
Nebel, Regen.
bedeckt,
Frost, kl. H. 1. Regen ☿
st. Nebel, Regen.
bedeckt, kl. H. 2.
Nebel, kl. H. 3.
Frost, sch. W.
Frost, kl. H. 2.
trübe, Abends Regen.
trübe, viel Regen.
trübe und Schnee.
trübe, Schnee, Ab. sch. W. Frost.
sch. W. Frost.
kl. H. 3. Frost.
Frost, etwas Schnee, kl. H. 2.
bedeckt, Frost.
trübes Thauwetter.

December 1787.

	Morgens		Nachmitt.		Abends		Wind.
	B.	Th.	B.	Th.	B.	Th.	
1.			30. 2.	40.	30. $\frac{1}{2}$	32.	S. W.
2.	30.	32.	29. 8$\frac{1}{4}$	36.	29. 8$\frac{1}{2}$	32.	S. W. S.
3.	29. 6$\frac{1}{2}$	37.	29. 6$\frac{1}{4}$	45.	29. 7.	45.	S.
4.	29. 7.	43.	29. 7.	45.	29. 7$\frac{1}{4}$	44.	S.
5.	29. 7.	39.	29. 5$\frac{1}{4}$	46.	29. 4$\frac{7}{8}$	47.	S. O.
6.	29. 3$\frac{1}{2}$	44.	29. 2$\frac{1}{2}$	42.	29. 5.	41.	S. W. ☿
7.	29. 7.	37.	29. 8$\frac{1}{4}$	44.	29. 8$\frac{1}{4}$	37.	S. W.
8.	29. 9.	35.	29. 9$\frac{1}{4}$	44.	29. 9.	42.	S. W.
9.	29. 8$\frac{1}{2}$	40.	29. 7$\frac{1}{4}$	42.	29. 6.	54.	S. W ☿
10.	29. 7$\frac{1}{4}$	54.	29. 8.	56.	29. 7$\frac{7}{8}$	57.	S. W.
11.	29. 7$\frac{3}{4}$	46.	29. 8.	57.	29. 8.	46.	S.
12.	29. 6$\frac{3}{4}$	46.	29. 6$\frac{1}{4}$	54.	29. 6$\frac{1}{2}$	48.	S.
13.	29. 7.	50.	29. 7.	54.	29. 7$\frac{1}{4}$	45.	S. S. W.
14.	29. 7$\frac{1}{2}$	46.	29. 6$\frac{1}{4}$	50.	29. 5$\frac{1}{4}$	52.	W. ☿
15.	29. 4.	50.	29. 3$\frac{1}{4}$	52.	29. 3.	48.	S. W ☿
16.	29. 3.	48.	29. 3$\frac{1}{4}$	50.	29. 4$\frac{7}{8}$	41.	S. W.
17.	29. 6.	37.	29. 6$\frac{1}{2}$	37.	29. 5$\frac{1}{4}$	32.	N. W.
18.	29. 5.	37.			29. 4.	36.	S. O. 2.
19.	29. 3$\frac{3}{4}$	35.	29. 5.	38.	29. 5$\frac{1}{4}$	34.	N. O.
20.	29. 5.	32.	29. 4$\frac{1}{2}$	33.	29. 5.	33.	N. O. O.
21.	29. 5.	32.	29. 5$\frac{1}{2}$	34.	29. 5$\frac{1}{2}$	33.	N. O.
22.	29. 5.	32.	29. 5.	34.	29. 4.	31.	N.
23.	29. 3$\frac{3}{4}$	32.	29. 4$\frac{1}{2}$	38.	29. 5.	32.	N. W.
24.	29. 5.	27.	29. 5.	33.	29. 4$\frac{3}{4}$	32.	W ☿ N O O.
25.	29. 4.	36.	29. 4$\frac{1}{2}$	38.	29. 4$\frac{1}{2}$	37.	O.
26.	29. 5.	39.	29. 5$\frac{1}{2}$	39.	29. 6.	38.	S. W.
27.	29. 7.	34.	29. 8$\frac{1}{4}$	38.	30. 1.	31.	N. W.
28.	30. 2.	34.	30. 3.	41.	30. 3$\frac{1}{4}$	40.	S W W.
29.	30. 2$\frac{3}{4}$	40.	30. 2$\frac{1}{4}$	43.	30 2$\frac{1}{4}$	40.	S. W.
30.	30. 1	36.	30. 1$\frac{1}{2}$	37.	30	32.	O.
31.	30.	32.	30. $\frac{1}{2}$	40.	30	32.	O. S. O.

ſch. Wetter, Froſt.
kl. H. 2. Froſt.
Nebel, Regen.
trübe, Regen.
trübe, Regen, Ab. ſch. W.
ſch. Wetter.
kl. H. 2. 3.
Nebel, viel Regen.
kl. H. 3.
ſch. W.
kl. H. 2.
kl. H. 3. etw. Regen.
kl. H. 3. Ab. etw. Regen.
kl. H. 3. Ab. Regen.
trübe u. Regen.
ſch. W. Froſt.
kl. H. 3. Froſt, Schnee, Regen. ☿
trübe, etwas Schnee, Froſt.
trübe, Schnee, Froſt.
gel. Froſt, viel Schnee.
viel Schnee. Froſt.
trübe, wenig Regen.
kl. H. 3. Schnee, Froſt.
trübes Thauwetter, etw. Regen.
trübes Thauwetter mit Schnee.
bedeckt, gel. Froſt.
trübes Thauwetter.
trübes Thauwetter.
bedeckt, Nebel, Ab. Froſt.
Froſt, Thauw. trübe.

VI

Bergbau.

1) Verzeichniß derer mit Quartalsschluß Trinitatis den 10ten May 1788. in Betrieb gebliebenen Gewerkschaftlichen Gruben des einseitigen Harzes, wie selbige für die Gewerken, nach ihrem Vermögenszustande, entweder von diesem Quartal Ausbeute gegeben, oder auf künftiges Quartal Zubuße erfordert, oder sich frey gebauet haben; und wie der Preis der Kuxe gewesen ist.

Namen der Gruben.	Wöchentliche Erz Foderung		Vermögenszustand		Gegen voriges Quartal gebauet		Gletz oder erfordert auf ½ Kux		Ohngefährer Preis 1 Kur im Schluß Mon. Junii
	Treiben ob 40	Tonnen	hat im Zehnten behalten Vorrath Schuld	hat an Materialien erlassen pper	Ueberschuß	Schaden	Ausbeute	Zubuße	Thlr. in Psch. à ½ Rthlr.
			Fl. a 20 mgr.	Fl.	Fl.	Fl.	Spch à 48 mgr.	Fl.	
(1) Zu Clausthal:									
a) Burgstetter Zug	—	—	5443	—	—	—	—	¼	—
Churprinz Georg August.									

Prinz Friedrich Ludewig	—	—	—	—	1533	1623	—	—	2	25
Neue Benedicta	1	—	22952	—	—	47056	483	—	—	100
Carolina	13	—	80113	1629	—	56555	—	50	—	4200
Juliana Sophia	18	—	277	—	—	—	436	—	1	—
Dorothea	—	14	25090	—	—	1677	349	40	—	4200
Bergmanns Trost	—	4	4890	—	6844	8	—	2	2	20
Gabe Gottes und Rosenbusch	—	30	9708	95	6110	998	—	—	—	150
Grüner Hirsch	2	10	—	465	—	2988	545	—	1/4	10
Heinrich Gabriel	3	—	3716	—	510	5950	416	—	2	—
St. Elisabeth	—	8	9406	379	7555	5280	—	—	—	30
Herzog Christian Ludewig	4	3	—	—	248	1083	345	1	—	30
St. Margaretha	2	20	—	84	57876	293	181	—	—	40
Sophia	—	30	10848	28	470	9382	—	2	3	—
Landes Wohlfahrt	—	—	—	405	93	9010	—	—	—	—
Anna Eleonora	2	1	—	—	49121	80	—	—	2	200
Stanich	2	30	—	468	488	4600	—	—	2	25
König Wilhelm	—	—	—	1090	1638	4124	—	—	2	10
Königs Glück	—	3	—	102	2531	100	—	—	1/4	20
Herzog Georg Wilhelm									2	10
Englische Treue										15
Königin Charlotte										
Josua										

2) Zellerfelder Gruben-Extract vom Quartal Trinit. 1788.

Möchetl. Erz Zeb. Trb.		Behalt. im Zehnten		An Materialien				Thun pp.	Gebauet		Giebt oder erf. a. 1.Kur		Preis in Kur Z. in Diff.
		Vorrath Fl.	Sch. Fl.	Erz ord. Trb.	Röste R.	St.Erz Kübel	Ries Kübel	Fl.	Ueberschuß Fl.	Schaden Fl.	Ausb. 48m.	Zuß. Fl.	Diff.
1 3¼	Lautenthals Glück ,	—	9069	231¼	101¼	43	234	18343	—	515	2	—	200
	Charlotte ,	—	1391	51¼	14	51	—	2067	32	691	—	2	10
5½	Neuer St. Joachim ,	—	50259	320¼	49	—	—	15072	—	1876	—	5	20
1+2	Haus Hannover und Braunschw. ,	—	50247	66¼	8	3	—	3387	371	608	—	2	10
4	Herzog August Friedrich Pleyfeld ,	—	30959	64	2	35	—	851	—	967	—	2	10
1	Regenbogen ,	—	10266	97	6	—	—	2369	13	19	—	2	10
4½	Ring und Silberschnur ,	—	38155	12	—	—	2	362	—	39	—	2	10
	Haus Zelle ,	138	9393	—	—	—	—	—	—	221	—	2	10
	Busches Segen ,	—	4061	—	—	—	—	—	18	—	—	3	10
	Brauner Hirsch ,	—	34787	—	—	—	—	—	—	145	—	2	10
	Herzog August und Joh. Friedrich ,	—	6203	—	—	—	—	—	19	—	—	3	10
	Herzog Anthon Ulrich ,	—	2711	—	—	—	—	—	16	—	—	2	10
	Neues Zellerfeld ,	796	—	—	—	—	—	—	—	—	—	2	10
	Neue Gesellschaft ,	—	4995	—	—	—	—	—	4	6	—	2	10
	Haus Wolfenbüttel ,	—	5002	—	—	—	—	—	11	—	—	2	10
	Neue Zellerfelder Hofnung ,	—	1482	—	—	—	—	—	—	—	—	—	10
	Neuer Edmund ,	—	—	—	—	—	—	—	—	—	—	—	—

1/4	Beständigkeit :	—	4744	4 3/4	2	10		394	—	706	—	2	10
1	Theodora : :	—	8512	39	—	7	10	1006	—	258	—	3	10
—	Aufrichtigkeit :	—	1552	—	—	10	10	40	—	135	—	2	10
1 1/4	Herzogin Philippine Charlotte	—	6078	7	14	—	—	1046	—	475	—	2	40
1 1/2	Juliane Sophie	—	6484	12 1/4	4	—	—	841	—	380	—	2	10
1 1/4	Neue gelbe Lilie :	—	1441	27	2	23	—	1144	—	181	—	2	60
3 1/2	St. Urban : :	—	53275	36 1/2	11	—	—	2765	—	226	—	3	10
1 1/4	Cronenburgs Glück :	—	44561	31 3/4	11 3/4	9	—	2755	—	485	—	2	10
2 1/4	Weißer Schwan :	—	38203	43	6	57	—	2391	—	457	—	2	10
1 1/4	König Carl : :	—	20860	39 1/2	—	—	—	1191	—	724	—	2	10
—	Königin Elisabeth :	1729	—	—	—	—	—	—	8	—	—	2	10
2	Lautenthaler Gegentrum	—	18494	69	4	42	—	2324	—	189	—	3	15
—	Prinzeßin Auguste Caroline :	—	20095	—	—	—	—	—	—	284	—	3	10
—	Seegen Gottes :	—	3697		—	6	—	18	—	72	—	2	10
3 1/4	Güte des Herrn :	—	22324	10 1/2	24	48	20	4255	—	155	—	2	20
—	Kleiner St. Jacob :	—	10089	3 1/2	—	2	—	48	5	—	—	2	10
—	Herzog Ferdinand Albrecht	2764	—	—	—	—	—	—	28	—	—	2	10
—	Lautenth. Hoffnung :	6831	—	—	—	—	—	—	43	—	—	2	10
—	Wilhelmine Eleonore :	505	—	—	—	—	—	—	22	—	—	2	10
—	Dorothee Friederike :	—	2118	—	—	—	—	—	25	—	—	2	10

VII.

Populations = Verhältniß der Studiren= den zu Göttingen von Oftern 1788.

Von Michaelis 1787. bis Oftern 1788. find zu Göttingen gewesen . . . . . 817 Studenten.

Davon find bis ben 7ten May 1788. abgegan=

gen	1	1	223 —
geblieben	1	1	594 —
hinzugekommen	1	1	211 —

Es ist demnach die ganze Anzahl 805 Studenten. Dieß befteht aus 211 Theologen,

383 Jurifen,

104 Mediciner,

107 Math. Philosoph. Philol. Oekon. Hift. und freyer Künfte beflissene.

Unter ben vorhandenen 805 Studenten waren 440 Ausländer.

Vergleicht man obige Angaben mit bem Verzeichnisse von Michaelis 1787, so findet fich folgender Unterschied. Es waren gegen die Zahl ber weggegangenen hinzugekommen

	weniger	mehr
Theologen	11	
Jurifen	9	
Mediciner		10
Math. Philof. u. f. w.	2	
Ausländer	27	
Landeskinder		15

Ueberhaupt aber hatte fich die Total=Summe um 12 verringert.

VIII.

VIII.

Unglücksfälle vom Jan. bis Jul. 1788.

Den 30ten Januar ertrank eine Frau zu Zelle, die Geschäfte am Wasser gehabt.

Den 9ten Februar der Küster zu Rethmar.

Den 10ten März brannte des Nachmittages das Wohnhaus und ein Speicher des einständigen Hofes zum Lohe, in der Amtsvoigtey Soltau, nebst allem ab was darin befindlich war, worunter 29 Stück Hornvieh und 2 Pferde gewesen.

Den 27ten März kam ein Brandtewein-Brenner zu Lüneburg durch einen unglücklichen Zufall im Wasser um.

April.

In der Nacht vom 17ten auf den 18ten, wurde die Communion-Messingshütte zur Ocker eingeäschert. Der sehr guten Aufsicht und Arbeitsamkeit der eben anwesenden Forstbedienten hat man es zuzuschreiben, daß eine gleich darneben stehende große Kohlenschuppe glücklich gerettet, und hiedurch dem weiteren Ausbreiten des Feuers Einhalt geschehen ist.

Den 18ten brannte zu Scharnhorst, Amts Beedenbostel, ein Wohnhaus ab.

Den 24sten wollte ein Einwohner aus Ohrdorf, Amts Knesebeck, einige dürre Eich-Zweige zur Feurung aushauen,

hatte

hatte aber das Unglück, von der Höhe des Baums herab zu stürzen, und weil er ganz zerschmettert war, gab er nach einigen Stunden seinen Geist auf. Er hinterließ eine arme Wittwe mit 5 unerzogenen Kindern, davon das jüngste erst ein Alter von 8 Wochen erreicht hatte.

Den 1sten May brannten zu Dierstorf, Amts Moisburg, fünf Wohnhäuser und 8 Nebengebäude, nebst der darin befindlichen Fourage und allen Mobilien auf.

Junius.

Den 13ten wurden 8 Gebäude auf dem einständigen Hofe des Hauswirths zu Schelploh, in der Amtsvoigtey Beerdenbostel eingeäschert. Wahrscheinlich war das Feuer in der Säge-Stelle hinter dem Hofe durch die Fahrläßigkeit zweyer entwichenen Holz-Säger veranlasset worden.

Den 18ten zündete das Gewitter ein Wohnhaus zu Abbensen, welches mit Vieh und Meublen ganz abbrannte.

Den 19ten traf der Blitz das Nebengebäude eines Gast wirths vor dem Lüneburger Thore zu Harburg, zündete und ruinirte das Gebäude und erschlug das Pferd eines da selbst eingekehrten Land-Fuhrmanns.

An eben denselben Tage brannte ein Wohnhaus zu Sieversen, Amts Harburg ab.

Den 30sten kahm auf der Grube weißen Schwan am Communion-Oberharz ein Ausrichter ums Leben. Der Unglückliche hatte im Treibschacht die leere Tonne über sich auf einen Pfosten gelegt, um die Stangen unter der Tonne festzunageln. Durch den Prall war aber die Tonne los ge-

gegangen, und hatte ihn 112 Lachter tief mit hinuntergeriſ-
ſen. Sein früher Tod war alſo mehr Folge der Unvorſich-
tigkeit als der Gefahr der die Ausrichter gewöhnlich ausge-
ſetzt ſind.

Julius.

Den 4ten wurde bey Diepholz ein Hirten-Junge von
13 Jahren, da er ſich des Regens wegen unter einer Eiche
niedergelaſſen, nebſt ſeinem Hunde vom Gewitter erſchlagen.

In der Nacht vom 10ten auf den 11ten brannten zu
Hänigſen, Amts Meinerſen, drey Häuſer ab.

Den 13ten, an einem Sonntage, ertrunken in der Nähe
der Stadt Lüneburg drey junge Leute beym Baden. Zwey
ohnweit der rothen Bleiche, wo die Ilmenau einige gefährliche Tiefen hat. Der eine war ein Bäckerburſche und der
andere ein Schuſtergeſelle. Der erſte ein verwegener
Schwimmer, hatte ſchon zweymal im Waſſer Lebensgefahr
überſtanden, und ſich die ganze vorhergehende Woche dazu
gefreuet, an obgedachtem Tage das erſte kürzlich erlernte
Kunſtſtück zu verſuchen, unter dem Waſſer zu ſchwimmen; ein
Kunſtſtück, welches ſeiner Meynung nach darin beſtand, ſich
mit den Händen Naſe und Ohren zuzuhalten. Etwas nach
1 Uhr Nachmittags gehet er mit einem andern Bäckerburſchen ins Waſſer und taucht nach und nach tiefer unter. Als
dieſer aber ein Mistrauen in ſeines Lehrers Geſchicklichkeit
im Schwimmen ſetzet und ſich von ihm losreißet, ruft er den
neben ſich badenden Schuſtergeſellen und findet an ihm einen folgſameren Schüler. Kurz nachher aber ſinken beyde,
und obgleich einige anweſende junge Leute unverzüglich Anſtalt

ſtalt machen, das Kähne herbeygeſchaffet werden, ſo haben
doch die Körper nicht vor 5 Uhr aufgefunden werden können.
Der Leichnam des Bäckerburſchen iſt übrigens in der obbe-
ſchriebenen Stellung mit zugehaltenen Ohren und Naſe aus
dem Waſſer gezogen worden. Alle Verſuche der hieſigen
Aerzte und Wundärzte, die Verunglückten ins Leben zurück zu
bringen, ſind vergebens geweſen, obgleich damit bis Abends
um 9 Uhr fortgefahren worden, und ohnerachtet man auch
die Körper die ganze Nacht hindurch in warme Betten gelegt hat.

Die dritte Perſon war ein Sergeant von der Garniſon. Abends um 9 Uhr gehet er vor einem von dem Alten-
brückerthore belegenen Garten in Geſellſchaft eines Brauer-
knechts weg, und beyde ſtürzen ſich in der daſigen Gegend
in die Ilmenau, an eine Stelle, welche ſie für ſeicht halten,
die aber wegen der Biegung, welche der Fluß an dem Orte
macht, ſehr tief iſt. Der Brauerknecht rettet ſich an einem
Zweige und hilft ſich ſo wieder heraus. Der Sergeant ruft
noch einmal um Hülfe und verſchwindet. Der Brauerknecht eilt ihm dieſe zu verſchaffen und es dauert auch keine
dreyviertel Stunde, daß der Körper wieder gefunden wird.
Aber auch bey dieſen Unglücklichen ſind alle Rettungsmittel
umſonſt angewandt worden. Bey der Section fand ſich
zwar keine Spur von Waſſer in der Lunge und in dem Magen; Die Adern im Kopfe ſtrozten aber von Blute, doch
war kein Extravaſatum vorhanden; zum Beweiſe daß der
unglückliche Menſch am Schlagfluſſe, wie gewöhnlich geſtorben war.

In

In eben diesem Monathe sind auch zu Zelle zwey Mannspersonen, und zu Gifhorn ein Unterofficier beym Baden ertrunken. Wahrscheinlich haben sich an mehreren andern Orten der hiesigen Lande ähnliche Vorfälle während des letztverflossenen Sommers zugetragen, und es vergeht kein Jahr, wo nicht auf gleiche Weise viele Menschen ihr Leben in der besten Blüte einbüßen. Manche unter ihnen entgingen wol gewiß dieser Todes-Art, wenn an allen bevölkerten Orten wo es gefährliche Wasser giebt, nach dem Vorschlage des Herrn Geheimten Canzeley-Secretairs Kloßkenbring *) bestimmte Badeplätze öffentlich angewiesen und bezeichnet würden, und sonst nirgend bey Strafe gebadet werden dürfte.

Den 29sten stürzte der Organist der Blumlager Kirche vor Zelle, aus einer Cariole auf den Kopf, und starb am folgenden Tage.

IX.

Zweymahliger Aufstand der Schuhmachergesellen in Einbeck, im Jahre 1780. und 1787.

*Pervigilat noctes totas, tum autem interdiu
Quasi claudus Sutor, domi sedet totos dies.*

Plaut.

Unter allen Profeßionairs sind fast keine mehr zu Unruhen und zum Aufstande geneigt, als die sogenannten sitzen-

*) S. Aufsätze verschiedenen Inhalts 1 B. pag. 242.

ſitzenden Handwerker, und unter dieſen beſonders die
Schumacher *). Wer den Grund zu dieſem Verfahren
immer in würklich angethanen Beleidigungen ſuchen wollte,
der würde ſich ſehr irren. Nein, das mögte nur ſelten der
wahre Fall ſeyn. Es liegen vielmehr bey ſelbigen ganz andere Urſachen zum Grunde, die als Folgen von dem oft
Tag und Nacht fortgeſetzten mühſamen Arbeiten, mit vor-
wärts gebeugten Körper, wobey denn der Unterleib ſehr zu-
ſammengepreßt wird, und wodurch beträchtliche Verſtopfun-
gen in der Leber, der Milz, den kurzen Gefäßen, den Ge-
krößdrüſen, und in vielen andern Theilen hervorgebracht
werden, anzuſehen ſind. Man betrachte nur mit einiger
Aufmerkſamkeit die gelbblaſſe, cachectiſche Geſichtsfarbe dieſer Handwerker, den finſtern, mürriſchen, tiefſinnigen
Blick derſelben, ihr ängſtliches, ſorgſames, hypochondriſches
Weſen, ſo wird man ſich von der Wahrheit dieſes Satzes
leicht überzeugen. Und daher ſowohl, als von der großen
Einförmigkeit ihrer Arbeit, wobey ein Geübter nicht viel
zu denken hat, rührt es auch, daß es unter dieſen Profeſ-
ſionairs ſo viele Pietiſten, Fanatiker und Sonderlinge giebt.

Ri-

---

*) Es ſind jetzt ſechs und neunzig Schumachermeiſter
hier vorhanden. Man kann daraus auf die Anzahl
der Geſellen ſchließen, daß ſie auch nicht gering ſey.
Viele von den Meiſtern verfertigen mit ihren Geſellen blos Marktarbeit, und beziehen damit Jahr aus
Jahr ein die Jahrmärkte von Münden aus bis
nach Hannover. Da ſie hier gutes Leder zu ihren
Arbeiten haben können, ſo findet auch ihre Waare
allenthalben ſtarken Abſatz. Und es macht alſo dieſes
Handwerk einen guten Nahrungszweig für die Stadt
aus.

Ridetur chorda qui ſemper oberrat eadem.

Horat.

Kommen nun Ruhetage, worin ſie ſich, um einmal ihre
übele Laune aufzuheitern, oft zu ſtarke Bewegungen machen, und dabey im Genuß geiſtreicher Getränke übernehm-
men, ſo wird alles im Körper rege gemacht.   Sie werden
ganz ausgelaſſen und zu jedem Aufſtande geneigt.   In dieſer Ecſtaſe darf ſich ihnen nur der geringſte widrige Umſtand
darbieten, ſo ſtehen ſie gerüſtet zum Streit.   Ihr Muth
ſinkt aber in eben dem Maaße wieder, als die Triebfeder
erſchlafft, welche ihn angefeuert hatte, und denn ſehen ſie
ihre Fehltritte ein, und bitten um Vergebung.

Sieht man alſo dieſe Claſſe von Menſchen von der
rechten Seite an, ſo muß man mit ihrem oft ſehr ausge-
laſſenen Betragen, wofern ſie nicht die Schranken der
bürgerlichen Pflicht ganz aus den Augen ſetzen, wahres
Mitleiden haben.   Es iſt nicht immer Bosheit, ſondern
ſehr oft körperlicher Fehler und Krankheit.   Am mehrſten
äußert ſich daher auch ihre Ausgelaſſenheit in den Herbſtmo-
naten; weil zu dieſer Zeit ihre bey heißen Sommertagen
verdorbenen ſtockenden Säfte, durch den Genuß friſcher
Früchte und aus mehrern phyſicaliſchen Urſachen, in ſtär-
kern Umlauf und Gährung geſetzt zu werden pflegen.
Wahrſcheinlicherweiſe rührte es auch aus eben dieſer Quelle
her, daß die hieſigen Schumachergeſellen im Sept. 1780.
und abermals im September 1787. geringfügiger Kleinigkeiten wegen, ihre Werkſtätte verließen, und davon zu gehen droheten; wovon ich denn einen kurzen Auszug aus
den gerichtlichen Acten herſetzen will.

(Annal. 2r Jahrg. 4s St.)   K   Am

Am 13ten September 1780. zeigten die hiesigen Altgesellen des Schumacherhandwerks an: „daß, weil ein hiesiger Meister, Namens Apel, einen Gesellen in Arbeit genommen, der im vorigen Jahre in Caffel gearbeitet, sie
allesamt nicht eher wieder fortarbeiten wollten, bis der Magistrat gedachten Meister anbefohlen, diesen Gesellen fort-
zuschaffen; denn Caffel sey vor 15 Jahren geschimpft,
und sie litten keinen Gesellen unter sich, der an einem solchen Ort in Arbeit gestanden." Ob man nun gleich von
Seiten des Raths auf die glimpflichste Art ihnen bedeutete,
daß ihr Gesuch keineswegs statt finde, sondern allen Gesetzen zuwider sey, so blieben sie doch halsstarrig bey ihrer
Forderung bestehen, und fügten noch hinzu: „daß die lutherischen Gesellen in Caffel ohnehin schlecht gehalten und ge-
achtet würden, und sie gebrauchten daher in Hannover
und Göttingen das Vergeltungsrecht — Und sie wollten
diesen Gesellen nicht neben sich leiden, sonst gingen sie alle
davon. Nachdem alle Vorstellungen bey diesem Haufen völlig fruchtlos waren, so wurde ihnen vom Magistrat der
endliche Bescheid ertheilt: daß ihr Vorbringen wegen des
Scheltens eines Orts, völlig verwerflich sey, und wurde
also Klägern und allen hiesigen Schumachergesellen bey har-
ter Gefängnißstrafe anbefohlen, sich sofort wieder in die Arbeit zu begeben. Dabey wurde zugleich den Gildemeistern
aufgegeben, keinem von diesen Gesellen eine Kundschaft ohne
Vorwissen des Magistrats auszustellen.

Die Schumachergesellen machten sich nun alle reisefer-
tig, versammleten sich in der Herberge, und wollten sich
entfernen. Sie wurden darauf von neuem vorgefordert,

und

und ernſtlichſt nochmals befragt ob ſie arbeiten wollten,
oder nicht? Die Antwort eines Jeden war: wenn ſie alle
arbeiteten, ſo wolle er auch arbeiten, ſonſt nicht. Man
unterſagte ihnen darauf die Abreiſe und alle Zuſammens
künfte, und traf mit der Garniſon die Verfügung, daß
keiner zum Thore hinausgelaſſen wurde. Sie ſchlichen
ſich aber alle einzeln über eine im Kriege demolirte Stelle
des Walles, und begaben ſich nach dem hildesheimiſchen
Flecken **Markoldendorf.** Sobald man hiervon Nachs
richt erhielt, ſo wurde das Amt **Hunnesrück** erſucht, ſels
bige gefänglich einzuziehen; woher man ſie denn gegen Res
verſallen durch ein Commando Soldaten abholen laſſen
wollte. Als ſie dieſen Ernſt merkten, und einige derſelben
eingezogen wurden, auch ihre Hitze ohnedem verraucht war,
ſo kehrten die andern ſogleich von ſelbſt ruhig wieder zurück,
und baten wegen ihres groben Vergehens um Verzeihung
und gnädige Strafe. Es wurden darauf die Altgeſellen
zween, und jeder der andern Geſellen einen Tag bey Waſs
ſer und Brod in das Gefängniß geſetzt, und mußten die
geſamten Koſten aus ihren Mitteln ſtehen. Nun gieng
jeder ruhig wieder an ſeine Arbeit.

Der zweyte Aufſtand der Schumachergeſellen, ges
ſchahe den 11ten September 1787. Die angebliche Urſas
che dazu war noch geringfügiger. Ein fleißiger Meiſter
hatte einen faulen Geſellen, der nie vor 7 Uhr des Morgens aufſtand, und daher nicht viel beſchickte. Der Meis
ſter klagte dieſes einem ſeiner Mitmeiſter, und fügte die
Worte hinzu: wäre es ein Lehrburſche, ſo wollt ich ihm mit
dem Knieriemen ſchon Anweiſung geben, wanneher er aufs

ſtehen

stehen sollte. Dieses erfuhren die Gesellen, hielten es für
eine sehr große Beleidigung, daß der Meister des Knierie-
mens gedacht; verklagten ihn daher bey der Meisterbank,
und verlangten eine große Genugthuung. Als ihnen diese
aus gerechtem Grunde verweigert wurde, so wandten sie sich
an den Magistrat, und baten: den Meister wegen seines
unbehutsamen Ausdrucks nachdrücklich zu bestrafen, und
falls dieses nicht geschähe, so wollten sie die Stadt schim-
pfen und verlaffen. Auf ihr unbedeutendes Vorbringen
wurde ihnen zum Bescheide ertheilt: Es solle die Sache
untersuct, und ihnen an ihrem Recht nichts gekränkt werden, sie sollten sich aber gleich ruhig verhalten, wieder in
Arbeit treten, und sich nach den Reichs- und Landesgesetzen
vom 17ten September 1732. und den Gildebriefen ihres
Handwerks fügen. Mit diesem Bescheide unzufrieden,
schweiften sie müßig in der Stadt umher, und drohten,
davon zu gehen. Man ließ darauf sogleich vier der Anführ-
rer gefänglich einziehen, beköstigte sie mit Waffer und Brod,
und drohte den übrigen eine ähnliche Procedur. Als sie
sahen, daß man ihren Muthwillen nicht gut heissen wollte,
so traten sie zusammen, baten wegen ihres Aufstandes um
Verzeihung und gelinde Bestrafung. Es wurden darauf
die beyden Altgesellen, weil sie den Aufstand nicht verhütet,
noch zween Tage mit Gefängniß bestraft, und die ganze
Anzahl die Kosten zu bezahlen verurtheilt. Und damit
hatte auch diese Fehde ein Ende.

Rg.

Ver-

X.

Verzeichniß

der

Gebohrnen, Gestorbenen und Copulirten im
Herzogthum Lauenburg und der Grafschaft
Hohnstein,
vom Jahr 1787.

1) Herzogthum Lauenburg.

Nahmen der Kirchſpiele:	Gebohren					
	Eheliche		Uneheliche		Todtgeborne	
	Kn.	M.	K.	M.	K.	M.
I. Städte.						
Raßeburg	23	34	3	3		1
Lauenburg	33	32	5	4	4	2
Mölln	28	16	3	1	1	2
Summa	84	82	11	8	5	5
II. Amt Raßeburg.						
Berkenlien	22	18	—	—	1	2
Breitenfelde	24	24				
Crumeß	23	13	1	2	1	1
St. Georgensberg	19	30	2			
Grönau	15	16	—		2	1
Gudow	15	9	3			1
Laſſahn	13	10				1
Muſtien	20	24	4		1	2
Niendorf	5	3				
Seedorf	10	12	2			
Sterley	17	17	3	1		
Summa Amt Raßeburg	183	176	15	3	5	8
III. Amt Lauenburg.						
Artlenburg	24	25	—	3	1	1
Büchen	10	3		1		
Gülzow	21	12		2	1	2
Hamwarde	15	10	1	1		
Hittbergen	7	8				
Lüdersburg	7	6	1	1	1	
Lütau	16	14			3	
Potrau	12	4		2		
Siebeneichen	28	10	—	1		1
Summa Amt Lauenburg	140	92	1	11	6	4

bis bahin 1788. find

ren.			Confirmirt			Copulirt	Gestorben		
Summa.			Knaben	Mädchen	Summa	Paare	Summa der Gestorbenen.		Summa tota aller Gestorbenen.
Kn.	M.	Summa tota					M.	W.	
26	38	32	12	20	32	24	24	29	53
42	38	43	22	21	43	18	34	36	70
32	19	51	10	7	17	12	19	21	40
100	95	195	44	48	92	54	77	86	163
23	20	43	15	9	24	4	10	9	19
24	24	48	13	11	24	13	18	12	20
25	16	41	8	6	14	7	13	9	22
21	30	51	11	19	30	13	15	19	34
17	17	34	12	12	24	8	16	11	27
18	10	28	8	16	24	9	8	4	12
13	11	24	8	6	14	4	8	11	19
25	26	51	6	11	17	4	13	12	25
5	3	8	1	3	4	4	6	8	14
12	18	24	11	8	19	11	10	9	19
20	18	38	8	17	25	8	9	5	14
203	187	390	101	118	219	85	126	109	235
35	29	54	12	11	23	13	16	17	33
10	4	14	1	2	2	2	2	1	3
22	16	38	3	2	5	8	12	6	18
16	11	27	3	4	7	3	3	3	6
7	8	15	7	5	12	2	8	6	14
8	7	15	7	6	13	9	6	10	16
19	14	33	12	10	22	10	13	9	22
12	6	18	6	5	14	5	1	7	8
28	12	40	13	9	22	9	22	11	33
147	107	254	64	54	118	61	83	70	153

Nahmen der Kirchspiele:	Eheli-che		Unehe-liche		Todt-gebor-ne	
	Kn.	M.	K.	M.	K.	M.
IV. Amt Schwarzenbeck.						
Basthorst	12	7	—	—	1	1
Brunstorf	16	11	1	—	—	—
Cübbewörde	14	7	1	—	—	—
Hohenhorn	11	23	—	1	2	1
Sahms	9	10	—	—	—	—
Schwarzenbeck	10	9	1	—	—	—
Summa Amt Schwarzenbeck	82	67	3	1	3	2
V. Amt Neuhaus.						
Neuhaus	22	36	1	1	1	1
Stapel	42	40	1	1	1	2
Tribbekow	46	21	—	—	3	—
Wehningen	1	5	—	—	—	—
Summa Amt Neuhaus	101	102	2	2	5	3
VI. Amt Steinhorst.						
Sandesneben	46	50	1	2	3	2
Siebenbäumen	31	12	1	1	1	1
Summa Amt Steinhorst	77	62	2	3	4	3
Wiederholung.						
I. Städte	84	82	11	8	5	5
II. Amt Ratzeburg	183	176	15	3	5	8
III. Amt Lauenburg	140	92	1	11	6	4
IV. Amt Schwarzenbeck	82	67	3	1	3	2
V. Amt Neuhaus	101	102	2	2	5	3
VI. Amt Steinhorst	77	62	2	3	4	3
Summa Summarum	667	581	34	28	28	25

bis dahin 1788. sind

ren.			Confirmirt			Copulirt	Gestorben		
Summa.			Knaben	Mädchen	Summa	Paare	Summa der Gestorbenen.		Summa tota aller Gestorbenen.
Kn.	M.	Summa tota					M.	W.	
13	8	21	4	8	12	6	10	8	18
27	11	38	8	7	15	4	9	8	17
15	7	22	5	6	11	3	7	6	13
13	25	38	16	12	28	7	5	15	20
9	10	19	8	8	16	5	5	8	13
11	9	20	4	7	11	6	9	7	16
88	70	158	45	48	93	31	45	52	97
24	38	62	12	14	26	15	14	20	34
34	43	77	8	10	18	13	21	21	42
49	21	40	10	14	24	10	25	30	55
1	5	6	—	—	—	4	5	1	6
108	107	215	30	38	68	42	65	72	137
50	54	104	21	24	45	14	35	43	78
33	14	47	4	10	14	5	18	9	27
83	68	151	25	34	59	19	53	52	105
100	95	195	44	48	92	54	77	86	163
203	187	390	101	118	219	85	126	109	235
147	107	254	64	54	118	61	83	70	153
88	70	158	45	48	93	31	45	52	97
108	107	215	30	38	68	42	65	72	137
83	68	151	25	34	59	19	53	52	105
729	634	1363	309	340	649	292	449	441	890

Unter den Verstorbenen sind gewesen:

Unverheyrathete von 15 Jahren und älter.	{	Männlichen Geschlechts	,	45
	{	Weiblichen Geschlechts	, ,	45
		Ehemänner , , ,		116
		Ehefrauen , ,		99
		Wittwer , ,		34
		Wittwen , ,		89

Bemerkungen.

a) Die Anzahl der Zwillingsgeburten beläuft sich auf 23 Paare, wovon, so viel man aus den Parochial-Listen ersehen mag, die Hälfte annoch am Leben befindlich ist.

b) Unter den 53 todtgebohrnen Kindern, sind nur 3 uneheliche gewesen.

c) Von den Verstorbenen hat keiner das Alter von 100 Jahren erreichet.

d) Obwol die Blattern-Krankheit in diesem Jahre sehr im Gange gewesen, so daß allein in dem Kirchspiele St. Georgensberg 13, und im Kirchspiele Seedorf 12 Kinder daran gestorben sind; so übersteiget doch die ganze Anzahl der Gebohrnen die Anzahl der Verstorbenen um 473, oder wenn man die Todtgebohrnen abrechnet, um 420. Blos in dem Kirchspiele Lüdersburg ist eine Person mehr verstorben als gebohren, weil dort eine ungewöhnliche, unter dem Namen Crupp bekannte Krankheit drey Personen weggerafft hat, welche an sich geringe Anzahl, in einer so kleinen Gemeinde, gegen die Zahl der Gebohrnen, leicht den Ausschlag hat geben können.

2)

2) Grafschaft Hohnstein.

Vom 1sten Jan. 1787. bis 1sten Jan. 1788.

Nahmen der Kirchspiele:	Gebohren									Copulirte Paare	Gestorben		Summa
	Eheliche		Unehesliche		Todesgesborne		Summa				Gestorben		
	K.	M.	K.	M.	K.	M.	K.	M.	S. tot.		M	W	
Ilfeld	8	10	—	1	—	1	8	12	20	5	2	5	7
Neustadt und Harzungen	17	7	1	2	1	1	19	10	29	8	14	7	21
Sültzhayn und Werna	8	6					8	6	14	8	11	6	17
Leimbach und Petersdorf	6	12				1	6	13	19	5	10	6	16
Sachswerfen	9	5				1	9	6	15	4	6	9	15
Bösenrode	5	3	2				7	3	10	5	5	5	10
Urbach	9	9	1		1		11	9	20	4	11	14	25
Osterode und Wiegersdorf	9	5			1		10	5	15	4	7	2	9
Crimderode u. Rüdigsdorf	6	3					6	3	9	4	5	1	6
Steigerthal u. Buchholz	6	7	1				7	7	14	4	7	7	14
Appenrode	6	5				1	6	6	12	7	3	8	11
Summa	89	72	5	3	3	5	97	80	177	58	81	70	151

Unter ben Geſtorbenen ſind geweſen:

Unverhevrathete von 15 Jahren und älter.	Männlichen Geſchlechts	⸗	6
	Weiblichen Geſchlechts	⸗	7
	Ehemänner ⸗ ⸗		12
	Ehefrauen ⸗ ⸗		24
	Wittwer ⸗ ⸗		13
	Wittwen ⸗		11

Bemerkungen.

1) Die Grafſchaft Hohnſtein hat dieſes Jahr keinen ſolchen Zuwachs bekommen als 1786. Sie iſt nur mit 26 Perſonen vermehrt worden. Von dieſem Seegen hat Nr. 1. allein die Hälfte behalten.

2) Dagegen ſind bey Nr. 2. die Hälfte der Unehelichen zu finden. Beynahe iſt das 18te Kind in der Grafſchaft in dieſem Jahre unehelich gebohren.

3) Unter den Todtgebohrnen ſind 2 Uneheliche.

4) Eine Zwillingsgeburt von 2 Jahren iſt unter Nr. 10.

5) 2 ſchwangere Frauen ſind mit ihrer Leibesfrucht verſtorben.

6) 2 Kindbetterinnen ſind mit Tode abgegangen.

7) Daß die Zahl der Geſtorbenen in Nr. 6 und 10 einander gleich, und in Nr. 8. mehr geſtorben als gebohren ſind, wird den Blattern, und einer andern epidemiſchen Krankheit zugeſchrieben.

8) Im Jahr 1786. überſtieg die Zahl der neuen Eheleute die Zahl der getrennten Ehen um 9 Paar; dieſes Jahr aber um 22 Paar.

XI.

XI.

Miscellaneen.

1) **Merkwürdige Standhaftigkeit eines Knaben aus kindlicher Zärtlichkeit.**

Des Schmids Wilhelm Thiesing zu Diepholz, siebenjähriger Sohn Johann Bernd wurde im September 1787. von einem Holzschlitten über das Bein gefahren, der Knochen brach an zwey Stellen, und das Fleisch wurde zerquetscht. Die Mutter, welche im Kindbett war, sprang auf den unvorsichtigen Bericht des Unglücks aus dem Bette, und fiel in Ohnmacht. Man kann leicht denken, daß der Knabe bey dem Zurechtsetzen der Knochen und beym Verbinden entsetzliche Schmerzen ausstand. Aber er schrie nicht im mindesten, legte die Arme über den Kopf zusammen, und ließ sich operiren. Die Umstehenden waren erstaunt über den Knaben, und einer von ihnen, der mir die ganze Anekdote erzählt hat, fragte ihn, ob er gar keine Schmerzen empfände? „Schmerzen genug, antwortete er leise, aber ich verbeiße sie, damit die Mutter sich nicht kränke.‟

Am dritten Tage schien der Schmerz seine Stärke zu überwältigen, er äußerte ihn jedoch nur durch leises Wimmern, nicht aber durch heftiges Schreyen.

Der Knabe zeigt auch sonst durch sein Betragen Verstand und Gutartigkeit, Aeltern und Nachbarn lieben ihn sehr. Er litt lange mit unglaublicher Standhaftigkeit,

flegte aber endlich, und es wäre in der That Schade gewe=
sen, wenn der Held doch hätte unterliegen müssen.

Man hat zwar Beyspiele von Erwachsenen, die große
Schmerzen, unter andern mehrere oder alle Grade der Tor=
tur ausgehalten haben, auch üben sich wilde Nationen dar=
in, Quaalen mit anscheinlicher Unempfindlichkeit zu ertra=
gen. Diese heften während des Schmerzens ihre Aufmerk=
samkeit auf einen gewählten Gegenstand, außer sich, oder
auf einen Lieblingsgedanken, oder auf die Hofnung der ein=
zuerndtenden Ehre und Bewundrung, und es ist aus der
Erfahrung bekannt, daß unwillkührliche und noch mehr ab=
sichtliche Richtung unsers Denkens auf einen einzigen Ge=
genstand, Seele und Körper gegen alle andre Eindrücke, die
keine Beziehung auf den Gegenstand haben, unempfindlich
machen kann.

Allein der siebenjährige einfach erzogene Johann Bernd
Thiesing wußte von jener künstlichen Empfindungslosigkeit,
von ihrer Möglichkeit, und von den psychologisch=physio=
logischen Mitteln dazu, gewiß nichts: er fühlte auch den
Schmerz in seiner ganzen Größe, aber Zärtlichkeit für seine
Mutter allein foderte alle seine Geistes= und Körperkräfte
auf, die ganz natürlichen und nothwendigen Aeußerungen
des Schmerzens durch Geschrey, welches ihn, besonders bey
Kindern, scheinbar mildert, zu verbergen. Merkwürdig ist
daher dieses Beyspiel, eine kleine Seele ist schwerlich solcher
Stärke fähig, und mich dünkt, es keime in dieser jungen
Seele viel, das einer Ausbildung und Veredlung werth
wäre. Wer wird nicht den heldenmüthigen Knaben be=
wundern, und den zärtlichen Sohn lieb haben?

Adolph Moller.

2)

2) Etwas vom Range des Landmarschalls im Fürstenthume Lüneburg.

Zur Ergänzung der Geschichte der einheimischen Erbämter, theilen wir hier den Liebhabern derselben einen Beytrag mit, der den Rang des Landmarschall-Amts des Fürstenthums Lüneburg betrift, und das Haupt-Document, von dem Vorfalle enthält, der in Bilderbeck Delin. jur. Stat. provinc. Ducat. Luncb. compet. angeführt worden. *)

Bey Ableben des weyland Herzogs Georg Wilhelm, war der damalige Landmarschall, der Hr. Landrath und Ausreiter von Meding, unvermögend, dem öffentlichen Leichen-Begängnisse beyzuwohnen. Es trat daher derselbe diese Erbwürde seinem ältesten Sohne, dem damaligen Cammerjunker Christoph Ernst von Meding gänzlich ab:

Ueber den nächsten Zweck hievon, ward eine specielle Landesherrliche Genehmigung ertheilt, worin folgendes mit vorkahm.

Es sollte der Cammerjunker von Meding als Landmarschall des Fürstenthums Zelle bey erwehnten Leichenbegängnisse erscheinen, und an seines Vaters statt das Landmarschallen Amt, in den Rang und in der Ordnung, auch im übrigen allen also und dergestalt, als sein Vater sonst zu thun haben würde, verrichten.

Dem hierin vorbehaltenen Range erachtete man es nicht angemessen, daß dem entworfenen Reglement zufolge der Hofmarschall über den Landmarschall gehen sollte.

Auf

*) S. v. Selchow Magazin für die teutschen Rechte und Geschichte erster, Band S. 291.

, Auf Ansuchen des letzteren, ließ die Landschaft dagegen Vorstellung thun. Man äusserte dabey, daß der Landmarschall niemanden als dem Obermarschall, keinem aber von den übrigen Marschällen weichen könne, auch solches in den benachbarten Herzogthümern niemals anders obfervirt worden. Allein der damalige Hr. Obermarschall *von Bülow* wollte von dem abgefaßten Reglement nicht abgehen und wandte vor, weil der Hofmarschall bey Leben des Hochseeligen Herrn, dessen Leib der nächste gewesen, so müsse er es auch in obiger Function seyn, da der Hof anwesend wäre, und der Landmarschall nur bey den Huldigungen seinen Vorzug prätendiren könnte.

Um sich des versagten Platzes wegen nichts zu vergeben, und alle Concurrenz mit dem Hofmarschalle zu vermeiden, wählte der Landmarschall im Zuge die Anführung der Ritterschaft, und in der Kirche stellte er sich seitwärts an deren Spitze.

In der Beschwerde, womit er nachher wegen der verweigerten Praeferenz bey dem Landesherrn einkam, ward insonderheit auch Beziehung auf die Praerogative genommen welche der Landmarschall bey dem Leichenbegängnisse des Churfürsten Ernst August genossen.

Auf gedachte Beschwerde erfolgte nachstehende die Rechte des Landmarschall-Ranges erhaltende Resolution:

Von Gottes Gnaden Georg Ludewig Herzog zu Braunschweig und Lüneburg des Heyl. Röm. Reichs Churfürst 2c.

Auf Unseres Erb-Landmarschallen im Fürstenthum Zelle Christoph Ernst von Meding geführte Beschwerung über
den

den Rang welcher seinem Erb-Landmarschall-Amt bey Unſers in Gott ruhenden Herrn Vettern Herzogen Georg Wilhelms Lbd. Leichbegängniß deſtinirt worden, und angefügte Bitte wegen anderweiter Reglirung ſothanen Rangs, ertheilen wir hiemit zur Reſolution, daß das damahlen hierunter geſchehene ohne Conſequenz ſeyn, in Unſeren Archiven aber was für Nachrichten ſich von der bisherigen Obſervanz darin finden, nachgeſehen, und alsdann gegen die Zeit, da wiederum etwa Sollennitäten vorfallen möchten, bey welchen unſere Zelleſche Land-Erb-Aemter zu concurriren haben, deren Rang bey ſolchen Sollennitäten dem Herkommen und der Billigkeit gemäß eines für alles regliret werden ſolle.

Hannover, den 14ten November 1705.

(LS)   Georg Ludewig, Churfürſt.

v. Hattorf.

3) Politiſche Uebel.

Einbeck. Der Gedanke, ohne große Mühe reich zu werden, iſt hier die Quelle von zwey Uebeln, die man als wahre politiſche Krankheiten anſehen muß, und die, wenn ſie noch eine Zeitlang in der Maaße, als jetzt fortdauren ſollten, vielen Einwohnern den Ruin zuziehen werden. Dieſe ſind Lotterien und Sterbecaſſen. Einige chriſtliche und jüdiſche Collecteurs, die im Müßiggang ihren Erwerb ſuchen, wiſſen durch mancherley Schliche die Einwohner zu überreden, bald in dieſe, bald in jene Lotterie zu ſetzen. Rechnet man die ſeit vielen Jahren auf unſere Stadt gefallenen Gewinne, einen von Tauſend, zwey von Fünfhundert und

einige von wenigen Thalern ab, so ist der Ueberschuß des
Geldes, wofür sich Viele, Jahr aus, Jahr ein, nichts als
leere Hofnung erkaufen, so ausnehmend groß, daß die ganze
Gewinnstsumme dagegen fast wie ein Nichts verschwindet.
Mancher entzieht sich und den Seinigen den nöthigen Un‐
terhalt, macht sogar Schulden; alles auf Speculation ei‐
nes großen Gewinstes — Und fällt endlich so tief, daß er
sich nie, oder doch nur mit äusserster Anstrengung, wieder
aufrichten kann. Wehe, solchen Verführern, und noch mehr
den Verführten!

Das zweyte Uebel, die Sucht auf fremde Köpfe in
diese oder jene Sterbecasse einzusetzen, gränzt zunächst an
Lotterie, ist aber noch mit größerer Gewissenslosigkeit ver‐
bunden. Einigen ists geglückt, wenn man es anders Glück
nennen darf, sich durch diese Finanzoperation in kurzer Zeit
ein artiges Capital zu erwerben. Das war denn für man‐
chen Habsüchtigen eine Lockspeise, deren er nicht länger wi‐
derstehen konnte. Man suchte in und ausserhalb der Stadt
allerhand sieche Personen auf, die noch zur Noth die Pro‐
bezeit aushalten konnten, versprach ihnen für die Erlaub‐
niß auf ihren Kopf einzusetzen, ein Aequivalent, und wußte
solche Mittel und Wege einzuschlagen, sie in mehr als einer
Casse unterzubringen. Ob nun zwar in diesem Falle der
Gewinst ungleich mehr, als in Lotterien gesichert zu seyn
scheint, so dauert doch diese Assecuranz auch nur kurze Zeit,
weil Sterbecassen jener Art, von keiner langen Dauer seyn
können, und am wenigsten solche bestehen können, die von
ihrer Einrichtung an, nur mit Ausschuß, mit Leuten, de‐
nen der Tod aus den Augen sieht, besetzt worden sind, und

täg‐

täglich recrutirt werden. Anderntheils gehen doch durch die
häufigen, großen Geldbeyträge, weil man an andern Oertern
diese Kunstgriffe auch versteht, ungleich größere Summen
verlohren, als gewonnen werden. Beyde Uebel verdienten
daher eine sehr ernstliche Aufmerksamkeit — Und das um so
mehr, da durch die Lotterien täglich neue Processe entstehn,
und durch das Einsetzen auf fremde Köpfe in Sterbecassen,
das Leben solcher Personen, worauf eingesetzt ist, offenbar
gefährdet wird. *)

Rg.

4)

*) Die Sucht, durch die wahrscheinlichste Berechnung der
kürzesten Lebensdauer schwächlicher Menschen ansehns
liche Summen zu gewinnen, ist nicht zu Einbeck
ausschliessend einheimisch, sondern grasirt im ganzen
Lande. Vorzüglich aber scheint sich ihr verderbliches
Gift, in und um Zelle niedergelassen zu haben. Noch
vor kurzen hatten drey Interessenten das Vergnügen,
ihre Geschicklichkeit in dergleichen Calculationen, durch
einen einzigen gut berechneten Todesfall, aus eilf vers
schiedenen Cassen, mit 5000 Rthlr. belohnt zu sehen.

Es würde ein erbaulicher Aufzug seyn, wenn eins
mal die Herrn Speculanten, mit den assecurirten
Halb-Cadavern und Skeleten, öffentliche Musterung
passiren müßten. Diese Berufenen des Freund Hains,
mit allen möglichen Lazareth-Eigenschaften begabt, und
der gierige Blick der Speculanten nach jedem Gebres
chen was ein baldiges Ableben hoffen lässet, könnte
einem Hogarthschen Pinsel, für mehrere Bildergalles
rien Stof geben.

Schon reizet es zur schändlichsten Immoralität,
wenn auch bloß solche über die Gunst des Todes mit
einander spielen, die völlig gleiche Finanz-Absichten
hierbey hegen. Doch kränken diese unter sich selbst keine
wechselseitige Rechte. Eine Gesellschaft die wissents

L 2

lich

4) Blattern-Inoculation an den Werkhaus-Kindern zu Hannover.

Die segensreiche Wohlthätigkeit des zu Hannover befindlichen Arbeits- und Erziehungs-Hauses, hat kürzlich eine neue Ausdehnung erhalten.

Herr Hofrath Falke, ihr jetziger Director ließ es sich nemlich angelegen seyn, im letzteren Frühjahr die Zöglinge des gedachten Instituts welche noch keine Blattern gehabt, gegen die Gefahren dieser damals grassirenden Krankheit mittelst der Einimpfung zu sichern.

Alles was hierbey aufmerksame Vorsicht ausrichten kann, ward sorgfältigst benutzet. Zur unentgeltlichen Leitung und Verwaltung des Geschäftes, hatte sich der Herr Leib-Chirurgus Lampe freywillig erboten. Dieser wählte nun mit Zuziehung des bey der Anstalt angesetzten Arztes und

lich falsche Würfel gebraucht, scheint stillschweigend darin zu willigen, daß einer dem anderen in den Handgriffen zuvorkommen darf, immer die höchsten Augen auf den Tisch zu bringen. Allein sehr viel verabscheuungswürdiger werden die hieraus entstehenden Uebel, wofern Unbefangene und Unwissende, von den redlichsten Zwecken geleitet, sich in die Societät mischen, und man ihnen von der Beschaffenheit des Spiels nichts offenbaret, wenn sie statt der falschen, gerechte Würfel ergreifen. Wie oft ist aber das nicht der Fall bey den mehrsten der jetzigen Sterbe-Cassen. Der erkenntlichste Dank gebührt daher denen, die uns von dieser moralischen Landplage völlig befreyen!

A. d. H.

und Wundarztes zwanzig Kinder zur Inoculation, und
schloß die vier übrigen, welche unter den damaligen Zöglin-
gen, so viel man erfahren konnte, dem Uebel noch nicht blos-
gestellt waren, von der Einimpfung aus, weil nachtheilige
Gesundheits-Umstände es bedenklich machten, sie daran theil-
nehmen zu lassen. Um aber auch diese bis zu erlangter bes-
serer Gesundheit gegen Ansteckung zu schützen, und die Er-
holung ihrer Leibes-Kräfte zu erleichtern, wurden solche gegen Kostgeld aufs Land ausgethan.

Die zur Einimpfung Bestimmten brachte man den 13ten
May nach der List, einem bey Hannover belegenen Dorfe,
woselbst ein Saal, zwo geräumige Kammern, Küche, Keller,
Hofraum und ein befriedigter Grasplatz für sie gemiethet
war. Sie genoßen daselbst dienliche Vorbereitung, und
nachdem hierauf ihr Gesundheits-Zustand nochmals untersucht worden: so verrichtete der Herr Leibchirurgus Lampe
bey allen zwanzigen die Eindügelung an beyden Armen.
Eben dieser, der bereits gegen fünfhundert Kinder in dem
Bezirke der Stadt Hannover aufs glücklichste eingeimpfet
hat, erwies auch jenen in fleißigen Besuchen und heilsamen
Verordnungen den liebreichsten Beystand. Ausserdem war
Tag und Nacht ein angehender Wundarzt im Hause gegenwärtig, um auf schleunige Fälle das nöthige zu verfügen,
und in steter Beobachtung der Kinder zu verharren. Die
übrige Pflege derselben besorgten aber drey Frauen des In-
stitutes, worunter sich zwo Mütter von eingeimpfeten Kindern befanden.

Zwischen dem 29sten und 31sten Man brach bey neun-
zehn der Erfolg der Einimpfung aus, und waren unter der

L 3 gan-

ganzen Zahl fünfe die für ihr Leben und Gesundheit besorgt machten. und vorzüglich viele Blattern hatten. Andere widrige Zufälle traten nicht ein, und blieben die Kinder auch vor der damals epidemisch gewordenen sogenannten Influenza bewahrt.

Das einzige von allen wobey die Inoculation sich uns würksam zeigte, ward auch zum zweytenmale vergeblich geimpfet. Wahrscheinlich mochte es vorhin schon die Blattern überstanden haben. wenigstens gewinnet diese Vermuthung desto mehr Kraft, weil es während der ganzen Krankheit der übrigen unter denselben unangesteckt verblieb.

Hingegen ward ein anderes 13jähriges Mädgen vom Arbeitshause mit dem Uebel befallen, welches seiner zur Pflege der Blattern-Patienten angestellten Mutter auf deren Wunsch zur Erleichterung ihres Dienstes beygegeben war, nachdem solche versichert, daß es bereits die Pocken gehabt.

Alle inoculirte nebst diesem angesteckten Kinde überstanden die Blattern glücklich und sind ohne einige Beschädigung weit gesunder geworden, als sie vor der Einimpfung waren. Jedoch kamen erstere weit gelinder als letzteres davon, welches ein beschwerliches Krankenlager hatte, hiedurch aber den übrigen Gelegenheit gab, die ihnen mit der Einimpfung erwiesene Wohlthat desto lebhafter zu erkennen.

Unsers Wissens ist dieses das erste Beyspiel von einer auf öffentliche Kosten unternommenen, und hospitalmäßig behandelten Blattern-Inoculation in hiesigen Landen. Schon als Beweis der großen Vorzüge unsrer neuen Armen-

Ans

Anstalten, vor Einhebung der Allmosen durch Betteley verdient die Sache Aufmerksamkeit. Würden wol wahrscheinlich sämtliche Eltern der inoculirten Kinder, wenn man ihnen die aufgewendeten Kosten dazu geschenket hätte, solche genützet haben, um deren Leben und Gesundheit gegen die furchtbaren Folgen der natürlichen Blattern zu schützen, in ihnen brauchbare Unterthanen dem Staate zu erhalten? Würden die Kinder bey ihren Eltern alsdann dieselbe Versorge, Pflege und Wartung genossen haben? Wäre aber in solchem Falle wol ein eben so beglückter Ausgang zu erwarten gewesen? Wer die gewöhnlichen Gesinnungen und den Haushalt müßig gehender Bettler auch nur der Oberfläche nach kennet, kann über die Beantwortung dieser Fragen nicht in Zweifel gerathen.

Zugleich gewährt aber auch eine solche Inoculation das beste Mittel, dieser heilsamen Erfindung, Vertrauen und Zuneigung unter den geringeren Volks-Classen zu erwerben. Am allermerkwürdigsten könnte jedoch das gegebene Beyspiel dadurch werden, wenn es die Errichtung öffentlicher Inoculations-Hospitäler in den größeren Städten des Landes veranlaßte, die ganz unentbehrlich zu seyn scheint, um den Gewinn der Blattern-Einimpfung für die Menschheit und den Staat, bey dem größeren Haufen, den niederen Ständen zu erreichen!

5) Feyer der Einweihung des neuen Klosters zu Medingen.

Der Bartholomäi-Tag (der 24ste August), welcher schon zweymal in lange verflossenen Vorzeiten *) auf ähnliche Weise für die Geschichte des Klosters Medingen merkwürdig geworden, erhielt im laufenden Jahre die Bestimmung zum Weihungsfeste der aufgeführten neuen Gebäude.

Außer dem wiederversammleten Convente hatte sich eine große Anzahl von Fremden hierbey eingefunden. Die Feyer des Tages nahm mit der ersten öffentlichen Gottesverehrung in der neuen Kloster-Kirche ihren Anfang. Einladend zu sanften Freuden für Herzen, die seliger Empfindungen fähig sind, war die Veranlassung des Festes, die gewählten gottesdienstlichen Handlungen, und der Anblick eines mit edler Simplicität in dem gefälligsten Geschmack, ohne Pracht schön gezierten Tempels. Herr Consistorialrath Jacobi hielt die ihm aufgetragene Einweihungs-Predigt über Ps. 84. v. 2, 3.

Zu Mittage speiseten 104 Personen, welche an drey Tafeln bewirthet wurden. Hierauf folgte ein Ball, den der Herr Landrath von der Wense, der als Drost die erste Beamten-Stelle zu Medingen bekleidet, in seiner Wohnung gab.

Am

*) Durch die Einweihung des ersten Klosters zu Alt-medingen 1241. und des zweyten Klosters zu Medingen 1337.

Am Montage Morgen bezog die so würdig' allgemein verehrte Frau Aebtißin von Braunschweig, und
der ganze Convent das neue Chor zur gemeinschaftlichen
Andacht, wo der Herr Consistorialrath Jacobi zwischen
den abgesungenen Liedern über die Worte redete, Joh. 16.
v. 20. eure Traurigkeit soll in Freude verkehrt
werden.

Mit der mannigfaltigen Anmuth dieser festlichen
Tage vereinigte sich willig die Erinnerung der Vorzüge,
wodurch die jetzigen Kloster-Regeln sich zur Ehre unsrer
aufgeklärten Denkungsart gegen vergangene Jahrhun-
derte unterscheiden.   Der heitere Eindruck, den das
Aeußere des herrlichen Gebäudes bey jedem ersten An-
schauen macht, wird überall in dem inneren der Wohnung stiller, freundschaftlicher Geselligkeit befestiget.
Keine verfinsternde Mauren noch Gitter halten mehr
das eindringende Sonnenlicht auf.   Die frey durchbre-
chende Strahlen des ersten Schöpfungswerks werden
nicht durch erzwungene Frömmeley entheiliget.   Geist
und Herz erschlaffende Andachts-Uebungen, theilen nicht
mehr ein geschäftloses unthätiges Kerkerleben, mit quä-
lenden Seufzern über abgenöthigte, oder in dem Tau-
mel jugendlicher Schwärmerey ausgesprochener Gelübde.
Auch die Fesseln, welche noch sclavisches Vorurtheil des
verflossenen Jahrhunderts, dem unschuldigen Weltgenusse
anlegte *) hat der beglückende Freyheitsgeist neuerer Zei-

ten

*) Mit der Kleiderordnung von 1619. welche den
Kloster-Jungfrauen des Fürstenthums Lüneburg

L 5   im

ten zerbrochen. Die Entfernung von dem betäuben=
den Geräusche der großen Welt, schließt keine Tugend=
freuden des Erdenlebens mehr aus. Stille Einsamkeit
vergiftet sie nicht weiter, sondern macht sie angenehmer
und dauerhafter. So sey dann noch für die späte Nach=
kommenschaft wie jetzt, ein Aufenthalt selig froher Ruhe,
dieses verehrungswürdige Denkmal Königlicher Freyge=
bigkeit unsers geliebten Georgs und seiner landesväter=
lichen Neigung, alles Gute, was Zufall und Alter ver=
nichtet, in verschönertem Glanze herzustellen.

6) Abgeschafter Gebrauch des Meßgewandes zu Lüchow.

In dem ersten Stück des ersten Jahrganges der Anna=
len, wurde die Meynung geäußert, daß außerhalb Zelle

an

im Jahre 1643. wiederholt vorgeschrieben wurde,
waren auch folgende Verfügungen verknüpft. —
Die Klosterthüren sollten verschlossen seyn, und
außerhalb den geist= und weltlichen Räthen und
Beamten durchaus niemand, er habe denn Kinder,
Schwestern oder Brüder und Schwesterkinder im
Kloster, darin verstattet werden. Die andern soll=
ten vor den gewöhnlichen Sprachhäusern, diejeni=
gen die sie wollten, ansprechen. Der Pastor sollte
auf dem Chor mit ihnen reden. Die Jungfrauen
sollten nicht aus dem Kloster verreisen, zumal zu
Gastereyen und Tänzen. Nur dann, wenn ihr
Vater, Mutter, Bruder oder Schwester so krank
wären, daß sie ihres Aufkommens keine Hofnung
mehr hätten, war eine Ausnahme hievon auf 14 Tage
gestattet. S. Lüneb. Kirchenordnung Cap. XX.
§. 427. u. f. f. vielleicht zum Troste über diese men=

schen=

an keinem Orte des Fürstenthums die catholische Tracht
des Meßgewandes bey Austheilung der Communion mehr
üblich gewesen.   Wie wir aber anjetzt vernehmen, so
war dieser Ornat damals in Lüchow noch nicht abgeschaffet.   Seitdem ist jedoch solcher mit Uebereinstimmung
des Herrn Probst Dankwerts auf Veranlassen des dortigen Herrn Archidiaconus Pott gänzlich abgelegt
worden.

Man besorgte darüber Merkmale des Mißver-
gnügens der dort mit eingepfarrten steifsinnigen und abergläubischen Wendbauren.   Zu ihrem Ruhm gereicht es
aber, daß dieserwegen nicht die geringste Sensation unter ihnen bemerkt worden, ohnerachtet sie doch vor wenig
Jahren, bey dem abgeschaften Gebrauch von drey brennenden Lichtern auf dem Altar, die zum Besten der Kir-
chen-Casse auf zwey reducirt sind, schief genug urtheilten:
es müsse mit der Dreyeinigkeit wol jetzt eine andere Be-
wandniß haben, weil das Sinnbild derselben nach ver-
jüngten Maaßstab vorgestellt würde.

Mit diesen irrigen Ideen verbinden sie noch keinen
andern Aberglauben bey den Lichtern, die zur Communion der Kranken hingesetzt werden.   Nach der Entfernung des Predigers betrachten die alten Hausmütter
solche mit banger Ahndung, und sprechen aus der Art
wie der Tocht allmählig erlöschet, dem Patienten Tod
oder Leben zu.

Sehr

schenfreundlichen Vorschriften, mußten sie alle Woche einmal die Litaney singen.   K. O. Cap. XVI.
§. 65.

Sehr oft ist dies das Schicksal religiöser Gebräuche, daß der gemeine Mann sie entweder ganz falsch, oder wenigstens in einem abergläubischen Doppel-Sinne deutet. Um so viel größeren Werth hat es dann, wann solche von allem zwecklosen Ueberflusse immer weiter gereiniget, und die Theilnehmenden von der Absicht der nützlich beybehaltenen, hinlänglich belehrt werden.

7) Commerz-Nachrichten.
Münden.

1) Damit die hier naß ankommenden Kaufmanns-Güter bequem gestürzet und umgepackt, auch die trocknen Güter wider Regen und rauhe Witterung in Sicherheit gebracht werden können, ist zu jenem Zwecke auf gemeine Stadtkosten neben der Stadtwaage ein neues Gebäude aufgeführet worden.

2) Seit dem May dieses Jahrs hat Herr Zacharias J. C. M. Händler unter dieser Firma seine Propre- und Speditions-Handlung angefangen, und versichert die größeste Genauigkeit in Beobachtung der Geschäfte, die man ihm auftragen wird.

8) Edle Handlungen.

a) Der selige Herr Superintendent Schilling zu Hohnstädt, nahm aus Mitleiden einen armen elterlosen bettelnden Knaben auf. Er gedachte ihn bey seinem Ackerbau zu gebrauchen, fand aber, daß der Knabe zu grober Arbeit wenig Lust und Geschicke hatte. Dagegen

äußerte

äußerte sich bey ihm frühzeitige Fähigkeit und Drang
etwas zu lernen. Er genoß mit den Söhnen des Superintendenten gemeinschaftlichen Unterricht, und wetteiferte mit ihnen in edler Lernbegierde. Er bat seinen
Wohlthäter, ihn die Chirurgie lehren zu lassen, wozu er
besonders Neigung hatte. Es geschah. Nach geendigten Lehrjahren gieng er nach Holland und endlich nach
England, wo er neulich ohne Erben verstorben ist, und
dem Sohne seines ersten Wohlthäters, dem jetzigen
Herrn Pastor Schilling zu Edesheim, einhundert
Pfund Sterling vermacht hat, mit welchem Vermächt-
niß dieser unerwartet angenehm überrascht ist.

O.   W.

b) Am 27sten April d. J. wurde auf dem Schloß-
theater in Zelle zum Besten dreyer verwayseten
Kinder ein Oratorium veranstaltet, wobey man sowol
von Seiten derer, die das Concert gaben, als der Sub-
scribenten in edler Uneigennützigkeit, und Liebe zum guten Werke wetteiferte. Das Oratorium selbst war das
von dem Hamburger Bach componirte geistliche Drama:
die Israeliten in der Wüste, welches unter der mu-
sikalischen Direction des Herrn Stadt-Organisten Beckmann größtentheils von Dilettanten aufgeführt wurde,
unter denen sich die Demoiselln Brandes, Mittag
und Guizetti befanden. Von den Mitspielenden, welche die Musik als Erwerbmittel treiben, forderten nur
einige Bezahlung, die übrigen und sämtliche mitsingende
Chorschüler machten sich ein Vergnügen daraus, das ih-

rige

rige zu diesem wohlthätigen Zwecke ohnentgeltlich mit bey-
zutragen.

Nach Abzug der auf die Art geringen Kosten, zu deren
Verminderung der Wachsbleicher Herr Guizetti, durch
Schenkung der zur Illumination nöthigen Wachslichter,
ein ansehnliches beytrug, blieb für die Kinder eine reine
Summe von einhundert Thaler C. M. übrig. Eine
so menschenfreundliche Anwendung von Talenten, Kunst
und Vermögen, kömmt zu selten auf ähnliche Art verbunden vor, als daß ihre Erscheinung hier und da nicht Erwähnung verdienen sollte.

c) Zum Glück für die Menschheit, geben Rang
und Ahnen kein Ausschließungsrecht auf Tugend-Uebun-
gen, und gerade die gemeinnützigsten werden so gut in geringeren als höheren Ständen angetroffen, darüber mag
auch folgende Handlung zum Beweise dienen.

Ein Hauswirth aus Heuersdorf im Kirchspiel
Bodenteich, hatte das Unglück am 12ten Febr. d. J.
ein Bein zu zerbrechen, und vom Wagen übergefahren
zu werden. Seine Armuth brachte ihn in Gefahr hiedurch wo nicht das Leben, doch seine Gesundheit zu verliehren. Er konnte sich weder die nöthige Pflege verschaffen, noch auch die erforderlichen Kosten der Cur bestreiten. Allein sämtlich Eingepfarrte des Kirchspiels
machten eine freywillige Collecte, brachten 25 Rthlr.
8 gr. 4 pf. zusammen, und dieser Unterstützung verdankt
der Beschädigte anjetzt seine völlige Herstellung.

9)

9) Veränderter Gutsbesitz.

Mit dem adelichen Gute Poggenhagen, ist nach erfolgten Aussterben des von Campenschen männlichen Stammes, der Herr Cämmerer von Schwicheldt wiederum beliehen worden.

XII.

Preistabelle der nothwendigsten Lebensmittel in den verschiedenen Gegenden der hannöverschen Churlande, vom April, May und Junii 1788.

Bey nachstehenden Preisen ist auf alles das wieder Rücksicht zu nehmen, was in dem ersten Stücke der Annalen zweyten Jahrganges S. 179. theils wegen der Münzsorten, theils wegen des in einigen Provinzen auf dem Fleische ruhenden Licents angeführet worden.

April

| | Rindfleisch | | | Kalbfleisch | | | Schwei-nefleisch |
| | bestes Pfd. | gerin-ges Pfd. | | bestes Pfd. | gerin-ges Pfd. | | Pfd. |
	gg	pf	gg	pf.	gg	pf	gg	pf.	gg	pf.
Münden	1	10	1	8	1	4	1	2	1	10
Göttingen	2	—			1	8	1	6	2	—
Northeim	2	—	—	—	1	4			2	—
Einbeck	0	0	0	0	0	0	0	0	0	0
Clausthal	1	8	—		1	4	1	2	1	6
Zellerfeld	1	8			1	2			1	6
					1	4			1	
Osterode	0	0	0	0	0	0	0	0	0	0
Hameln	2	—	1	8	1	10	1	6	1	8
Hannover	2	—	1	8	1	10	1	6	1	10
Zelle	1	10	1	4	1	6	—		1	8
Uelzen	1	9	1	5	1	9	1	6	1	9
Lüneburg	1	9	1	6	1	9	—		2	—
Haarburg	2	—	1	6	2	—	1	6	2	3
Winsen a.d. Luhe	0	0	0	0	0	0	0	0	0	0
Dannenberg	0	0	0	0	0	0	0	0	0	0
Lüchow	0	0	0	0	0	0	0		0	0
Lauenburg	1	9	1	6	1	6	1	—	2	—
Ratzeburg	2	—	1	9	1	9	1	6	2	—
Buxtehude	1	9	1	6	1	6	1	3	1	9
Stade	1	6	—	—	1	3			2	—
Lebe	—	—	1	4	—	10	—	8	2	—

1788.

Hamelfleisch bestes Pfd.		Hamelfleisch geringes Pfd.		Rocken Hbten			Weitzen Hbten			Gerste Hbten		Haber Hbten		Landbutter Pfund	
gg	pf	gg	pf	Rt	gg	pf	Rt	gg	pf	gg	pf	gg	pf	ggr	pf
1	10	1	8	—	16	8	—	20	—	10	8	7	4	2	8
2	—			—	15	8	—	19	4	11	8	9	—	3	8
0	0	0	0	—	16	—	—	22	—	10	8	8	—	3	—
0	0	0	0	0	0	0	0	0	0	0	0	0	0	0	0
1	8	1	6	—	15	4	—	22	—	12	—	9	4	3	4
1	6	1	—	—	16	8	0	0	0	0	0	0	0	3	4
0	0	0	0	0	0	0	0	0	0	0	0	0	0	0	0
1	6			—	16	—	1	2	8	10	8	6	4	3	4
2	4	2	—	—	14	8	—	23	8	11	8	7	8	3	8
2	4	1	4	—	14	8	—	22	8	12	4	8	8	3	—
1	9	1	6	—	14	—	—	22	—	14	—	7	—	0	—
2	3			—	15	6	—	22	—	14	—	8	—	2	8
—	—	1	3	—	17	6	1	2	—	14	—	8	—	2	6
				—	17	—	1			13		6	—		
0	0	0	0	0	0	0	0	0	0	0	0	0	0	0	0
0	0	0	0	0	0	0	0	0	0	0	0	0	0	0	0
0	0	0	0	0	0	0	0	0	0	0	0	0	0	0	0
0	0	0	0	—	13	—	—	20	0	9	3	6	—	2	6
0	0	0	0	—	12	—	—	16	—	9	—	6	—	2	6
1	6	1	3	—	15	—	1	—		14	—	8	—	3	—
1	6			—	17	—	1	—		12	6	8	—	2	3
2	—			—	16	8	1	—	5	13	4	8	—	2	—

	Rindfleisch		Kalbfleisch		Schweinefleisch
	bestes	geringes	bestes	geringes	
	Pfd.	Pfd.	Pfd.	Pfd.	Pfd.
	gg	pf.	gg	pf.	gg	pf.	gg	pf.	gg	pf.
Münden	1	10	1	8	1	6	1	4	1	10
Göttingen	2	—			1	8	1	6	2	2
Northeim	2	—			1	4			2	—
Einbeck	0	0	0	0	0	0	0	0	0	0
Clausthal	1	8	—		1	6	1	4	1	6
Zellerfeld	1	8	—		1	4			1	6
Osterode	0	0	0	0	0	0	0	0	0	0
Hameln	2	—	1	8	2	—	1	8	1	8
Hannover	2	—	1	8	2	—	1	8	1	8
Zelle	1	10	1	4	1	6	—		1	8
Uelzen	1	9	1	6	1	9	1	—	1	9
Lüneburg	1	9	1	6	1	9			1	9
Haarburg	2	—	1	6	2	—	1	6	2	—
Winsen a. d. Luhe	0	0	0	0	0	0	0	0	0	0
Dannenberg	0	0	0	0	0	0	0	0	0	0
Lüchow	0	0	0	0	0	0	0	0	0	0
Lauenburg	1	9	1	6	1	6	1	1	2	1
Razeburg	2	—	1	6	1	9	1	6	2	1
Buxtehude	1	9	1	6	1	6	1	3	1	9
Stade	1	6	—		1	3	—		2	—
Lehe	—		1	4	—	10	—	8	2	—

1788.

Hamelfleisch				Rocken			Weitzen			Gerste		Haber		Land-Butter	
bestes		geringes			Hbten			Hbten			Hbten		Hbten	Pfund	
Pfd		Pfd.								ste		ber		Butter	
gg	pf.	gg	pf.	Rt	gg	pf.	Rt	gg	pf.	gg	pf	gg	pf	ggr	pf
1	10	1	8	—	15	4	—	21	—	10	—	8	—	3	4
2	—			—	15	8	—	19	4	11	4	8	8	3	4
0	0	0	0	—	16	—	—	22	—	10	8	8	—	2	8
0	0	0	0	0	0	0	0	0	0	0	0	—	0	0	0
1	8	1	6	—	14	8	—	22	—	12	—	9	4	3	8
1	8	0	0	0	0	0	0	0	0	0	0	0	0	3	4
0	0	0	0	0	0	0	0	0	0	0	0	0	0	0	0
1	6	—	—	—	16	—	1	4	—	11	4	6	4	3	4
2	6	2	2	—	15	—	—	23	8	11	2	7	4	3	4
2	4	1	4	—	14	8	—	22	8	12	—	8	8	3	—
1	9	1	6	—	13	6	—	21	6	14	—	7	—	0	0
2	3			—	16	—	—	20	—	14	—	8	—	2	6
1	6	1	3	—	16	—	1	—	—	12	—	8	—	2	6
				—	14	—	—	23	—	11	6	7	—		
0	0	0	0	0	0	0	0	0	0	0	0	0	0	0	0
0	0	0	0	0	0	0	0	0	0	0	0	0	0	0	0
0	0	0	0	0	0	0	0	0	0	0	0	0	0	0	0
1	9			—	12	—	—	20	—	9	3	6	—	2	6
0	0	0	0	—	10	8	—	17	4	9	4	5	8	2	6
1	6	1	3	—	15	—	1	—	—	13	—	7	6	2	6
1	6	—	—	—	17	6	1	—	—	12	—	6	6	2	6
1	8	—	—	—	16	8	1	—	5	15	2	8	4	2	8

	Rindfleisch				Kalbfleisch				Schweinefleisch	
	bestes		geringes		bestes		geringes			
	Pfd.		Pfd.		Pfd.		Pf.		Pfd.	
	gg	pf.	gg	pf.	gg	pf.	gg	pf.	gg	pf.
Münden	1	10	1	8	1	8	1	6	1	10
Göttingen	2	—			1	10	1	8	2	—
Northeim	2	—			1	4			2	—
Einbeck	0	0	0	0	0	0	0	0	0	0
Clausthal	1	8	—	—	1	6	1	4	1	6
Zellerfeld	1	8	—	—	1	6	—	—	1	6
Osterode	0	0	0	0	0	0	0	0	0	0
Hameln	2	—	1	8	2	—	1	8	1	8
Hannover	2	—	1	8	2	—	1	8	1	8
Zelle	1	10	1	4	1	10			1	8
Uelzen	1	9	1	6	1	9	1	3	1	9
Lüneburg	1	9	1	6	2	—			1	9
Haarburg	1	9	1	6	2	—	1	6	2	
Winsen a. d. Luhe	0	0	0	0	0	0	0	0	0	0
Dannenberg	0	0	0	0	0	0	0	0	0	0
Lüchow	0	0	0	0	0	0	0	0	0	0
Lauenburg	1	9	1	6	1	6	1	—	2	—
Ratzeburg	1	9	1	1	1	9	1	6	2	—
Buxtehude	1	9	1	6	1	6	1	3	1	9
Stade	1	6			1	3			2	—
Lehe	—	—	1	4	1	—		8	2	—

1788.

Hamel fleisch bestes Pfd.		geringes Pfd.		Rocken Höbten			Weitzen Höbten			Gerste Höbten		Haber Höbten		Land Butter Pfund	
gg	pf	gg	pf	Rt	gg	pf	Rt	gg	pf	gg	pf	gg	pf	ggr	pf
1	10	1	8	—	15	8	—	20	4	10	8	7	4	3	8
2	—	—	—	—	14	8	—	19	—	11	—	8	8	·	4
1	8	—	—	—	16	—	—	22	—	10	8	8	—	2	8
0	0	0	0	0	0	0	0	0	0	0	0	0	0	0	0
1	4	1	2	—	14	—	—	22	—	12	—	9	4	3	8
1	8	—	—	—	16	—	0	0	0	12	8	0	0	3	4
1	6									12	—				
0	0	0	0	0	0	0	0	0	0	0	0	0	0	0	0
1	6	—	—	—	:6	—	1	4	—	11	8	6	4	3	4
2	4	2	—	—	14	8	—	23	8	11	8	7	8	3	8
2	—	1	4	—	14	8	—	22	8	12	8	8	8	3	4
1	9	1	6	—	13	6	—	22	—	15	—	7	6	0	0
2	3	—	—	—	16	—	—	20	—	14	—	8	—	2	6
1	6	1	3	—	:6	—	1	—		12	—	8	—	2	6
				—	14	—	—	23	—	11	6	7	—		
0	0	0	0	0	0	0	0	0	0	0	0	0	0	0	0
0	0	0	0	0	0	0	0	0	0	0	0	0	0	0	0
0	0	0	0	0	0	0	0	0	0	0	0	0	0	0	0
1	6	—	—	—	12	—	—	20	—	9	3	6	6	2	6
1	8	1	6	—	12	—	—	18	—	8	8	6	8	2	—
1	6	1	3	—	15	—	—	22	—	12	—	7	—	2	6
1	6	—	—	—	17	6	1	—		12	—	6	6	2	6
1	8	—	—	—	16	8	1	—	5	15	2	8	4	2	8

XIII.

Beförderungen und Avancements vom April, May und Junius 1788.

Im Civilstande:

Bey den höhern Landes-Collegien und was damit in näher Verbindung stehet:

Bey der Landes-Regierung.

Herr Wilhelm August von Bobers zum Auditor bey der Geheimten Canzley.

Bey dem Cammer-Collegio.

Herr Georg Heinrich Gosewisch zum würklichen Cammerschreiber.

Bey dem Commerz-Collegio zu Hannover sind zu Mitgliedern aus der Kaufmannschaft ernannt:

Herr Jacobi zu Hannover.
- Ahrens und Uley zu Neuhaus an der Oste.
- Senator Melching zu Einbeck.
- Manufacturier Damerahl zu Osterode.
- Justus Heinrich Albers, und
- Joh. Friedr. Krato zu Lüneburg.
- Senator Friederich Adolph Schulz, und
- Anthon Georg Eggeling zu Zelle.

Herr

Herr Backhaus, und
- Heidelbach zu Göttingen.
- Ernst Jacob Eckhardt, und
- Johann Georg Köster zu Münden.

Bey der Justiz-Canzley zu Zelle.

Der auf der Universität zu Helmstädt bisher gestandene Herr Professor juris Theodor Hagemann zum ordinairen Hof- und Canzley-Rath.

Zum Hofjunker.

Herr Wilhelm Adolph August Bremer.

Bey dem Forst- und Bergwesen.

Der bey dem Blankenburgischen Berg- und Hütten-Departement als Auditor gestandene Herr Heinemann zum Factor auf dem Communion-Kupfer-Hammer zum Ocker.

Der bisherige Hüttenschreiber zu Clausthal Herr Philip Dan. von Ußlar zum Factor auf der Communion-Meßings-hütte zum Ocker.

Bey dem Proviant-Wesen.

Herr Pensionair-Lieutenant Linnemann zum Proviant-Commissair in Münden.

Bey Aemtern.

Die bisherigen Herren tit. Amtschreiber Kotzebue zu Ehrenburg und Lodemann zu Diepholz zu supernumeriren Amtschreibern bey gedachten Aemtern.

Folgende Amts-Auditoren sind zu Amtschreibern ernannt worden, als:

Herr Joh. Phil. Leonhard zu Ahlden zum Supernum.
- Gottfr. Anthon Wilh. Bansen zu Coldingen zum Tit.

Herr

Herr Joh. Wilh. Christ. Scharf zu Ottersberg zum Su-
    pernum.

, Georg Conr. Wilh. Schuster zu Blumenau zum titul.

, Georg Ludewig Klippe zu Harpstedt zum Supernum.

, Erdwin von der Horst zu Bederkesa zum Supernum.

*   *   *

Der Herr Licents-Commissair und beym Amte Grohnde ange-
    setzt gewesene tit. Drost von Stiedtencron zum würkli-
    chen Drosten zu Nienover und Lauenförde.

Der beym Amte Ratzeburg bisher gestandene tit. Amtmann
    Meyer, zum Amtmann zu Schwarzenbeck.

Bey Academien und Schulen.

Herr Candidat Joh. Georg Dan. Richter zum Cantor bey
    dem Gymnasium in Münden.

, Joh. Christoph Lüning zum Subrector an der Dom-
    schule zu Verden.

, du Mesnil zum Hofmeister bey der Ritter-Academie in
    Lüneburg.

Bey städtischen Diensten.

Der Herzoglich meklenburgische Herr Drost Georg Leonhard von Dassel,

Der Herr Justus Heinrich Albers, und

der Herr Gerichts-Auditor Heinrich Staats von Dassel,
zu Senatoren des Magistrats zu Lüneburg.

Herr Prätor Eden in Lüneburg zum Camerarius.

Herr tit. Bürgermeister Kern in Uelzen, zum zweyten
würklichen Burgermeister.

Bey

Bey dem Postwesen.

Dem auf die Postbedienung zu Lüchow beanwartet gewesenen Herrn Postverwalter Feßer ist nunmehr nach eingetretener Vacanz der Dienst verliehen.

Herr Joh. Joachim Holst zum würklichen Postverwalter zu Rethem a. d. Aller angestellt, und

Dem Herrn Posthalter Huth zu Tostedt, der Character vom Postverwalter ertheilet.

Bey dem Medicinal-Wesen.

Herr Doctor Wöltje zu Ilfeld, als Bergmedicus und Stadtphysicus zu Clausthal.

, Doctor Fahner zum Physicus der Grafschaft Hohnstein und Stiftsmedicus in Ilfeld.

, Doct. Mediciná Mensching zum würklichen Hofmedicus.

, Doct. Mediciná Jugler zu Boitzenburg, als Landphysicus in den Aemtern Knesebeck, Ifenhagen und der Hausvoigtey im Amte Bodenteich.

Avancement im Militair,

vom ersten April bis zum Schluße des Junii
1788.

verb. Regt.	Regt. wohin die Versetz. geschehen	Anc. Dat. 1788.
	A. Cavallerie.	
	Zu Majors:	
2	Der Herr tit. Major von Sebach die vacante Majorität des zum Flügeladjudanten bestellten Herrn Majors von Spörcken.	1
	Zu Compagnien:	
3	Der Herr tit. Rittmeister Ebel, die erledigte Compagnie des abgegangenen Herrn Rittmeisters von der Kettenburg.	3

M 5   Der

vorh. Regt.	Regt. wohin die Versetz. geschehen	Anc. Datum 1788.

2 Der erste Hr. tit. Rittmeister von Linem, die vacante Compagnie des im Leibregiment placirten Herrn Majors von Sebach.

Zu Rittmeisters und Capitains:

3 Dem ältesten Herrn Lieutenant von Sukow, der Character vom Rittmeister. — 3 | 8. April

4 Der älteste Herr Lieutenant von Brandt, zum zweyten tit. Rittmeister. — 4 | 29. April

2 Der Herr Lieutenant Küster, zum zweyten tit. Rittmeister. — 3 | 23. May

Zu Lieutenants:

3 Dem ältesten Herrn Cornet von Müller der Character vom Lieutenant. — 3 | 8. April

4 Der älteste Herr Cornet von Oeynhausen, zum würklichen Lieutenant. — 4 | 29. April

4 Der Herr Cornet von Hartwig zum tit. Lieutenant. — 4 | 30. April

2 Dem Herrn Cornet von Ramdohr, Lieutenants-Character. — 2 | 23. May

9 Der älteste Herr Seconde-Lieutenant Boyer, zum tit. Premier-Lieutenant. — 9 | 30. May

9 Der Herr Cadet Carl Benjamin Stephenson. — 1 | 30. May

7 wie auch der Herr Quartiermeister Gottlieb John, zum Seconde-Lieutenant. — 9 | 31. May

Zu Cornets und Fähndrichs:

3 Dem Herrn Cadet Franz Julius von Plato, der Character vom Cornet. — 3 | 8. April

1 Der Herr Cadet Wilhelm von Bülow zum tit. Cornet. — 1 | 23. April

2 Dem Herrn Quartiermeister Friederich Lodders, der Character vom Cornet. — 2 | 23. May

Regiments-Chirurgi.

Dem beym 10ten Cavallerie-Regiment des Prinzen Wallis stehenden Escadron-Chirurgus Georg Albrecht Keßler, ist der Character vom Regiments-Chirurgus beygeleget.

B.

vorh.   Regt. wohin die | Ancienn.
Regt.   Versetz. geschehen | Datum
              1788.

B. Infanterie.

Zu Regimentern.

Dem Herrn Obersten von Mutio, das durch Absterben des Herrn General-Majors von Hugo erledigte 4te Infanterie-Regiment.

Dem Herrn Obersten von Bessel, das durch Absterben des Herrn General-Majors von Dinklage erledigte 10te Infanterie-Regt.

Zu Oberstlieutenants.

7 | Dem Hrn. tit. Oberstlieutenant von Scheither, die durch Bestellung des Herrn Obersten von Quernheim zum Chef des Wendischen Lands-Regiments erledigte Oberst-Lieutenance. | 12

9 | Dem Herrn tit. Oberstlieutenant von Klenke, die erledigte Oberstlieutenance des zum Regiment gelangten Herrn Obersten von Mutio. | 1

7 | für den zum Regiment gelangten Herrn Obersten von Bessel der beym Regiment befindliche Herr tit. Oberstlieutenant von Marschalck zum würklichen Oberstlieutenant. | 7

10 | Dem Herrn tit. Oberst-Lieutenant von Klinkowström, die erledigte Oberstlieutenance des zum Chef des Göttingischen Lands-Regiments bestellten Herrn Oberstlieut. de Villars. | 4

Zu Majors:

7 | Dem Herrn tit. Major Mühlenfeldt, die vacante Majorität des beym 12ten Regt. placirten Herrn Oberstlieut. von Scheither. | 7

8 | Dem Hrn. tit. Major von Wettern, die vacante Majorität des beym ersten Regt. placirten Hrn. tit. Oberstlieut. von Klenke. | 9

Zu Compagnien:

15 | Dem Hrn. tit. Capit. von Kaufmanns, die erledigte Compagnie des verstorbenen Hrn. Capitain Jordan. | 15

Dem

vorh. Regt.	Regt. wohin die Versetz. geschehen	Ancienn. Datum 1788.
14	Dem Herrn tit. Capit. von Weyhe, die vacante Compagnie des verstorbenen Hrn. Capit. König.	14
15	Dem Herrn tit. Capit. von Hinüber, die erledigte Compagnie des verstorbenen Hrn. Capitain Dröge.	14
12	Dem ersten Hrn. tit. Capitain Böttger, die vacante Compagnie des versetzten Hrn. Capit. von Scheele.	12
9	Dem ersten Hrn. tit. Capitain Behm, die erledigte Compagnie des verstorbenen Herrn Capit. von Hedemann.	4

Zu Capitains.

15	Der Herr Lieut. von Kaufmanns, zum tit. Capit.	15 / 5. April
15	Der Herr Lieut. von Hinüber, zum tit. Capit.	15 / 6. April
14	An die Stelle des zum tit. Capit. vorgeschlagen gewesenen Herrn Lieutenants Süerien der Herr Lieut. Reinbold zum tit. Capit.	14 / 7. April
15	Der Herr Lieut. Kühnhard zum tit. Capit.	15 / 10. April
14	Dem Herrn Regiments-Quartiermeister Thiemann,	14 / 8. April
15	wie auch dem Herrn Regiments-Quartiermeister Clüver, der Character vom Capitain.	15 / 9. April
4	Der Herr Lieutenant Heinemann zum 2ten tit. Capitain.	4 / 22. April
12	Der Herr Lieut. von Völkers, zum 2ten tit. Capit.	12 / 6. May
11	Dem Herrn Fähndrich Kümmel, mit Beylegung des Characters vom Capit. die nachgesuchte Dimißion.	

Zu Lieutenants.

10	Der älteste Herr Fähndrich Neuschäffer, zum tit. Lieutenant.	10 / 4. April
14	Der älteste Herr Fähndrich Frederking, zum Lieutenant.	14 / 5. April
	ferner	
14	Der Herr Fähnbr. Cordemann.	14 / 6. April
15	Der Hr. Fähnbr. von Windheim.	15 / 7. April

Der

verb. Regt.	Regt. wohin die Versetz. geschehen	Ancienn. Datum 1788.
15	Der Hr. Fähndr. Ruhmann.	15 8. April
15	Der Hr. Fähndr. Vape.	15 11. April
15	Der Hr. Fähndr. Kuhls.	15 12. April
14	Der Hr. Fähndr. Büttner.	14 9. April
14	Der Hr. Fähndr. Hennings, für den abgegangenen Hrn. Lieut. Suersen.	14 10. April
15	Der Hr. Fähndr. Vierke.	15 13. April
4	Dem ältesten Herrn Fähndrich von Brandis, Lieut. Character.	4 22. April
12	Dem ältesten Herrn Fähndr. von Arentschild, Lieut. Character.	12 6. May
14	Der älteste Herr Fähndr. Vietinghof, für den Hrn. Lieut. Owen, der mit Beylegung der Gnadenpension die erbetene Dimißion erhält, zum Lieutenant.	14 27. May
15	Der Herr Fähndr. Müller, für den Herrn Lieut. von Arentschild, der die nachgesuchte Dimißion erhält, zum Lieutenant.	15 28. May
12	Dem ältesten Hrn. Fähndr. Hamelberg, Lieutenants Character.	12 30. May

Zu Fähndrichs:

10	Der Rangir-Sergeant Hr. Georg Ludewig Leue, zum tit. Fähndr.	10 4. April
14	Der Gefr. Corporal Herr Diederich Adolph Bösewiel, zum Fähndr.	14 5. April
	ferner	
14	Der Sergeant Hr. Alexander von Bahring.	14 6. April
14	Der Gefr. Corp. Hr. Christoph Josua Bahring.	14 8. April
15	Der Sergeant Hr. Martin Levin Hahn.	15 7. April
15	Der Serg. Hr. Joh. Georg Kahn.	15 9. April
15	Der Gefr. Corp. Hr. Franz von Plato.	15 12. April
15	Der Feldwebel Hr. Wilhelm Adolph Breymann.	15 13. April
14	Der Serg. Hr. Joh. Christoph Wiedau.	14 10. April
14	Der Cadet Hr. Carl Gottlieb von Heldrit.	14 11. April
15	Der Serg. Herr Leopold Carl Brauns.	15 14. April
4	Dem Gefr. Corp. Hrn. Carl von Schnehen, der Char. vom Fähndrich.	4 22. April
12	Dem Cadet Hrn. Friedr. Martin von Linsingen, der Char. vom Fähndr.	12 6. May
14	Der Gefr. Corporal Hr. Friedr. August von Diepenbroick, zum Fähndr.	14 27. May

ferner

vorh. Regt.	Regt. wohin die Versetz. geschehen	Ancienn. Datum 1788.

ferner

14 Der Gefr. Corp. Herr Friedr. Leopold Brey-
mann. | 14 | 28. May

15 Der Feldwebel Herr Joh. Henning Hemme. | 15 | 29. May

12 Dem Gefr. Corp. Hrn. Georg Ludewig Har-
ding, der Char. vom Fähndr. | 12 | 30. May

3 Dem Gefr. Corp. Hrn. Joachim Christoph
von Horn, beym Abschiede der Char. vom
Fähndrich, ingleichen

12 dem abgehenden Gefr. Corp. Johann Philip
Sander, und

11 dem Gefr. Corp. August Friedrich Seip,
beym Abschiede der nachgesuchte Char.
vom Fähndr.

C. Ingenieur-Corps.

Zu Fähndrichs:

Dem Conducteur Hrn. Joh. Heinr. Wilckens, | 9. May
und dem Conduct. Hrn. Carl Süllow der Char.
vom Fähndr. | 10. May

D. Landregimenter.

Zum Regiment:

Dem Hrn. Oberstlieutenant von Villars vom
4ten Infanterie-Regiment, Mutio, das erledigte
Göttingische Land-Regiment.

Zu Obersten:

Dem Herrn Oberstlieut. und Chef des Göttingi-
schen Landregiments von Villars, und | 13. Jun.
dem Hrn. Oberstlieut. und Chef des Wendischen
Landregiments von Quernheim, der Character
vom Obersten. | 15. Jun.

Zu Oberstlieutenants:

Dem Herrn Major und Chef des Hoyaischen
Landregiments, Benecke, der Char. vom Oberst-
lieutenant. | 23. März

Zu

Zu Capitains:

Der älteste Herr Lieut. Meienberg, beym Hoyaischen Landregiment zum tit. Capit.

Zu Lieutenants:

Der älteste Herr Fähndr. von Bremen beym
Hoyaischen Landregimente zum würflichen Lieutenant.

Dem Hrn. Fähndr. von Köhler beym Hoyaischen L. R. Lieut. Char.

Der älteste Herr Fähndrich Temps beym Calenbergischen L. R. zum Lieut.

Der Hr. Lieut. Lindemann beym Calenbergischen L. R. dem die Magazin-Bedienung zu
Münden anvertrauet worden, ist mit Beylegung
der Gnadenpension der Kriegesdienste entlassen.

Zu Fähndrichs:

Der Sergeant Friedr. Valescure vom 2ten Infanterie-Regiment Prinz Friederich, zum würflichen Fähndr. beym Hoyaischen L. R.

Der vormalige Herr Adjudant beym 1sten Infan-
terie-Regimente, Tobias Christoph Ehrhard,
zum Fähndr. beym Calenb. L. R.

- - -

Den beyden Herren Capitains, Cordemann
vom Hoyaischen, und Schlieckelmann vom
Diepholzischen L. R. ist die nachgesuchte Ver-
tauschung ihrer unterhabenden Compagnien verstattet.

E. Garnison-Regimenter.

Dem Herrn Oberstlieut. von Harling vom 1sten
Cavallerie- dem Leibregiment ist das durch Absterben des Herrn Obersten von der Decken va-
cant gewordene 1ste Hamelsche Garnison-Regt.
conferirt, und

Demselben der Char. vom Obersten beygelegt.

	Ancienn. Datum 1788.
	9. May
	9. May
	10. May
	13. Jun,
	9. May
	13. Jun.
	14. Jun.

Im geiſtlichen Stande:

Bey Stiftern und Klöſtern:

Chanoineſſe Fräulein von Taube, zur Aebtißin des Kloſters Wießhauſen.

Bey Kirchen:

Herr Superintendent Blau zu Stolzenau, zum Superintenbenten in Nienburg.

Paſtor Mithof an der deutſchen Hof-Capelle in London zum Superintendenten in Stolzenau.

Schmidt von Sehnde nach Großengoltern.

abj. Kindervater von Goltern, zum Paſtor nach großen Hilligsfeld.

Munke von Hilligsfeld nach Sehnde.

Hölſcher von Helſtorf nach Kohlenfeld.

abj. Röhring von Kohlenfeld nach Helſtorf.

Hampe von Gimte, als Paſtor abj. cum ſpe ſuccebendi nach Schwiegershauſen.

Leſchen von Lutterberg nach Gimte und Hilwartshauſen.

Candidat Müller, als Paſtor nach Lutterberg.

Albrecht, als Paſtor nach Kackerbeck.

Inſpector Röhrs, vom Schulmeiſter-Seminarium zu Hannover, als Prediger bey der deutſchen Hof-Capelle in London.

Der bisher auf dem Krautſande in der Kehbingiſchen Präpoſitur als Adjunctus des nun verſtorbenen Paſtors Siemann ſine ſpe ſuccedendi geſtandene Herr Candidat Miniſterii Meinhard Friederich Holländer, iſt nunmehro zum Paſtor allda berufen.

Er-

Ertheilte Charactere:

Herr Prätor Braungard zu Uelzen hat den Character eines Bürgermeisters erhalten.

Auf der Universität zu Göttingen haben die Doctor-Würde erhalten.

April d. 1. Herr Albert Rengger aus der Schweiz i. d. M.
, , 5. , Paul Usteri a. d. Schweiz i. d. M.
, , 15. , Andr. Joh. Georg Murray a. Göttingen i. d. M.
, , 26. , Conr. Cr. Stoffregen a. Eimbeck i. d. M.
May d. 17. , Wern. Carl Lud. Ziegler a. d. Lüneburgischen i. d. Ph.

Außer Dienst sind gegangen:

Herr Professor Meyer zu Göttingen.

Herr Hofmeister Burginon bey der Ritter-Academie zu Lüneburg, der Alters wegen unvermögend geworden, seine langjährigen verdienten Bemühungen in Bildung der Jugend fortzusetzen.

Bey dem Oberappellationsgerichte zu Zelle sind examinirt und immatriculirt worden:

Herr Ehrenfried Conrad Heinrich Scharlacken aus Twielenfleth im Bremischen, als Advocat und Notarius.

Herr Georg Friedr. Scharlach aus Clausthal, als Advocat.

Herr Joh. Friedr. Wilhelm von Duve aus Rethem an der Aller, als Advocat.

Der Herr Advocat Heiliger aus Hannover, als Notar.

Der Revisions-Gehülfe bey der Rent-Cammer, Herr Georg Heinrich Meyer aus Hannover, als Notar.

XIV.
Heyrathen.

Es sind getrauet

April.

Den 15ten, Herr Lieutenant Schwenke vom 8ten Regimente Cavallerie, mit des Herrn Riedemeisters und Senators Melching Dem. Tochter zu Einbeck.

May.

Den 27sten, Herr Apotheker Ruge zu Neuhaus im Bremischen, mit Dem. Lobbers zu Zelle, nachgelassenen Tochter weil. Hrn. Lieutenant Lobbers.

Junius.

Den 6ten, Herr Landsyndicus Jacobi mit Dem. Thaer, nachgelassenen jüngsten Tochter weil. Hrn. Hofmedicus Thaer zu Zelle.

Den 10ten, Herr Pastor König zu Diepholz mit des Herrn Gerichts-Actuarius Lüders Dem. Tochter daselbst.

Den 17ten, Herr Kaufmann Händler zu Münden, mit Dem. Schröder daselbst.

Den 22sten, Herr Pastor Schmidt zu Krummentelch, mit einer Tochter des Herrn Canzellisten König zu Zelle.

XV.
Todesfälle.

Es sind gestorben

April.

Den 6ten, Herr Advocat Wagner zu Buxtehude, im 52sten Jahre.

Den

Den 12ten, Herr General-Major von Dinklage, Chef des 10ten Infanterie-Regiments.

Den 23sten, Herr Gaspard Gabain, Huth-Fabricant zu Zelle.

Den 26sten, die verwitwete Frau Oberinspectorin Luge, gebohrne Curtius zu Stade, alt 77 Jahr.

May.

Den 16ten, Herr Hüttenschreiber und Factor Ebert, auf Frau Marien-Seiger-Hütte zum Ocker.

Den 18ten, Herr Pastor Stambcke zu Bisendorf.

Den 22sten, Frau Land-Marschallin von Bülow, geb. Reichsgräfin von Bothmer zu Gudow, im 64sten Jahre.

Den 29sten, Frau Pastorin Hagedorn zu Hittfeld.

Junius.

Den 11ten, Herr Senator und Cammerarius Großkuhr zu Hannover.

Den 14ten, Frau Geh. Räthinn von Hardenberg, gebohrne von Wendt zu Hannover, im 68sten Jahre.

Den 24sten, Frau Drostin von Bodenhausen, gebohrne von Oheimb zu Diepholz.

Den 29sten, Herr Pastor Riebenstein zu Isernhagen.

Noch sind in diesem Monathe verstorben:

Herr Pastor Müller zu Schmalforden.

      :   :   Frobcese zu Holtorf.

      :   :   Eisener zu Quickborn.

Die verwitwete Frau Pastorinn Brandt, gebohrne von Stade zu Verden.

Frau Majorin Thieling zu Rethem.

Herr Contributions-Einnehmer Bremer zu Uelzen.

An-

Anzeige, die Fortsetzung der Annalen betreffend.

Nach dem Uebergange meines verewigten Freundes Kraut zu höheren Bestimmungen, würde ich unser gemeinschaftliches Unternehmen mit diesem Stücke der Annalen aufheben, wenn nicht verschiedene durch Verdienst bekannte Männer mir ihren Beystand zur Fortsetzung des Werks edelmüthig angeboten und zugesagt hätten. Im Vertrauen auf deren Mitwürkung, hoffe ich nun nicht ohne Grund vermuthen zu dürfen, daß die mehrsten bisherigen Leser des Journals, seine Fortdauer wünschen werden. Ihre Zufriedenheit und den Nutzen immer vollkommner zu erreichen, den dergleichen Schriften stiften können, soll auch fernerhin das Ziel aller derer seyn, welche auf eine oder die andere Art die Existenz des Werks erhalten helfen. Man wird die deshalb bereits bestehenden Verbindungen möglichst vortheilhaft zu erweitern suchen, und bleibt in dieser Absicht nicht nur die Concurrenz zweckmäßiger Beyträge für jeden offen, der daran Theil zu nehmen Neigung hat, sondern es werden auch solche, die künftig historische, statistische, oder topographische brauchbare Abhandlungen einsenden, willige Vereinbarung über ein anständiges Honorarium gewärtigen können. Die Zahlung geschieht bey der Ausgabe des Stücks, worin die Abhandlung steht. Der Abdruck aber richtet sich, so weit die nothwendig zu beobachtende Abwechselung der Materien, und der schon gesammlete Vorrath es gestatten, nach der Zeit des Empfanges der Beyträge.

Mannigfaltige Ursachen können zwar die dankwürdigen gütigen Gesinnungen umwandeln, womit das Publicum bis jetzt dem Unternehmen zugethan gewesen, und es ist schwer, ihren Würkungen ganz auszuweichen. Nie aber soll der

Vor

Vorwurf Grund finden, daß Mangel an Beſtreben billigen
Erwartungen Gnüge zu thun, Minderung des mit größeſter
Erkenntlichkeit genoſſenen Beyfalls verſchuldet habe.

Zelle, den 27ſten Sept. 1788.

Andreas Ludolph Jacobi.

Anmerkung zum 2ten Jahrg. 36 St. S. 139. 140.

Unerachtet der Anbau in den Herzogthümern Bremen
und Verden ſehr betrieben wird, über 50 neue Dorffchaften
in den Möhren angelegt, und drey ganz neue Parochien errichtet ſind, ſo iſt doch, wie aus der Vergleichung alter und
neuer Tabellen erhellet, die Volksvermehrung daſelbſt ſo beträchtlich nicht, als man billig vermuthen ſollte. Herr P.
Jäger hat Recht, wenn er glaubet, daß von unſerm Anwachs
den benachbarten großen Reichsſtädten, Bremen und Hamburg ſehr vieles zu Theil werde. Aber ganz Unrecht hat der
Herr Hofrath Schlözer auch nicht, wenn er gewaltthätige
Urſachen mit in Anſchlag bringet. Jährlich gehen an 2000
Menſchen zum Grasmähen nach Holland. Von dieſen kommen wegen der ſchweren Arbeit, die ſie in der Hitze verrichten, und nach der ſie größeſtentheils des Nachts unter freyen
Himmel auf dem Acker liegen bleiben, und wegen der ſchlechten Diät, mit der ſie ſich dabey behelfen müſſen, viele mit
ruinirter Geſundheit zurück, und werden vor der Zeit ein
Opfer des Todes. Noch ungleich mehrere gehen von der
Elbe und Weſer zur See. Von dieſen bleiben einige in
fremden Ländern ſitzen, und viele verunglücken auf der See.
Wie denn vor einigen Jahren ein Schiff ſcheiterte, auf welchem 5 Eheleute aus Aſel, im Lande Kehdingen, umkamen.
durch deren Tod wurden 5 Ehen getrennt.

Druck-

Druckfehler im dritten Stück des zweyten Jahrganges.

S. 32. Not. m. statt Hülfe l. Höfe.

S. 211. Z. 5. statt Barmstedt l. Bramstedt, und liegt der Ort nicht im Osterstabischen, sondern gehört zum Geest-district des Amts Hagen.

S. 221. Z. 16. ist unrichtig angegeben worden, daß S. 97. Z. 6. des zweyten Stücks, statt seiner Arbeit, stehen sollte Arbeit, hinter diesem Worte muß aber daselbst ein Comma hinzugefügt, und die Stelle folglich so gelesen werden — er ruhet von seiner Arbeit, der Liebe.

Erläuterung über einige Stellen, des unter Nr. XI. im zweyten Stücke des zweyten Jahrganges der Annalen, befindlichen Aufsatzes.

Durch ein Schreiben der Herrn Beamte zu Wildeshausen ist kürzlich die Nachricht eingelaufen, daß aus obigen Aufsatze gegen dessen Zusammenhang und gegen die Absicht der Herausgeber, zum Nachtheil der erwähnten Herrn Beamte beleidigende Schlüsse gezogen worden. Es soll nemlich die Meynung und der Vorwurf entstanden seyn

„als wenn besagte Herrn Beamte es verschuldet,
„daß dem Publico nicht in Rücksicht einer schreckli-
„chen Mordthat, die gebührende Satisfaction in ge-
„setzlicher Bestrafung des Mordes geworden."

Je weniger es nun mit dem Zwecke der Annalen über-einstimmt, irgend einen Verdacht zu erregen, der entweder einer den hohen Obern allein zukommenden fiscalischen Rüge ähnlich siehet, oder persönlichen Angriffen gleichet, desto bil-

liger

ßger und nothwendiger scheint es zu seyn, die irrenden Leser des gedachten Aufsatzes auf den eigentlichen Gesichtspunkt hinzuweisen, woraus solcher beurtheilt werden muß.

Nach dem ganz deutlich angezeigten Zweck des Herrn Verfassers und der Herausgeber, war die Erzählung der That blos dazu gewidmet, daß Psychologen, Moralisten und Pädagogen, aus deren Kenntniß Nutzen ziehen möchten.

Daher entstand dann erstlich die Nothwendigkeit, den vorhandenen Mangel der historischen und juristischen Gewißheit der Umstände anzugeben, und deshalb bemerklich zu machen, daß der Thäter nicht in Haft gerathen, nicht gerichtlich vernommen sey.

Oft wird ja das Entkommen der Missethäter, von den Obrigkeiten selbst öffentlich bekannt gemacht, und gebricht es um so mehr in dem berührten Zusammenhange den Lesern an gegründeter Befugniß, aus jener Stelle den Schluß herzuleiten, daß der Mangel des fehlenden gerichtlichen Geständnisses, den Herrn Beamten beyzumessen sey.

Zweytens wurde gerade mit den Worten: „von der Inquisition sage ich nichts" angedeutet, daß man ohne die Art und Weise des Entfliehens des Mörders und der Entdeckung der That zu berühren, sich nur allein auf das einlassen wollte, was den Psychologen, Moralisten und Pädagogen bey der Sache interessiren konnte.

Dieser Absicht gemäß suchten auch die Herausgeber, zur Minderung der Vorstellungen von der Verderbniß der menschlichen Natur, in den gemachten Zusätzen, die That aus Volks-Vorurtheilen zu entwickeln, die große Aufmerksamkeit verdienen.

Hiezu

Hiezu bleibt dann immer der geschehene Mord und dessen Veranlassung völlig hinreichend, wenn gleich, wie die Herrn Beamte in dem angezogenen Schreiben versichern,

> „die factische Erzählung noch berichtiget werden
> „könnte.“

Mittelst dieser Erläuterung nun, wünschet man nicht allein zu erkennen zu geben, wie entfernt der Sinn der angeführten Stellen von der absichtlichen Bestimmung gewesen, vorbenannten Herrn Beamten eine Fahrläßigkeit bey der geführten Inquisition aufzubürden, sondern auch alle, welche dergleichen Mißdeutung gegen den Zweck der Herausgeber hineingebracht haben, zu bewegen, einem Verfahren gebührende Gerechtigkeit zu erweisen, dessen an sich schon billig zu vermuthende Legalität, überdem noch von dem Obergerichte völlig genehmiget worden.

Inn=

Innhalt des vierten Stücks,

welches die stehenden Artikel von den Monathen
April, May und Junii 1788. enthält.

IV.

XIV.